KARL-LUDWIG KUNZ

Die analytische Rechtstheorie: Eine „Rechts"-theorie ohne Recht?

Schriften zur Rechtstheorie

Heft 59

Die analytische Rechtstheorie:
Eine „Rechts"-theorie ohne Recht?

Systematische Darstellung und Kritik

Von

Dr. Karl-Ludwig Kunz

DUNCKER & HUMBLOT / BERLIN

CIP-Kurztitelaufnahme der Deutschen Bibliothek

Kunz, Karl-Ludwig

Die analytische Rechtstheorie, eine „Rechts"-
theorie ohne Recht?: Systemat. Darst. u. Kritik.
— 1. Aufl. — Berlin: Duncker und Humblot, 1977.
 (Schriften zur Rechtstheorie; H. 59)
 ISBN 3-428-03881-9

Alle Rechte vorbehalten
© 1977 Duncker & Humblot, Berlin 41
Gedruckt 1977 bei Buchdruckerei Bruno Luck, Berlin 65
Printed in Germany
ISBN 3 428 03881 9

Inhaltsübersicht

0. **Einleitung**   7

1. **Rechtstheorie als analytische Grundlagenforschung der Rechtswissenschaft** 15

   1.1 Der Gegenstandsbereich der analytischen Rechtstheorie: die sprachliche Ausdrucksform des Rechts 15

   1.2 Die Forschungsmethode der analytischen Rechtstheorie 22

       1.21 Die Sprachebene analytischer Rechtstheorie 22

       1.22 Das Paradigma der analytischen Philosophie 23

       1.23 Zuordnung des Paradigmas der analytischen Philosophie zum rechtswissenschaftlichen Gesamtzusammenhang 32

           1.231 Zur methodischen Divergenz zwischen Jurisprudenz und analytischer Rechtstheorie 33

           1.232 Autonomie und Neutralität der analytischen Rechtstheorie gegenüber der Jurisprudenz 36

           1.233 Anwendung der analytischen Erkenntnisschemata auf die Formalstruktur der Rechtssprache 38

       1.24 Die Funktion der analytischen Rechtstheorie als verselbständigtes Ordnungsgefüge im Stufenbau und Wechselbezug des rechtswissenschaftlichen Gesamtgefüges 44

           1.241 Analytische Rechtstheorie als Hilfswissenschaft der Jurisprudenz 46

           1.242 Analytische Rechtstheorie als Leitdisziplin der rechtswissenschaftlichen Grundlagenwissenschaften 47

               1.2421 Erkenntnistheoretische Implikationen 47

               1.2422 Forschungspraktische Implikationen 56

2. **Zur Kritik der analytischen Grundlagenforschung der Rechtswissenschaft** 62

   2.1 Das Neutralitätspostulat der analytischen Rechtstheorie und die Verformung des Rechts zu einem idealistisch-abstrakten Gegenstande 64

Inhaltsübersicht

2.2 Folgewirkungen der idealistisch-abstrakten Gegenstandsbestimmung der analytischen Rechtstheorie 73

   2.21 Methodische Folgewirkungen 73

      2.211 Die Lückenhaftigkeit der Erkenntnisoperationen analytischer Rechtstheorie 73

         2.2111 Die Unzulänglichkeit der analytischen Methode zur Ermittlung des rechtlichen Bedeutungsgehalts umgangssprachlicher Aussagen 75

         2.2112 Die Angewiesenheit der analytischen Rechtstheorie auf die nicht-analytische Methode hermeneutischen Sinnverstehens 81

      2.212 Die Widersprüchlichkeit der Erkenntnisoperationen analytischer Rechtstheorie 92

   2.22 Forschungspraktische Folgewirkungen 98

      2.221 Der Anschein rechtstheoretischer Neutralität und die instrumentelle Funktion analytischer Rechtstheorie .. 99

      2.222 Der Anschein rechtstheoretischer Neutralität und die rechtfertigende Funktion analytischer Rechtstheorie .. 108

2.3 Eine ideengeschichtliche Analogie: Die Marx'sche Hegelkritik 119

Literaturverzeichnis 126

0. Einleitung

Mehr denn je ist es in der letzten Zeit Mode geworden, bestimmte Denkmethoden der allgemeinen Wissenschaftstheorie der Sozialwissenschaften in die Rechtswissenschaft einzubringen. Funktionalistische Systemtheorie, soziologische Handlungstheorie, symbolischer Interaktionismus, kritische Theorie der Frankfurter Schule, um nur einige zu nennen — sie alle werden für die Rechtswissenschaft fruchtbar zu machen gesucht. Besondere Bedeutung erlangen derartige Versuche, sofern sie mit dem Anspruch auftreten, den gesamten Problembereich einer rechtswissenschaftlichen Teildisziplin (wie etwa der Rechtssoziologie) zu revolutionieren[1] oder wenn sie gar zur Bildung einer wissenschaftsgeschichtlich neuen Teildisziplin der Rechtswissenschaft führen, wie dies bei der Rechtstheorie der Fall ist. Der verblüffende Konsens bei der Aufnahme der Rechtstheorie als selbständiges Fach in den Katalog der an rechtswissenschaftlichen Fachbereichen gelehrten Fächer, die Veranstaltung von Forschungskolloquien und Arbeitstagungen über eine „Rechtstheorie" zu benennende Grundlagenwissenschaft der Rechtswissenschaft[2], die Herausgabe einer Zeitschrift, welche schlicht „Rechtstheorie" im Titel führt, all dies deutet auf die allgemeine Beachtung hin, die jenes Fachgebiet und die ihm zugeordnete wissenschaftstheoretische Methode in der augenblicklichen Grundlagendiskussion der Rechtswissenschaft erfährt.

Die Methode, die die moderne Diskussion um die Etablierung der Rechtstheorie im Sinne einer autonomen, im Wissenschaftsbetrieb institutionalisierten Disziplin anleitete und fortwährend prägt, ist diejenige der sogenannten analytischen Philosophie. Zwischen der Forderung nach der Einführung des Faches Rechtstheorie hier und den Überlegungen zur Übertragung der analytischen Denkweise auf die Rechtswissenschaft dort besteht ideengeschichtlich wie systematisch eine derart enge Verknüpfung, daß die diesbezüglichen Überlegungen von Anbeginn unter dem leitenden Aspekt einer Fruchtbarmachung der analytischen Methode für die Rechtswissenschaft *in* einer eigenständigen, nach dem Muster der analytischen Philosophie geformten Rechtstheorie

---

[1] So die funktionalistische Systemtheorie von Luhmann, vgl. etwa Luhmann, Legitimation; ders., Rechtssoziologie.

[2] Deren Ergebnisse liegen nunmehr in schriftlicher Form vor: Rechtstheorie, Beiträge; Rechtstheorie als Grundlagenwissenschaft.

geführt wurden. Zwar wurden und werden auch andere inhaltliche Ausgestaltungen des Faches Rechtstheorie vorgeschlagen[3]; die Selbstverständlichkeit, mit der die analytische rechtswissenschaftliche Forschung den Terminus Rechtstheorie für ihre Tätigkeit reklamiert hat, macht es indessen schwer, diesem Begriff einen anderen, nichtanalytischen Inhalt zu geben[4]. So kann es nicht verwundern, daß das im Einzelnen erst noch auszugestaltende Modell einer rechtswissenschaftlichen Disziplin, die sich der analytischen Methode bedient, bereits für viele gleichbedeutend ist mit *der* Rechtstheorie schlechthin.

Es ist sicherlich kein Zufall, daß das System rechtswissenschaftlicher Einzeldisziplinen gerade hier und jetzt durch die Einfügung eines neuen, nach dem Muster der analytischen Philosophie geformten Faches ergänzt wird. Die außerordentliche Ausgereiftheit und Prägnanz der analytischen Denkweise, ihre dem Zeitgeist entsprechende nüchterne Rationalität üben auf den modernen Juristen eine eigenartige Faszination aus, eine Faszination, die ihm obendrein die Lösung dringlicher eigener fachlicher Probleme verspricht. Eine konkrete Hilfeleistung bei der Lösung juristisch-dogmatischer Probleme ist aus der Sicht des juristischen Praktikers von den überlieferten Grundlagenwissenschaften Rechtsphilosophie und Rechtssoziologie kaum zu erwarten: während die Rechtsphilosophie im hergebrachten Sinne dem Praktiker nur als ein esoterisches Bildungswissen erscheint, erschöpft sich der Beitrag der Rechtssoziologie für ihn weithin in der soziologischen Kritik des Juristenstandes und der juristisch-dogmatischen Argumentation, eine Kritik, die ihm bei seiner tagtäglichen Arbeit nicht weiterhilft. In dieser desolaten Situation, in der der praktische Jurist sich von den Grundlagenwissenschaften weitgehend allein gelassen fühlt, tritt nunmehr durch die Einfügung der analytisch konzipierten Rechtstheorie ein neues Grundlagenfach auf, das sich als Hilfswissenschaft der Jurisprudenz ausdrücklich zur Lösung evident praxisrelevanter Probleme anbietet. Zweck des analytischen Modells der Rechtstheorie ist es, die Einzelbestandteile eines Rechtssystems zu erfassen und ihre formallogische Beziehung zueinander festzustellen; die analytische Rechtstheorie beansprucht, die einzelnen Rechtssätze bzw. rechtlichen Aussagen begrifflich zu klären und den systematischen Zusammenhang darzustellen, der die Sätze in dem begrifflich-hierarchischen System einer Rechtsordnung verbindet. Da die analytische Methode die Fähig-

---

[3] Vgl. etwa die Beiträge von Kaufmann, Ellscheid, Kunz, Paul und Leicht in: Rechtstheorie, Ansätze, die Beiträge von Böhler, Wolf, Calliess und Paul in: Rechtstheorie, Beiträge, sowie Luhmann, Rechtstheorie.
[4] Damit soll nicht gesagt sein, daß dies unmöglich ist, im Gegenteil: im Zuge der Untersuchung wird sich eine solche nicht-analytische Konzeption des Faches Rechtstheorie andeuten.

keit besitzt, mit Mitteln der Rechtsinformatik technisch nutzbar gemacht zu werden, können die Ergebnisse der analytischen Rechtstheorie in Computern verarbeitet und abrufbereit gespeichert werden. Angesichts der Schwierigkeit, die ständig wachsende Zahl der Einzelbestimmungen des modernen Rechts überhaupt noch übersehen, geschweige denn in ihrer logischen Verknüpfung erkennen zu können, bedarf die ungeheure Bedeutung der analytisch-rechtstheoretischen Methode und ihrer technischen Anwendung für die juristische Praxis kaum der Hervorhebung.

Ein weiterer Vorzug der analytischen Rechtstheorie besteht darin, daß die Rechtstheorie als analytische Disziplin sich offenbar problemlos in das überlieferte Gefüge rechtswissenschaftlicher Disziplinen einordnet. Ganz anders als etwa die Reine Rechtslehre Kelsens beansprucht die analytische Rechtstheorie nicht, die Besonderheit der juristischen Entscheidungsfindung in einem umfassenden Sinne zu reflektieren[5]; da die analytische Rechtstheorie sich als eine unter mehreren gleichgeordneten rechtswissenschaftlichen Grundlagenwissenschaften versteht, will sie die übrigen theoretischen Disziplinen Rechtsphilosophie und Rechtssoziologie nicht ersetzen, sondern diese Grundlagenfächer lediglich durch die Thematisierung eines bislang vernachlässigten Gesichtspunktes ergänzen.

Wenn solchermaßen das analytisch konzipierte Grundlagenfach Rechtstheorie der praktischen Jurisprudenz unbestreitbar fruchtbare Hilfsdienste erweisen kann, ohne dabei den übrigen Grundlagenfächern ihre überkommenen Domänen streitig zu machen, müßte — so sollte man meinen — jenes analytische Modell einer neuen rechtswissenschaftlichen Teildisziplin einmütige und uneingeschränkte Anerkennung erfahren. In der Tat sind kritische Stellungnahmen zum analytischen Modell der Rechtstheorie selten. Wenn überhaupt, bescheinigen sie der analytischen Rechtstheorie eine absolute wissenschaftstheoretische Konsistenz und beschränken sich auf die Bemängelung forschungspraktisch unerwünschter Nebenwirkungen[6]; eine solche Nebenwirkung der analytischen Rechtstheorie besteht nach Auffassung ihrer Kritiker darin, daß jene Disziplin den formalistischen Schein bestärkt, als ginge es in der Jurisprudenz letztlich nur um Rechtsfindung durch saubere Deduktion[7]. So angebracht eine derartige Kritik auch sein mag, so wirkungslos muß sie doch bleiben. Da die analytische Rechts-

---

[5] Vgl. hierzu etwa Cerroni, Marx, S. 146 ff., 152 ff. Diesen ursprünglich mit der Reinen Rechtslehre verbundenen Anspruch hat Kelsen freilich später eingeschränkt, vgl. Kelsen, Was ist juristischer Positivismus?, S. 468 f.

[6] So etwa: Dreier, Was ist und wozu Allgemeine Rechtstheorie?, S. 20, 21 Fußnote 50.

[7] Böhler, Rechtstheorie, S. 98, 99.

theorie die übrigen Grundlagenwissenschaften nicht ersetzen, sondern nur ergänzen soll, kann der Analytiker insoweit mit gutem Grund entgegnen, eine grundlagenwissenschaftliche Untersuchung der nicht-formalistischen Gesichtspunkte des juristischen Erkenntnisverfahrens sei eben nicht Aufgabe der Rechtstheorie, sondern ihrer Nachbardisziplinen Rechtsphilosophie und Rechtssoziologie[8].

Trotz der augenscheinlichen Vorzüge der analytischen Rechtstheorie und der offenbaren Schwierigkeit, jenes Fach einer effizienten Kritik zu unterziehen, scheint mir eine grundsätzliche Infragestellung des analytischen Modells der Rechtstheorie vonnöten.

Bedenklich ist bereits die einfache Vereinnahmung des analytischen Denkansatzes für ein Grundlagenfach der Rechtswissenschaft in unserem Begriffsverständnis. Die analytische Philosophie und Wissenschaftstheorie, wie sie gegenwärtig in Deutschland vor allem von Stegmüller propagiert wird[9], ist durch die angloamerikanische Kulturgeschichte und Denktradition geprägt. Inspiriert durch die Logik Freges und den Sensualismus Mills fand sie ihren ersten Höhepunkt im logischen Empirismus des Wiener Kreises um Schlick, Carnap und Neurath. Durch das Naziregime zur Emigration gezwungen, forschten die namhaftesten Vertreter dieses Kreises fortan in den U.S.A. und Großbritannien, wo sich in der Folge des Gedankenguts von Whitehead, Russell und Wittgenstein die analytische Philosophie zur Ordinary-language-philosophy auf der einen und zu dem von Popper inaugurierten kritischen Rationalismus auf der anderen Seite entwickelte[10]. Parallel zur Entfaltung der analytischen Philosophie im anglo-amerikanischen Sprachraum bildete sich in der angelsächsischen Rechtsphilosophie unter dem Einfluß des Gedankenguts von Bentham und Austin[11] eine sogenannte Analytical Jurisprudence[12], deren Hauptvertreter Hart ist[13]. Von der Austin'schen Lehre der notwendigen Begriffe und Unterscheidungen der Rechtssprache ausgehend hat Hart unter dem Einfluß

---

[8] Vgl. etwa Schmidt, Die Neutralität, S. 96. Wenn freilich im Verlaufe unserer Untersuchung der Nachweis erbracht wird, daß die übrigen Disziplinen infolge der Einführung der analytischen Rechtstheorie ihre Funktionen forschungspraktisch nicht mehr effektiv wahrnehmen können, gewinnt jener Einwand an Gewicht.

[9] Vgl. vor allem Stegmüller, Probleme und Resultate.

[10] Zur geschichtlichen Entwicklung der analytischen Philosophie vgl. Urmson, Philosophical analysis; Radnitzky, Contemporary schools.

[11] Vgl. Bentham, An Introduction; ders., Of laws; Austin, Lectures; ders., The province.

[12] „Jurisprudence" ist nicht gleichzusetzen mit dem deutschen „Jurisprudenz", es meint vielmehr Rechtswissenschaft in einem umfassenden, die Rechtsphilosophie einschließenden Sinne.

[13] Vgl. Hart, Der Begriff; ders., Recht und Moral.

der sprachanalytischen Untersuchungen des späten Wittgenstein eine Theorie der Rechtsbegriffe als Wörter der Alltagssprache entwickelt[14].

Diese wenigen ideengeschichtlichen Bemerkungen dürften genügen, um die Gewagtheit vor Augen zu führen, die mit der Ansiedlung der analytischen Methode in einer für unseren Kulturkreis und unsere Rechtsordnung verbindliche Rechtstheorie verbunden ist. Wenngleich in der neueren deutschsprachigen Philosophie zunehmend Denkansätze der anglo-amerikanischen analytischen Philosophie übernommen werden, geht die moderne deutsche Philosophie doch weithin eigene Wege[15]: im Gegensatz zur analytischen Philosophie begreifen sich die in Deutschland propagierten philosophischen Strömungen wie Phänomenologie, Ontologie, Existenzialismus, hermeneutische Philosophie und Neomarxismus allesamt als nicht-positivistisch, wenn nicht gar als antipositivistisch[16]. Der Versuch, dem Fach Rechtstheorie einen analytischen Inhalt zu verleihen, muß die nicht-positivistische philosophische Entwicklung in Deutschland ignorieren und die einem ganz anderen Kulturkreis entstammende und durch eine ganz andere philosophische Grundeinstellung bestimmte analytische Methode unbesehen auf unseren Kulturkreis übertragen. Auch die Tatsache, daß die analytische Methode durch die Analytical Jurisprudence bereits in der Rechtswissenschaft verwandt wurde, läßt die Konzeption der analytischen Rechtstheorie nicht weniger gewagt erscheinen; zum einen geht es der Analytical Jurisprudence nicht um die Erarbeitung eines analytisch strukturierten Faches Rechtstheorie, sondern um die sprachanalytische Untersuchung von Rechtsbegriffen, wie sie in der Alltagssprache Verwendung finden[17], zum anderen existiert eine dogmatische Jurisprudenz in unserem Sinne, für die die analytische Rechtstheorie Hilfswissenschaft sein soll, im angelsächsischen Case-law-System gerade nicht. Wegen der veränderten Funktion, die der analytischen Methode im Rahmen der hiesigen Rechtstheorie zukommt, wird denn auch die analytische Philosophie unbewußt oder jedenfalls uneingestandenermaßen für die Rechtstheorie „zugeschnitten": bei den Überlegungen um die inhaltliche Ausgestaltung der Rechtstheorie wird nicht das gesamte Spektrum analytischer Strömungen diskutiert, vielmehr finden nur solche Denkansätze Beachtung, die dem logischen Empirismus bzw. dem kritischen Rationalismus zuzurechnen sind; der Ordinary-lan-

---

[14] Vgl. Hart, Der Begriff, insbes. S. 13 ff.

[15] Einen vortrefflichen Überblick über moderne Entwicklungen der Philosophie in Deutschland bietet Schulz, Philosophie.

[16] Zur Bestimmung des philosophischen Positivismus vgl. Kolakowski, Die Philosophie, S. 10 ff. Zur Gegensätzlichkeit von analytischer und kontinentaleuropäischer, insbesondere durch das deutsche Kulturgut beeinflußter Philosophie vgl. auch Radnitzky, Contemporary schools, S. XVI ff.

[17] Vgl. hierzu Eckmann, Rechtspositivismus, S. 110 ff.

guage-approach und die neueren Ansätze von Kuhn, Feyerabend und Latakos[18] haben in die analytisch-rechtstheoretische Diskussion ebensowenig Eingang gefunden wie die mit dem Modell der analytischen Rechtstheorie nicht zu vereinbarende sprachanalytische Pragmatik[19].

Weit problematischer noch als die kulturtranszendierende Vereinnahmung der analytischen Methode für ein rechtstheoretisches Grundlagenfach in unserem Begriffsverständnis ist die grundsätzliche Frage nach der Angemessenheit der analytischen Methode für eine Theorie *des Rechts*. Das Recht ist ein wertbezogenes gesellschaftliches Phänomen: es beansprucht, konkrete gesellschaftliche Verhältnisse in einer Weise zu regeln, die allgemein als sachrichtig bzw. gerecht empfunden wird. Diese Wertbezogenheit des Rechts macht den spezifischen Unterschied zwischen dem Recht und dem bloßen Faktum der Gewalt aus; wo Sachrichtigkeit bzw. Gerechtigkeit nicht einmal erstrebt wird, handelt es sich nicht um einen Rechtsakt, sondern um einen Akt willkürlicher Gewaltausübung. Jene notwendige Ausrichtung des Rechts, auch des positiven Rechts, auf ein allgemeines Sachrichtigkeitsprinzip[20] ist mit dem Instrumentarium der analytischen Philosophie nicht faßbar. Da die analytische Philosophie sich jeglicher inhaltlichen Stellungnahme gegenüber normativen Aussagen, wie Sachrichtigkeitsaussagen sie darstellen, strikt enthält, ist die analytische Methode gegenüber der Wertbezogenheit des Rechts indifferent und kann darum der mit einem Rechtsakt denknotwendig verbundenen Sachrichtigkeitsintention nicht Rechnung tragen. Eine Rechtstheorie, die sich ausschließlich der analytischen Methode bedient, leidet infolgedessen an dem Grundmangel, daß sie nicht zu unterscheiden vermag zwischen Recht und bloßer willkürlicher Gewalt. Die analytische Rechtstheorie kann das Recht, welches ihren Gegenstandsbereich ausmacht, daher überhaupt nicht erkennen; sie ist in diesem Sinne eine „Rechts"-theorie ohne Recht[21]. Zwar sucht die analytische Rechtstheorie dieser Aporie zu entgehen, indem sie die objektive Erkennbarkeit des Rechts auch ohne wertbeziehende Stellungnahme zu der mit ihm denknotwendig verbundenen Sachrichtigkeitsintention postuliert; was solchermaßen erkannt wird, ist freilich nicht Recht, sondern eine inhaltlich beliebige staatliche Gewaltausübung, die — und hierin besteht das Problematische — von der Theorie als Recht ausgegeben wird. Die von der analytischen

---

[18] Vgl. Kuhn, Die Struktur, sowie die Beiträge der erwähnten Wissenschaftler in: Criticism.
[19] Vgl. hierzu insbes. Searle, Sprechakte. Die Unvereinbarkeit der analytischen Rechtstheorie mit der modernen Pragmatik wird sich bei der Rekonstruktion der analytisch-rechtstheoretischen Methode erweisen.
[20] Vgl. etwa Radbruch, Gesetzliches Unrecht, S. 353.
[21] Diese Kennzeichnung nimmt bezug auf Nelson, Die Rechtswissenschaft ohne Recht. Vgl. neuerdings auch Schneider, Rechtstheorie ohne Recht?

Rechtstheorie beanspruchte vermeintlich wissenschaftlich objektive Untersuchung des Rechts ist also in Wahrheit eine parteinehmende Bestätigung jedweder noch so verwerflichen staatlichen Gewaltausübung *als Recht;* in dieser legitimierenden Bestätigung bloßer Willkür als Recht[22] gipfelt die Fragwürdigkeit des analytischen Modells der Rechtstheorie, eine Fragwürdigkeit, die meines Erachtens zu einer prinzipiellen Ablehnung der analytisch konzipierten Rechtstheorie zwingt.

Die hier vertretene These ist nicht so radikal, wie sie vielleicht zunächst erscheinen mag. Sie bestreitet weder die Gültigkeit der analytischen Philosophie im Allgemeinen noch die fruchtbare Verwendbarkeit der analytischen Methode in der Rechtswissenschaft überhaupt, sondern wendet sich nur gegen die blinde Ummünzung der analytischen Philosophie „in" Rechtstheorie. Ein derartiges Vorgehen ist einem *rechts*theoretischen Gegenstande unangemessen, weil es die spezifische Wertbezogenheit des Rechts unbeachtet läßt. Da das Recht sich nur im Hinblick auf seine Wertbezogenheit von der Faktizität bloßer Gewalt unterscheidet, hat die Rechtswissenschaft es mit einem Gegenstande zu tun, der nicht wie ein Faktum wertneutral analysiert, sondern nur durch *wertenden* Nachvollzug der im Recht enthaltenen Sachrichtigkeitsbewertungen erschlossen werden kann. Insofern die Wertbezogenheit des Rechts die Rechtswissenschaft unvermeidlich vor eine praktische Bewertungsaufgabe stellt, ist die Rechtswissenschaft in die gesellschaftliche Lebenspraxis einbezogen, in der menschliche Verhaltensweisen bewertend interpretiert werden und sich nach und nach Sachrichtigkeitsüberzeugungen bilden, die dann als rechtsverbindliche Normen positiviert werden. Um das Recht angemessen erfassen zu können, muß die Rechtswissenschaft darum selbst an dem für ihren Gegenstand spezifischen Prozeß der Bildung und Anerkennung von Sachrichtigkeitsüberzeugungen teilnehmen und diesen Prozeß reflektiert anleiten[23]. Während jene gesellschaftsbezogene Bewertungsfunktion der Rechtswissenschaft für den Bereich der Jurisprudenz anerkannt ist[24], soll sie der analytischen Rechtstheorie zufolge für den Bereich des theoretischen Rechtsdenkens nicht gelten. Die These, die im Rahmen der vorliegenden Arbeit vertreten wird, besagt hingegen, daß auch eine

---

[22] „Recht" ist hier und im Folgenden immer im normativen Sinne gemeint. Wie zu zeigen sein wird, ist eine Bestimmung des Rechts im nicht-normativen Sinne, wie die analytische Rechtstheorie dies versucht, unmöglich.

[23] In diesem reflektierten Aufgreifen der in der Gesellschaft vorhandenen Sachrichtigkeitsüberzeugungen besteht das rechtswissenschaftliche Argumentieren „aus der Sache heraus", die spezifisch rechtswissenschaftliche „Sachlogik", vgl. hierzu Esser, Vorverständnis, S. 106.

[24] So jedenfalls die neuere juristische Methodenlehre, vgl. etwa Esser, Vorverständnis, S. 71 ff.; ders., Das Bewußtwerden, S. 96 ff.; Larenz, Methodenlehre, S. 204 ff., 221 ff.

Rechts*theorie* nicht dem praktischen Zusammenhang des Argumentierens um Recht entgehen kann, wie er für das juristische Rechtsdenken als bestimmend anerkannt ist. Wenn die Rechtstheorie etwas zum Gegenstande nimmt, kommt sie qua *Rechts*theorie nicht umhin, diesen ihren Gegenstand als Recht zu würdigen und damit ihrerseits eine Bewertung vorzunehmen. Die Wertneutralität reiner Theorie hat dort ihren Platz, wo der Gegenstand der Theorie selbst kein wertbezogenes gesellschaftliches Phänomen ist; damit nicht beim Recht, das man immer schon verfehlt hat, wenn man es so analysieren will[25].

Aus dem Gesagten ergibt sich die Aufgabenstellung der Arbeit: Zunächst soll im ersten Hauptteil das Modell der analytischen Rechtstheorie rekonstruiert und seine Funktion im rechtswissenschaftlichen Gesamtzusammenhang vorgestellt werden. Obgleich diese Rekonstruktion bereits die Punkte problematisiert, bei denen in der Folge die Kritik ansetzen soll, habe ich mich bemüht, jenen Teil der Arbeit so abzufassen, daß auch ein aufgeschlossener Vertreter der analytischen Rechtstheorie die Darstellung akzeptieren kann. Im zweiten Hauptteil soll dann das Modell der analytischen Rechtstheorie in der angedeuteten Weise einer grundsätzlichen Kritik unterzogen werden. Die zu erbringende Kritik versteht sich insofern als konstruktiv, als sie die Möglichkeit einer alternativen, nicht-analytischen rechtstheoretischen Grundlagenforschung erkennen läßt.

---

[25] Vgl. Schild, Reine und politische Rechtslehre, S. 73; Stephanitz, Exakte Wissenschaft, S. 8 ff., 230 ff. Vgl. auch Esser, Vorverständnis, S. 104, 105: „Die Vorstellung systematisch verkürzter Ordnungslogik ist das Ideal eines wertneutralen Positivismus ... Man möchte in solchen ‚wertneutralen' Sozialtheorien ein System von innerer Folgerichtigkeit schaffen, in welchem die normativen Bestandteile vor die Klammer gezogen sind. In der Rechtswissenschaft ist nun aber — wenn man schon in vermeintlich deskriptiven Sozialwissenschaften ohne immanente Wertungskategorien auskommen möchte — das Werturteil in jedem einzelnen Beziehungspunkt neu, wenn es auch nicht immer neu definiert wird."

1. Rechtstheorie als analytische Grundlagenforschung der Rechtswissenschaft

Wenn eine wissenschaftsgeschichtlich neue Disziplin in einen bestimmten Wissenschaftsbereich neben anderen überlieferten und institutionell gesicherten Fachgebieten eingefügt werden soll, ist zu belegen, daß jene Disziplin als eigenständiges, von anderen Wissenschaftszweigen klar unterscheidbares Fachgebiet möglich ist. Jener Nachweis kann auf zweierlei Weise erbracht werden: Zum einen, indem man veranschaulicht, wie bestimmte Forschungsmethoden und Ergebnisse in der neuen Disziplin sinnvoller koordiniert werden können, zum anderen, indem man aufzeigt, daß sich der neuen Disziplin ein eigener, bislang nicht zureichend thematisierter Gegenstandsbereich zuweisen läßt. Diese beiden Begründungsmöglichkeiten der Eigenständigkeit eines Fachgebietes aufgreifend sind Forschungsgegenstand und Methode der analytisch konzipierten Rechtstheorie zunächst getrennt zu erarbeiten. Zwar wird sich im Laufe der Untersuchung zeigen, daß der Forschungsgegenstand der analytischen Rechtstheorie wesentlich durch deren Methode bestimmt wird[26]. Gleichwohl ist es um der Anschaulichkeit der Darstellung willen angezeigt, zunächst den Gegenstand und sodann die Methode des analytischen Modells der Rechtstheorie zu präsentieren; bei der Behandlung der Forschungsmethode kann dann jeweils im einzelnen dargelegt werden, inwieweit diese den Gegenstandsbereich — wie wir ihn zuvor bestimmt haben — spezifiziert.

1.1 Der Gegenstandsbereich der analytischen Rechtstheorie: die sprachliche Ausdrucksform des Rechts

Die Frage, was den Gegenstandsbereich der analytischen Rechtstheorie ausmacht, läßt sich nicht mit dem schlichten Hinweis beantworten, die analytische Rechtstheorie untersuche eben „das Recht". Abgesehen davon, daß diese zunächst trivial erscheinende Antwort in der Folge ein Eingehen auf die höchst komplizierte Definitionslehre des Rechts erforderlich macht[27], ist sie zur Bestimmung des Formalobjekts

---

[26] Vgl. hierzu zunächst nur aus analytischer Sicht Weinberger, Aufgaben und Schwierigkeiten, S. 360.

[27] Im Rahmen der Definitionslehre des Rechts ist bereits umstritten, ob der Begriff des Rechts überhaupt einer hinlänglichen Definition zugänglich ist. Beim Versuch, das Recht zu definieren, befindet man sich nach Hart in einer

1.1 Gegenstandsbereich der analytischen Rechtstheorie

der analytischen Rechtstheorie nicht geeignet, da sie gerade die Eigentümlichkeit des rechtstheoretischen Gegenstandsbereichs im Gegensatz zu demjenigen anderer rechtswissenschaftlicher Disziplinen nicht erkennen läßt. Um den spezifischen Gegenstand der analytischen Rechtstheorie ermitteln zu können, ist es infolgedessen angezeigt, zunächst den rechtswissenschaftlichen Problembereich zu transzendieren und sich Aufschluß zu verschaffen über das Betätigungsfeld der analytischen Philosophie im allgemeinen.

Die analytische Philosophie und Wissenschaftstheorie, wie sie hier verstanden wird, beschäftigt sich vorwiegend mit der Sprache und deren korrekter Verwendung in der wissenschaftlichen Theorie- und Hypothesenbildung[28]. Untersuchungsgegenstand ist das sprachliche Zeichensystem als solches, nicht etwa die in der Sprache zum Ausdruck kommenden Gedanken. Verstand die Philosophie vordem die Sprache als bloßes Vehikel der allein interessierenden Gedanken, so wird nunmehr das Phänomen der Sprachlichkeit selbst zum zentralen Thema der Philosophie[29]. Jene in der Philosophiegeschichte epochemachende Verlagerung des Interesses vom Gedanken zur Sprache wurde nicht zufällig durch die analytische Philosophie vollzogen, besteht doch das Grundanliegen jener philosophischen Richtung darin, die empirische Realität rein wissenschaftlich objektiv, das heißt: metaphysikfrei zu untersuchen[30]; die Verwirklichung jenes Anliegens ist nur aussichtsreich, wenn man sich nicht mit den spekulativen, unter Umständen unterschiedlichen metaphysischen Interpretationen zugänglichen Gedanken beschäftigt, sondern sich der sinnlich wahrnehmbaren Manifestation der Gedanken in der Sprache zuwendet. Die Sprache ist eine Vergegenständlichung des Gedankens in seinem Ausdruck, sie ist gewissermaßen der empirische Niederschlag der Gedanken in einer Zeichenverbindung[31]; als Zeichenverbindung kann die Sprache der analytischen Philosophie zufolge in ihrem reinen empirischen Vor-

---

ähnlichen Lage wie derjenige, der sagt: „Wenn ich einen Elefanten sehe, kann ich ihn erkennen, aber ich kann ihn nicht definieren." Das gleiche Problem hat Austin in seinem Satz über den Begriff der Zeit angesprochen: „Was ist Zeit? Wenn mich niemand fragt, weiß ich's. Wenn ich es aber einem erklären will, weiß ich's nicht." Vgl. hierzu Hart, Der Begriff, S. 28. Zu Versuchen, den Begriff des Rechts zu definieren, vgl. auch Scarpelli, Il problema; Olivecrona, Law as fact, S. 135 ff.; Cervera, Concerning the effort, S. 43 ff.

[28] Vgl. etwa Radnitzky, Contemporary schools, S. 20; Stegmüller, Probleme und Resultate, S. XXI; Antiseri, Dopo Wittgenstein, S. 284 ff.; Urmson, Philosophical analysis, S. 164.

[29] Dieser Paradigmawechsel in der Philosophie kommt erstmals in Wittgensteins Tractatus Logico-philosophicus (1921) programmatisch zum Ausdruck.

[30] Dazu später ausführlich.

[31] Vgl. Costa, Semantica, S. 54; Hubbeling, Bemerkungen, S. 30.

handensein — unabhängig von den mit ihr tradierten spekulativen Gedanken — wissenschaftlich objektiv erkannt und beschrieben werden[32].

Mit dem so sehr grob umrissenen Betätigungsfeld der analytischen Philosophie ist die spezifische Sichtweise vorgegeben, mit welcher die aus dieser allgemein-philosophischen Denkrichtung herzuleitende Rechtstheorie ihren Gegenstand betrachtet. Die analytische Rechtstheorie untersucht das Recht in seiner Sprachlichkeit, wie sie in Rechtssätzen zum Ausdruck kommt. Der jeweilige gedankliche Inhalt von Rechtssätzen ist für die analytische Rechtstheorie nicht von Interesse, maßgeblich ist allein die sprachliche Ausdrucksform, in die dieser Inhalt gekleidet ist. Das Formalobjekt der analytischen Rechtstheorie umfaßt demnach die sprachliche Ausdrucksform des Rechts, das heißt die der Rechtssprache als einem begrifflichen Zeichensystem immanenten Regeln, welche die einzelnen Elemente dieses Zeichensystems miteinander verknüpfen. Da die Sprache der Rechtsetzung und die der Rechtsanwendung bezüglich ihrer Ausdrucksform nicht divergieren, untersucht die analytische Rechtstheorie gleichermaßen die Sprache der Rechtsnormen und die Sprache der rechtlichen Argumentation; die analytische Rechtstheorie ist also eine Theorie des Rechts in einem umfassenden — die Theorie der rechtswissenschaftlichen Argumentation einschließenden — Sinne.

Indem die analytische Rechtstheorie sich nur für die sprachliche Ausdrucksform, nicht aber für den gedanklichen Inhalt von Rechtssätzen interessiert, scheint eine eindeutige Abgrenzung ihres Formalobjekts von demjenigen rechtsphilosophischer und rechtssoziologischer Bemühung möglich. Der Inhalt eines Rechtssatzes läßt sich in der Weise bestimmen, daß der Satz im Hinblick auf konkrete gesellschaftliche Situationen eine Regelung verbindlich postuliert, die als gerecht bzw. sachrichtig gelten soll. Inhaltlich nimmt ein Rechtssatz also auf zweierlei Bezug: zum einen auf konkret vorfindliche gesellschaftliche Situationen, zum anderen auf die dem Rechtsgedanken immanente Utopie der Gerechtigkeit. Von da her lassen sich die Formalobjekte von Rechtsphilosophie und Rechtssoziologie von demjenigen der Rechtstheorie offenbar problemlos abgrenzen: während die analytische Rechtstheorie

---

[32] Vgl. Ryle, Systematically misleading expressions, S. 61: „I conclude that there is after all a sense in which we can properly enquire and even say ‚what it really means to say so and so'. For we can ask what is the real form of the fact recorded when this is concealed or disguised and not duly exhibited by the expression in question. And we can often succeed in stating this fact in an new form of words which does exhibit what the other failed to exhibit. And I am for the present inclined to believe that this is what philosophical analysis is, and that this is the sole and whole function of philosophy."

die sprachliche Ausdrucksform des Rechts als solche untersucht, beschäftigen sich die beiden übrigen rechtswissenschaftlichen Grundlagenwissenschaften in unterschiedlicher Weise mit dem Inhalt des Rechts; die Rechtsphilosophie beschäftigt sich mit den Bedingungen und Konsequenzen der Einlösung des dem Recht immanenten axiologischen Gerechtigkeitsideals, die Rechtssoziologie mit den tatsächlichen Auswirkungen der Anwendung des Rechts in konkreten gesellschaftlichen Situationen[33].

Wenn solchermaßen das Formalobjekt der analytischen Rechtstheorie die sprachliche Ausdrucksform des Rechts umfaßt, muß klargestellt werden, worin die sprachliche Ausdrucksform *des Rechts* im Unterschied zu anderen Sprachsystemen besteht. Man könnte versucht sein, die Sprache des Rechts formal in der Weise zu bestimmen, daß in ihr Sollenssätze — und nicht Seinsaussagen — Verwendung finden. Diese Eingrenzung wäre indessen unscharf, ist doch ein Rechtssatz nicht notwendig in die Form eines Sollenssatzes gekleidet[34], während andererseits auch Sollenssätze — wie etwa moralische Postulate — denkbar sind, die keine rechtlich relevante Bedeutung enthalten[35]. Moralische Postulate appellieren an das Gewissen bzw. an die persönliche Gesinnung und wollen um ihrer selbst willen befolgt werden; rechtliche Postulate hingegen appellieren vornehmlich an ein äußerliches Verhalten und ziehen im Falle ihrer Nichtbefolgung eine Sanktion nach sich. Wollte man die Rechtssprache allein durch die Sollensform bestimmen, so führte dies somit zu einer unzulässigen Konfundierung von rechtlichen und moralischen Sollensaussagen.

Die Sprache des Rechts kann auch nicht in der Weise von der Sprache der Moral unterschieden werden, daß man annimmt, die Rechtssprache verwende rechtliches Vokabular. Abgesehen davon, daß die rechtliche Bedeutung einer Vokabel oft nicht ohne weiteres auszumachen ist, sind die von der Sprache des Rechts verwandten Aussagen nicht semantisch ideographisch[36]; einem Satz, der kein in der Fachsprache des Rechts übliches Vokabular enthält, kann gleichwohl rechtliche Bedeutung zukommen.

Angesichts der Schwierigkeit, die Sprache des Rechts von der Sprache der Moral zu unterscheiden, scheint die einzige Möglichkeit einer eindeutigen Abgrenzung beider Sprachsysteme darin zu bestehen, daß man die Rechtssprache vermittels des mit ihr verbundenen Zwanges

---

[33] Ähnlich: Stone, Legal system, S. 41 f.; Bobbio, Giusnaturalismo, S. 46 ff., 141 ff.
[34] Vgl. etwa v. Wright, Norm and action, S. 102.
[35] So auch Schmidt, Die Neutralität, S. 96 Fußnote 2.
[36] Vgl. hierzu etwa Warnock, The Object, S. 132, 137.

1.1 Gegenstandsbereich der analytischen Rechtstheorie

bestimmt[37]. Ein Rechtssatz ist demzufolge ein Sollenssatz, in dem an eine bestimmte Bedingung ein Zwangsakt als Folge geknüpft ist[38]. Da in der Moderne dem Staat ein Zwangsmonopol zukommt, sind Rechtssätze dieser Definition zufolge Sätze, die kraft einer staatlichen Satzungsgewalt als Recht gelten. Das dementsprechend konzipierte theoretische Formalobjekt umfaßte demnach die Sätze des geltenden Rechts im Sinne der Normen einer positivierten Rechtsordnung und der Dogmatik ihrer Anwendung[39]. Wie die Reine Rechtslehre Kelsens begriffe sich die analytische Rechtstheorie dann als „eine Theorie des positiven Rechts"[40], sie wäre „jene Theorie des Rechts, die nur eine Theorie des positiven Rechts sein kann und will"[41].

Diese aus positivistischer Sicht folgerichtige und von Kelsen in der Tat gezogene Konsequenz[42] wird von Vertretern der analytischen Rechtstheorie zu vermeiden gesucht. Zur Begründung wird angeführt, die Eingrenzung des Forschungsgegenstandes auf die Sprache des positiven Rechts und seiner Anwendung schließe ohne hinreichende Veranlassung Problembereiche aus, deren Untersuchung gleichermaßen der analytischen Rechtstheorie zugewiesen werden sollte. Die Beschränkung der analytischen Untersuchung auf das bereits positivierte Recht und die Dogmatik seiner Reproduktion durch Gerichte und Verwaltungsbehörden verhindere ohne Not eine Thematisierung des erst künftig zu positivierenden Rechts und der Dogmatik seiner gesetzgeberischen Produktion. Gerade in unserer Zeit, in der sich die Gesetzgebung dem sozialen Wandel ständig anzupassen hat und das Recht ausdrücklich als Mittel zur produktiven Sozialgestaltung begriffen wird, sei eine Gesetzgebungswissenschaft vonnöten, die nicht in unfruchtbarer Isolierung, sondern komplementär zur Rechtsprechungswissenschaft im Rahmen des rechtswissenschaftlichen Gesamtzusammenhanges — und damit auch im Rahmen des Problemfeldes der analytischen Rechts-

---

[37] So etwa Kraft, Die Grundlagen, S. 130 ff.

[38] So Kelsen, Reine Rechtslehre, S. 114 ff. Es ist zu beachten, daß Kelsen mit dem Begriff „Rechtssatz" eine andere als die hier gemeinte Bedeutung verknüpft. Dem Rechtssatz im hier in Rede stehenden Sinne entspricht bei Kelsen die Rechtsnorm.

[39] Das so bestimmte Formalobjekt beschränkte sich indessen nicht auf Sätze, die kraft *ein und derselben* Satzungsgewalt als Recht gelten. Da Rechtstheorie nicht Theorie der Sprache einer speziellen Rechtsordnung, sondern Theorie der Rechtssprache *als solcher* zu sein hat, umfaßte ihr Gegenstand die Sätze beliebiger unterschiedlicher Rechtsordnungen, so bereits Kelsen, Reine Rechtslehre, S. 1.

[40] Kelsen, Reine Rechtslehre, S. 1.

[41] So der ungenannte Verfasser des Vorworts der von Kelsen mitherausgegebenen Internationalen Zeitschrift für Theorie des Rechts, Jahrgang I (1926), S. 3. Vgl. zu diesem Problem auch Kriele, Rechtspflicht, S. 414 f.

[42] Vgl. etwa Kelsen, Was ist juristischer Positivismus? S. 468 f.

1.1 Gegenstandsbereich der analytischen Rechtstheorie

theorie — betrieben wird[43]. Zur Vermeidung der von Kelsen vorgenommenen „positivistischen Amputation"[44] der Rechtstheorie sei es daher geboten, auch nicht positivierte Rechtssätze, wie sie in der rechtspolitischen Diskussion Verwendung finden, in den Gegenstandsbereich der analytischen Rechtstheorie einzubeziehen[45].

Wenn solchermaßen die von der analytischen Theorie zu untersuchende Sprache des Rechts auch Sätze umfassen soll, die nicht als geltendes Recht anzusehen sind, wird die Möglichkeit einer eindeutigen Bestimmung des Objekts der analytischen Theorie mit Hilfe des Charakteristikums des Rechtszwanges hinfällig. Nur Sätze des geltenden Rechts üben einen Rechtszwang aus; Aussagen, die im Rahmen der rechtspolitischen Diskussion über das künftig in Geltung zu setzende Recht getätigt werden, beinhalten ebensowenig eine Zwangsandrohung wie Aussagen von außer Kraft gesetzten Rechtsordnungen früherer Epochen.

Es erweist sich demnach als unmöglich, die von der analytischen Rechtstheorie zu untersuchende Sprache mittels formaler Kriterien — Sollensform, Verwendung rechtlicher Vokabeln, Androhung von Rechtszwang — von anderen Sprachsystemen abzugrenzen. Die Bestimmung der Eigentümlichkeit des von der analytischen Rechtstheorie zu untersuchenden Sprachsystems kann daher nicht mittels dessen Form, sondern nur mittels dessen Inhalts vorgenommen werden[46]. Wie bereits erwähnt[47], zeichnet sich die Sprache des Rechts inhaltlich dadurch aus, daß sie in bezug auf gesellschaftliche Situationen etwas postuliert, das als sachrichtig gelten soll; insofern beinhaltet die Sprache des Rechts rechtliche Wertgehalte[48]. Diese inhaltliche Definition der Rechtssprache

---

[43] Vgl. Maihofer, Rechtstheorie, S. 52 f.

[44] Maihofer, Rechtstheorie, S. 53.

[45] So Schmidt, Die Neutralität, S. 96, Ziffer 4.; Lachmayer / Reisinger, Potentielles und positives Recht, S. 25 ff.; Maihofer, Rechtstheorie, S. 52 ff., 73. Auch Hart plädiert dafür, daß die analytische Rechtstheorie nicht nur das Recht, das besteht, sondern auch das Recht, das bestehen sollte, zu thematisieren hat; allerdings begründet er dies nicht mit Erwägungen zur Rechtspolitik, sondern mit Überlegungen zur richterlichen Rechtsfortbildung, vgl. Hart, Der Positivismus, S. 29 ff. Diese Auffassung steht keineswegs im Gegensatz zu der analytischen These der Notwendigkeit einer strikten Trennung von Recht und Moral. Diese These besagt nämlich nicht, daß die analytische Rechtstheorie keine „moralischen" Sätze darüber, wie Recht sein sollte, untersuchen darf; sie besagt vielmehr nur, daß die Theorie bei der Untersuchung von rechtlichen Sätzen selbst nicht „moralisch" befinden darf. Dazu später ausführlich.

[46] So Schmidt, Die Neutralität, S. 96 Fußnote 2.

[47] Vgl. oben.

[48] Schmidt spricht in diesem Zusammenhang von juridischen Wertgehalten bzw. juridischen Werturteilen, vgl. Schmidt, Die Neutralität, S. 96 Ziffer 4. und Fußnote 2. Dies gilt nicht nur für rechtliche Primärregeln, sondern zu-

1.1 Gegenstandsbereich der analytischen Rechtstheorie

ist für das von der analytischen Rechtstheorie intendierte Formalobjekt angemessen: die Sprache des Rechts im Sinne dieser Definition umfaßt nicht nur die Sprache der positivierten Rechtsnormen und ihrer Anwendung, sondern schlechthin alle Sprechakte, die die Konstitution von Recht im normativen Sinne intendieren, also auch solche Sprechakte, die im Zuge der rechtspolitischen Diskussion geäußert werden[49]. Der so bestimmte Gegenstandsbereich der analytischen Rechtstheorie ist mithin nicht positivistisch im Sinne des Kelsenschen Rechtspositivismus; er ist vielmehr lediglich in dem Sinne positiv, als er nicht — wie etwa bei der Naturrechtslehre — die bloß gedanklich vorausgesetzten rechtlichen Axiome, sondern die in einer empirisch existenten politischen Gemeinschaft durch einen realen sprachlichen Akt geäußerten rechtlichen Wertgehalte beinhaltet.

Mit dieser Bestimmung ihres Formalobjekts gerät die analytische Rechtstheorie indessen in eine Dilemma: einerseits will sie nicht den Inhalt der Rechtssprache, sondern nur die *sprachliche Ausdrucksform des Rechts* untersuchen; andererseits kann eine Ermittlung der sprachlichen Ausdrucksform *des Rechts,* wie die analytische Rechtstheorie sie intendiert, nur in Ansehung ihres rechtlichen Inhalts vorgenommen werden. Diesem Dilemma, auf das im zweiten Hauptteil der Arbeit ausführlich eingegangen wird, sucht die analytische Rechtstheorie durch Verwendung einer Zusatzannahme zu entgehen. Die Beschränkung des analytischen Interesses auf die Ausdrucksform der Sprache ist, wie wir gesehen haben[50], die Konsequenz des analytischen Grundanliegens einer metaphysikfreien, rein wissenschaftlich objektiven Vorgehensweise; eine Berücksichtigung des gedanklichen Inhalts der Sprache ist für die analytische Position daher nur insofern inakzeptabel, als damit die Einlösung ihres Grundanliegens in Frage gestellt würde. Die von der analytischen Rechtstheorie verwandte Zusatzannahme besteht demzufolge in der Hypothese, daß das zur korrekten Bestimmung ihres Formalobjekts notwendige Eingehen auf den Inhalt der Rechtssprache metaphysikfrei möglich sei; was den Inhalt der Rechtssprache ausmache, könne mit Hilfe des methodischen Instrumentariums der analy-

---

mindest mittelbar auch für Sekundärregeln im Sinne von Hart. Rechtliche Sekundärregeln nehmen bezug auf Regelungen mit rechtlichen Wertgehalten, sie sind notwendig „parasitär" (Hart); ohne diese notwendige Bezugnahme existiert eine rechtliche Sekundärregel nicht, vgl. Hart, Der Begriff, S. 117.

[49] Ein zusätzliches — hier allerdings nicht weiter interessierendes — Abgrenzungsproblem betrifft die Frage, ob das rechtstheoretische Formalobjekt alle in der rechtspolitischen Diskussion im umfassenden Sinne geäußerten Sprechakte mit rechtlichem Wertgehalt umfaßt oder aber nur solche, die im Rahmen der Gesetzgebungskörperschaften in Ausübung ihrer Kompetenzen getätigt werden. Meines Erachtens sind beide Auslegungsmöglichkeiten mit den Intentionen der analytischen Rechtstheorie vereinbar.

[50] Vgl. dazu oben S. 13 f.

tischen Philosophie wissenschaftlich objektiv ermittelt und erkannt werden. Wie diese wissenschaftlich objektive Bestimmung des Inhalts der Sprache des Rechts in concreto vonstatten gehen soll, werden wir bei der Erörterung der Forschungsmethode der analytischen Rechtstheorie sehen.

1.2 Die Forschungsmethode der analytischen Rechtstheorie

1.21 Die Sprachebene analytischer Rechtstheorie

Definiert man Theorie — im aristotelischen Sinne[1] — als systematische Verknüpfung von Sätzen in der Form einer systematisch einheitlichen Deduktion, so wird man des eigenartigen Charakters des rechtstheoretischen Materials gewahr. Ganz anders als etwa die Naturwissenschaften untersucht die Rechtstheorie keine auch ohne menschliche Einflußnahme existente Gegebenheit; das rechtstheoretische Objekt konstituiert sich allein durch menschliche Schöpfung, es ist das Produkt menschlicher Produktion. Hinzu kommt, daß der Gegenstand der Rechtstheorie in der Moderne als zusammenhängendes und nach logischen Gesichtspunkten geordnetes System begriffen wird. Im Gegensatz zu primitiven Gesellschaften, wo das Recht nur eine vermittels unzuverlässiger Vorstellungen reproduzierbare Bedeutung zur Schlichtung isolierter Streitfälle besaß, hat das Recht in der verwissenschaftlichten Zivilisation durch seine Überführung in eine ratio scripta den Status eines in sich geschlossenen Satzsystems erworben. Die Rechtstheorie hat es also nicht mit einem wie immer „natürlichen" Objekt zu tun, vielmehr ist der Gegenstand der Rechtstheorie seinerseits bereits Theorie, insofern er als eigensprachlich formulierter und systematisch aufgebauter Regelzusammenhang auftritt[2].

Die analytische Rechtstheorie, die die Rechtssprache im Sinne eines fachsprachlich artikulierten Systems verbundener Sätze thematisiert, ist nun selbst auf ein semiotisches Medium angewiesen, in dem sie ihren Gegenstand systematisch abbildet. Da der Rechtstheoretiker mithin sprachliche Formulierungen zum Objekt seiner Untersuchungen macht, ist er gezwungen, gewissermaßen *in* einer Sprache *über* eine Sprache zu sprechen. Zur Verhütung einer sonst leicht möglichen Konfundierung der verschiedenen Ebenen jener Problematik ist es seit Tarski in der analytischen Philosophie üblich geworden, zwischen der bei der Analyse verwendeten Sprache, der Metasprache, und der untersuchten Sprache selbst, der Objektsprache, streng zu unterscheiden[3]. Während

---

[1] Vgl. zum aristotelischen Theoriebegriff Beth, The foundations, S. 31 ff. sowie Husserl, Formale und transzendentale Logik, S. 79.

[2] Hagen, Soziologie, S. 110.

[3] Vgl. Tarski, The semantic conception, S. 13 ff.; Carnap, Einführung, S. 70.

die Objektsprache den Gegenstandsbereich der Untersuchung ausmacht, ist die Metasprache deren Instrument; bei der Analyse werden die Ausdrücke der Metasprache verwendet, die die Objektsprache erwähnt[4]. In diesem Sinne ist die Sprache der analytischen Rechtstheorie Metasprache der Sprache des Rechts, die analytische Rechtstheorie mithin Metatheorie der Wissenschaft, in der jene Sprache Verwendung findet (das heißt der Jurisprudenz)[5].

Diese Klassifizierung der Aussagen analytischer Rechtstheorie als metasprachliche ist für eine Bestimmung der Eigentümlichkeit der analytisch-rechtstheoretischen Forschungsmethode nicht zureichend, kann doch die Rechtssprache unter den unterschiedlichsten Gesichtspunkten — zum Beispiel sozio-linguistischen, ästhetischen und so weiter — metasprachlich thematisiert werden. Zur genaueren Ermittlung der Forschungsmethode der analytischen Rechtstheorie bedarf es daher über die bloße Bestimmung der Rechtstheorie als Metatheorie der Rechtssprache hinaus einer Erörterung der für die analytische Rechtstheorie konstitutiven inhaltlichen Strukturen. Zur Darstellung jener inhaltlichen Spezifität analytisch-rechtstheoretischer Verfahrensweise ist es notwendig, die theoretischen Leitlinien der analytischen Philosophie paradigmatisch zu rekonstruieren und sich sodann der Besonderheiten bewußt zu werden, die die Übertragung des analytischen Paradigmas auf den rechtstheoretischen Problemzusammenhang bedingen.

1.22 Das Paradigma der analytischen Philosophie

Der Versuch, das Paradigma der analytischen Philosophie nachzuzeichnen, hat die Eigentümlichkeit philosophischer Paradigmata überhaupt in Betracht zu ziehen. Der Begriff des Paradigmas wurde von Kuhn zur Kennzeichnung epochemachender Forschungsprozesse im weitesten Sinne verwandt[6]. Wissenschaftliche Paradigmata bestimmen nach Kuhn für nachfolgende Generationen von Fachleuten die anerkannten Probleme und Methoden eines Forschungsgebietes, wobei sie die beiden Eigenschaften besitzen, beispiellos genug zu sein, um eine beständige Gruppe von Anhängern anzuziehen, und zugleich offen genug zu sein, um jener Gruppe alle möglichen Probleme zur Lösung zu überlassen[7]. Die Übertragung dieses für die Beschreibung konkreter wissenschaftlicher Praxis entwickelten Paradigma-Begriffs auf die Philosophie hat zu berücksichtigen, daß man es hier nicht mit einer

---

[4] Albert, Ethik und Meta-Ethik, S. 473 f.
[5] Vgl. Jahr, Zum Verhältnis, S. 311 Ziffer 3.31; Paradies, Die Ohnmacht, S. 3, 16.
[6] Vgl. Kuhn, Die Struktur, insbes. S. 28 ff.
[7] Kuhn, Die Struktur, S. 28 f., 44 ff.

Forschungspraxis zu tun hat, die modellhaft nachzuzeichnen wäre. Im Falle eines philosophischen Paradigmas besteht die paradigmatische Typizität nicht in einem Modell wissenschaftlicher Praxis, sondern in der Fixierung theoretischer Leitlinien oder Prinzipien[8]. In der Klasse jener Prinzipien läßt sich das Ziel des philosophischen Paradigmas unterscheiden von den programmatischen Denkfiguren bzw. den Erkenntnisschemata, die die Verwirklichung jenes Zieles ermöglichen sollen[9].

Ungeachtet der Differenzen, die zwischen den hier relevanten Strömungen der analytischen Philosophie — dem logischen Empirismus des Wiener Kreises um Schlick, Carnap und Neurath und dem von Popper ausgehenden kritischen Rationalismus — bestehen, glaube ich die paradigmatische Gemeinsamkeit jener analytischen philosophischen Tradition aufzeigen zu können. Dies scheint mir deshalb möglich, weil jene Denkrichtungen ein gemeinsames Erkenntnisziel verfolgen und die zur Erreichung dieses Ziels verwandten programmatischen Schemata in bestimmter, im Folgenden näher zu explizierender Weise übereinstimmen.

Das *Ziel*, nach dem sich das leitende Interesse der analytischen Philosophie und Wissenschaftstheorie ausrichtet, besteht in der methodischen Grundlegung einer aufklärerischen, von jedweder ideologischen Befangenheit befreiten Philosophie als Fundament objektiver Wissenschaften. Dieses Ziel impliziert die Eliminierung institutioneller Macht und verborgener Metaphysik aus dem Bereich der Wissenschaften, die sich damit durch ihre spezifisch wissenschaftliche Rationalität von metaphysischer und doktrinär-ideologischer Irrationalität abheben[10]. Zugleich ist die analytische Philosophie bestrebt, philosophische Fragestellungen mit demselben Maß an Exaktheit, begrifflicher Klarheit und Überprüfbarkeit zu behandeln, wie dies in den der wissenschaftlichen Rationalität verpflichteten Einzelwissenschaften in bezug auf deren Fachprobleme geschieht[11].

Zur Verwirklichung dieses Ziels bedient sich die analytische Philosophie zweier sich wechselseitig ergänzender *Erkenntnisschemata*, die die Kriterien philosophischer Erkenntnis und wissenschaftlicher Rationalität erschöpfend bestimmen[12].

Das *erste Schema* ist dasjenige der formalen Logik. Danach sind solche objektsprachlichen Aussagen zulässig, die sich auf rein formal-

---

[8] Böhler, Paradigmawechsel, S. 223 f.
[9] Böhler, Paradigmawechsel, S. 224.
[10] Vgl. Böhler, Paradigmawechsel, S. 224; Radnitzky, Contemporary Schools, S. 114.
[11] Vgl. Stegmüller, Probleme und Resultate, S. XV.
[12] Vgl. Stegmüller, Das Wahrheitsproblem, S. 262.

logischem Wege durch Deduktion aus einem Zusammenhang hypothetischer Sätze als gültig erweisen. Die Sätze, deren sich jenes Erkenntnisschema bedient, sind Tautologien, analytische Sätze, die allein auf Grund ihrer Form gültig sind; sie haben keinen Aussagegehalt, das heißt sie besagen nichts über das Bestehen oder Nichtbestehen irgendeines Sachverhalts[13]. Stattdessen erlauben sie die Prüfung der Unabhängigkeit und Konsistenz der Wissenschaftssprache in rein formaler Hinsicht, indem sie die Aufstellung von Formregeln und Umformungsregeln ermöglichen. Die Regeln der Formung und Umformung betreffen die Beziehung der Sprachzeichen untereinander. Formregeln bestimmen, wie objektsprachliche Sätze formal, das heißt abstrahiert von deren Bedeutung, gebildet werden. Umformungsregeln zeigen, wie ein objektsprachlicher Satz aus einem oder mehreren anderen Sätzen analytisch abgeleitet werden kann. Die Summe der Form- und Umformungsregeln bildet die in Symbolen formalisierbare logische Syntax der Sprache[14].

Indessen kann sich die analytische Philosophie nicht auf die Untersuchung der logisch-syntaktischen Widerspruchslosigkeit und Folgerichtigkeit von Aussagen beschränken, sondern muß auch die Grundbestimmungen wissenschaftlicher Aussagen in inhaltlicher Hinsicht herausarbeiten. Unterließe sie dies, wäre die von ihr angestrebte Abgrenzung echten Wissens von Metaphysik nicht möglich, da metaphysische Aussagen aus rein logischer Sicht durchaus nicht immer von wissenschaftlichen Aussagen eindeutig unterscheidbar sind[15].

Damit gelangen wir zum *zweiten* programmatischen *Erkenntnisschema* analytischer Philosophie, das der Abgrenzung von Aussagen dient, die auf Erfahrung beruhen von solchen, die diese Eigenschaft nicht aufweisen[16]. Jenes Schema entstammt der Suche nach einem evidenten, d. h. augenscheinlichen wie einleuchtenden Fundament der Erkenntnis, das als solches keiner Kritik mehr unterliegen kann und

---

[13] Analytische Aussagen sind gleichwohl nicht mit formallogisch wahren Aussagen identisch. Eine Aussage ist analytisch, wenn sie entweder formallogisch wahr ist oder dadurch in eine formallogisch wahre Aussage überführt werden kann, daß deskriptive Ausdrücke durch Synonyma ersetzt werden, so Stegmüller, Probleme und Resultate, S. 60; vgl. auch Lenk, Metalogik, S. 21 ff.; Quine, Two dogmas, S. 49 ff.
[14] Vgl. Schulz, Philosophie, S. 60; Carnap, Introduction, S. 9 f.; Tarski, Einführung, S. 120 ff., 134 ff.; Quine, Grundzüge, S. 33 ff., 70 ff.
[15] Schulz, Philosophie, S. 47.
[16] Vgl. Stegmüller, Das Wahrheitsproblem, S. 262; Katz, Linguistic Philosophy, S. 184 ff. sowie Schlick, Gesammelte Aufsätze, S. 352: „Es gibt keinen Antagonismus zwischen Logik und Erfahrung. Der Logiker kann nicht nur zugleich Empiriker sein, er muß es sein, wenn er das, was er tut, verstehen will."

keiner Begründung mehr bedarf[17]. Es ist gekennzeichnet durch eine Forschungsstrategie, die man als Akzeptierung des Prinzips des Empirismus bezeichnen könnte[18]. Das Prinzip des Empirismus besagt, daß es keine synthetische Erkenntnis a priori im Sinne Kants gibt, da eine solche synthetische Erkenntnis weder als absolut gesichert gelten kann noch unabhängig von sinnlicher Erfahrung möglich ist[19]. Die Forschungsstrategie, welche jenes empirische Prinzip akzeptiert, geht davon aus, daß das evidente Fundament der Erkenntnis im Bereiche der sinnlichen Erfahrung zu finden ist; sie ist darauf angelegt, synthetische Erkenntnis auf die sensualistische Rezeption der Dinge, auf „reine Erfahrung" zurückzuführen[20].

Erkenntnis wird so mit der sinnlich konstatierbaren Tatsächlichkeit in Beziehung gesetzt, deren sich das je einzelne Subjekt mit seinen Sinneswerkzeugen durch empirische Beobachtung versichert[21]; jene Tatsächlichkeit ist ein evident Unmittelbares, das dem empirischen Prinzip zufolge *ohne subjektive Zutat gegeben* ist und daher *unvoreingenommen beobachtet* werden kann. Um das derart Wahrgenommene einem anderen Subjekt zu vermitteln, muß die empirische Beobachtung in Sprache umgesetzt werden. Aussagen, die eine empirische Beobachtung enthalten, in denen also behauptet wird, daß ein mittels Namen oder Individuenbezeichnung gekennzeichnetes Objekt ein beobachtbares Attribut besitzt, sind beschreibend oder deskriptiv[22]. Die Klasse der deskriptiven Aussagen betrifft nicht, wie diejenige der logisch-analytischen Aussagen, die syntaktische Beziehung der objektsprachlichen Zeichen untereinander, sondern vielmehr die semantische Beziehung der Sprachzeichen zu den bezeichneten Gegenständen[23].

Jenen beiden programmatischen Erkenntnisschemata, dem logisch-analytischen und dem empirisch-deskriptiven, kommt in der analytischen Philosophie ein *Exklusivitätscharakter* zu, wenn auch die Funktion, die jene Exklusivität innerhalb des philosophischen Systems auszuüben hat, im *logischen Empirismus* eine andere ist als im *kritischen Rationalismus*.

---

[17] Böhler, Paradigmawechsel, S. 224.
[18] Radnitzky, Contemporary Schools, S. 19 u. passim.
[19] Vgl. Nordenstam, Empiricism, S. 11 ff., 19 f.
[20] Vgl. Quine, Two dogmas, S. 46: „The other dogma is *reductionism:* the belief that each meaningful statement is equivalent to some logical construct upon terms which refer to immediate experience."
[21] Schulz, Philosophie, S. 51. Zu dem methodischen Solipsismus, der in dieser Annahme enthalten ist, vgl. Todd, Analytical Solipsism, insbes. S. 3 - 24.
[22] Vgl. hierzu Toulmin / Baier, Beschreiben, S. 191 ff.
[23] Vgl. Quine, From a logical point, S. 47, 130; ders., Word and Object, S. 80 ff.; Carnap, Introduction, S. 9; Ullmann, Grundzüge, S. 4 f., 7.

1.22 Das analytische Paradigma

Im *logischen Empirismus* dienen die Erkenntnisschemata zur Präzisierung des Sinnlosigkeitsverdachts gegenüber der traditionellen Philosophie und Metaphysik[24]. Eine Aussage ist demzufolge dann und nur dann sinnvoll, wenn sie logisch-syntaktischen Regeln gehorcht und sich auf beobachtbare und beschreibbare tatsächliche Gegebenheiten bezieht. Aussagen, die herkömmlicherweise als metaphysische bezeichnet werden, sind entweder verkleidete analytische bzw. empirische Aussagen oder sie besitzen keinen kognitiven Gehalt; hierin besteht das den logischen Empirismus kennzeichnende empirische Sinnkriterium[25]. Da Sätze nicht durch wie immer geartete empirische Gegebenheiten unmittelbar, sondern wiederum nur durch andere, diese Gegebenheiten beschreibende Sätze überprüft werden können, basiert das empirische Sinnkriterium auf der Vorstellung, daß sich empirische Beobachtungen in einfachen Sätzen, sogenannten Elementar- oder Protokollsätzen ausdrücken lassen, die keine andere Funktion haben, als diese Beobachtungen wiederzugeben[26]. Alle sinnvollen Sätze der Objektsprache sind dadurch ausgezeichnet, daß sie sich als Wahrheitsfunktionen von Protokollsätzen darstellen lassen; umgekehrt sind alle objektsprachlichen Sätze, die nicht aus Protokollsätzen ableitbar sind, sinnlos[27]. Damit wird das Sinnkriterium zugleich als Verifikationskriterium verstanden. Die These Wittgensteins, der Sinn eines Satzes bestehe in der Methode seiner Verifikation, wird im logischen Empirismus dahin interpretiert, daß alle sinnvollen Sätze qua Verifikation von Protokollsätzen selbst verifizierbar sein müssen[28].

Im *kritischen Rationalismus* hingegen wird der Vorwurf der Sinnlosigkeit gegenüber Lehren, die sich weder rein logischer noch empirischer Methoden bedienen, nicht mehr aufrechterhalten[29]. Das logisch-analytische und das empirisch-deskriptive Erkenntnisschema dienen nicht — wie beim logischen Empirismus — der „Reinigung" von Philosophie und Wissenschaften durch Eliminierung „sinnloser" Sätze, sondern der Abgrenzung wissenschaftlicher Theorien von pseudowissen-

---

[24] Wellmer, Methodologie, S. 21.
[25] Pap, Elements, S. 9; ders., Analytische Erkenntnistheorie, S. 1 ff.; Ayer, Sprache, S. 44.
[26] Vgl. Carnap, Die physikalische Sprache, S. 438: „Die einfachen Sätze der Protokollsprache beziehen sich auf das Gegebene; sie beschreiben die unmittelbaren Erlebnisinhalte oder Phänomene, also die einfachsten erkennbaren Sachverhalte"; vgl. auch Neurath, Protokollsätze, S. 204 ff. Zur Kritik dieser Auffassung aus der Sicht der neueren analytischen Philosophie vgl. Hempel, Grundzüge, S. 29 ff., 75 ff.; Carnap, Überwindung, S. 220 ff.
[27] Vgl. etwa Neurath, Protokollsätze, S. 205 f.
[28] Wellmer, Methodologie, S. 21. Zum Verifikationsprinzip im allgemeinen vgl. insbes. Ayer, Sprache, S. 9 ff., 44 ff. sowie Schlick, Allgemeine Erkenntnislehre, S. 149.
[29] Vgl. Popper, Conjectures, S. 43 ff.

schaftlichen und metaphysischen Theorien. Damit wird das empirische Sinnkriterium aufgegeben zugunsten eines erkenntnistheoretisch weniger vorbelasteten Abgrenzungskriteriums, welches die Trennung von Wissenschaft und Nichtwissenschaft ermöglichen soll, ohne letztere dem Verdikt der Sinnlosigkeit zu unterwerfen. Wissenschaftlich sollen danach nur solche Sätze sein, welche logisch-analytischen Regeln entsprechen und sich empirisch bewährt haben. Empirische Bewährung ist dem kritischen Rationalismus zufolge nun aber nicht gleichbedeutend mit Verifikation; im Gegenteil: gerade pseudowissenschaftliche, spekulativ-ideologische Globaltheorien lassen Erfahrungen als wahr erscheinen, indem sie Deutungsschemata suggerieren, in die jegliche neue Erfahrung sich zwanglos einordnen läßt[30]. Die Unwiderlegbarkeit einer Theorie ist daher kein Zeichen ihrer Wahrheit, sondern nur ein Indiz ihrer Unwissenschaftlichkeit. Nach dem aus dieser Einsicht entwickelten Falsifikationsprinzip soll eine Theorie nur dann als wissenschaftlich gelten, wenn bei ihrer Aufstellung prinzipiell offen ist, ob sie empirisch bestätigt werden oder an der Erfahrung scheitern wird, mit anderen Worten, wenn ihre — vorläufige — Bestätigung selbst das Resultat eines Falsifizierungsversuchs ist[31]. Je öfter eine theoretische Hypothese Falsifizierungsversuchen standhält, um so mehr bewährt sie sich. Das hierin beschlossene methodische Prinzip des kritischen Rationalismus, wonach der Fortschritt der Wissenschaften in der Möglichkeit begründet ist, aus Fehlern zu lernen („trial and error")[32], entspricht einem Grundzug des Zeitgeistes, nämlich der Skepsis gegenüber unbedingten Wahrheiten[33]. Diese Skepsis verbietet es, auf die Autorität der Sinneserfahrung als letztgültige Evidenz zu vertrauen; die „Reinheit", das heißt die objektive Verbindlichkeit der sinnlichen Erfahrung ist nicht mehr, wie beim logischen Empirismus, bereits mit der Evidenz unmittelbarer Erlebnisinhalte gegeben, sondern konstituiert sich erst im Falsifizierungstest durch die Methode systematisch kontrollierter Beobachtung[34]. Nicht die Verifizierbarkeit von Hypothesen anhand unabhängiger Tatsachen, vielmehr die experimentelle Überprüfbarkeit von Tatsachen unter unabhängigen Prüfungsbedingungen in einem beliebig wiederholbaren Erfahrungstest ist Garant der Objektivität wissenschaftlicher Erkenntnis. Wenn aber theoretische Hypothesen nicht mit

---

[30] Wellmer, Methodologie, S. 26; vgl. Popper, Conjectures, S. 35: „Once your eyes were ... opened, you saw confirming instances everywhere: the world was full of verifications of the theory. Whatever happened always confirmed it."

[31] Wellmer, Methodologie, S. 27 f.

[32] Vgl. Popper, Conjectures, S. 46.

[33] Schulz, Philosophie, S. 80.

[34] Hierin besteht Poppers — freilich unvollständige — Kritik am Empirizismus, vgl. Popper, Conjectures, S. 46.

1.22 Das analytische Paradigma

Hilfe theorieunabhängiger Tatsachen verifizierbar sind, lassen sich Beobachtungssätze nicht durch bloße Beschreibung unmittelbar vorgegebener Sachverhalte gewinnen. Beobachtungssätze, die sich zur Falsifikation von Gesetzesannahmen eignen (Basissätze), sind dann nicht empirisch zu rechtfertigen; um Basissätze in Geltung zu setzen, bedarf es in jedem Falle eines *Beschlusses* darüber, ob die Annahme des Basissatzes durch Erfahrung hinreichend motiviert ist[35]. Jener Entschluß[36], einen Basissatz als gültige Aussage über die Wirklichkeit zu akzeptieren, kann weder logisch noch empirisch erzwungen werden: logisch ist er nicht zwingend, weil er auf einer willkürlichen Festsetzung beruht[37]; empirisch ist er nicht verbindlich, weil empirische Beobachtungen den Entschluß zur Annahme eines Basissatzes zwar motivieren, den Basissatz aber nicht begründen können[38].

Wenn dem so ist, stellt sich die Frage, ob die paradigmatische Rekonstruktion der Leitlinien analytischer Philosophie mit Hilfe des logisch-analytischen und des empirisch-deskriptiven Erkenntnisschemas dem kritischen Rationalismus unangemessen ist und insoweit durch ein *drittes Erkenntnisschema* ergänzt werden muß, das der soeben angedeuteten Lösung des Basisproblems Rechnung trägt. Jenes dritte Erkenntnisschema beträfe das *In-Geltung-Setzen von Basissätzen durch konkrete Individuen*. Indem es sich ausdrücklich auf die Wissenschaft treibenden Subjekte bezöge, ließe es sich weder der syntaktischen Dimension der Beziehung sprachlicher Zeichen zueinander noch der semantischen Dimension der Beziehung von Zeichen zu bezeichneten Objekten zuordnen, wo gleichermaßen die Frage nach den Zeichenbenutzern von vornherein ausgeklammert ist. In der Tat hat Morris für die sprachanalytische Philosophie eine dreidimensionale Semiotik gefordert, in welcher die syntaktische Dimension und die semantische Dimension durch die pragmatische Dimension der Beziehung von Zeichen zu Zeichenbenutzern zu ergänzen ist[39]; demzufolge wäre die auf einem Beschluß der Wissenschaftssubjekte beruhende Akzeptierung von Basissätzen der pragmatischen Dimension zuzurechnen.

Gleichwohl meine ich, daß sich die inhaltliche Strukturierung auch des kritischen Rationalismus anhand des logisch-analytischen und des empirisch-deskriptiven Erkenntnisschemas präzise bestimmen läßt, daß mithin für die paradigmatische Typizität auch dieses Teilbereichs

---

[35] Popper, Logik, S. 61 ff., 71; vgl. auch Habermas, Nachtrag, S. 29.
[36] Zur synonymen Verwendung der Begriffe ‚Entschluß' und ‚Beschluß' bei Popper vgl. Wellmer, Methodologie, S. 155 f.
[37] Popper, Logik, S. 74.
[38] Popper, Logik, S. 71.
[39] Vgl. Morris, Foundations, S. 84, 107 ff.

analytischer Philosophie die Exklusivität jener beiden Erkenntnisschemata charakteristisch ist. Die Beschlußfassung über die Annahme von Basissätzen, die jene beiden Erkenntnisschemata transzendiert und folglich zur Aufstellung eines dritten Erkenntnisschemas verleiten könnte, hat im kritischen Rationalismus nämlich eine eigentümlich ambivalente Stellung: einerseits ist sie für das Wissenschaftsverständnis und den Rationalitätsbegriff des kritischen Rationalismus konstitutiv, insofern als die Falsifikation theoretischer Gesetzesannahmen mit Hilfe von Basissätzen jene Beschlußfassung notwendig voraussetzt; andererseits ist aber die Entschließung selbst nicht rational überprüfbar, sondern beruht auf einer prinzipiell irrationalen Festsetzung, auf blinder Dezision[40]. Da die Entschließung einer wissenschaftlichen Erklärung notwendig vorausgeht, selbst aber nicht wissenschaftlich erklärbar ist, bleibt sie im Vorfeld der Wissenschaften[41]. Sie unterliegt keiner prinzipiell anders gearteten Rationalität als derjenigen der logischen Analyse und der empirischen Deskription, sondern überhaupt keiner Rationalität.

Die *vor*wissenschaftliche Entschließung ist der analytischen Philosophie zufolge *nicht*wissenschaftlich und damit auf die gleiche Stufe gestellt wie Metaphysik und Ideologie. Die Entscheidung, eine metaphysische oder eine rationalistisch-wissenschaftliche Einstellung anzunehmen, ist demzufolge eine rational nicht überprüfbare *private Gewissensentscheidung*[42]. Dies bedeutet für den Analytiker, daß er zuerst eine rationalistische Einstellung durch Dezision annehmen muß und dann erst wissenschaftliche Argumente und empirische Erfahrungen Beachtung finden können[43].

Sollen gleichwohl wissenschaftliche Theorien objektive Gültigkeit beanspruchen, muß eine strikte Unterscheidung getroffen werden zwischen dem Entstehungs- oder Auffindungszusammenhang einer Theorie und ihrem Begründungs- oder Rechtfertigungszusammenhang. Während in den Entstehungszusammenhang die lebenspraktische Entschließung zur Einnahme einer wissenschaftlichen Einstellung im Allgemeinen und zur Akzeptierung bestimmter Basissätze im Besonderen eingeht, ist der Begründungszusammenhang hiervon unabhängig. Der Entstehungszusammenhang ist indessen nicht rationalisierbar[44] und

---

[40] Wellmer, Methodologie, S. 157.
[41] Apel, Szientistik, S. 104.
[42] Stegmüller, Das Wahrheitsproblem, S. 281; an anderer Stelle bezeichnet Stegmüller sie als „vorrationale Urentscheidung", vgl. Stegmüller, Metaphysik, S. 169.
[43] Woraus folgt, daß jene Einstellung nicht selbst auf Argumente und Erfahrungen gegründet werden kann, vgl. Popper, Die offene Gesellschaft, S. 304.

1.22 Das analytische Paradigma

daher nicht von methodologischem, sondern allenfalls von historischem und wissenssoziologischem Belang[45]. Der wissenschaftstheoretisch maßgebliche Begründungszusammenhang ist hingegen im Hinblick auf die Geltung erfahrungswissenschaftlicher Aussagen von den Lebensbezügen, aus denen der Forschungsprozeß geschichtlich hervorgeht und damit auch von den Beschlußfassungen der Forschungssubjekte emanzipiert.

Diese *Eliminierung der subjektiven Komponente wissenschaftlicher Theoriebildung* ermöglicht die Aufrechterhaltung der von Popper seit jeher vertretenen Forderung der unabhängigen Prüfbarkeit von Theorien, das heißt ihrer Prüfbarkeit anhand eines Kontrollbereiches, der seinerseits nicht schon von der Geltung der zu prüfenden Theorie abhängig ist[46]; dergestalt können die empirischen Tatsachen einem unabhängigen Erfahrungstest unterworfen werden, der deshalb wissenschaftlich objektiv ist, weil er keinerlei raumzeitlichen Einschränkungen unterliegt und von beliebigen Subjekten in beliebigen Situationen beliebig oft wiederholt werden kann[47]. Der Erfahrungsbegriff, der jener Methode experimenteller Nachprüfung entspricht, ist gleichermaßen von allen lebenspraktischen Zusammenhängen gereinigt: nur die Erfahrung, die sich in einem Testverfahren organisieren läßt und die als singuläre Entität Falsifizierungsversuchen zugänglich ist, also die von gesellschaftsspezifischen Interessen und Vorurteilen freie Erfahrung kann wissenschaftliche Relevanz beanspruchen[48].

Damit wird aber die ursprüngliche Transzendierung der beiden Erkenntnisschemata durch die Problematik der Beschlußfassung von Forschungssubjekten zurückgenommen und die Exklusivität des logisch-analytischen und des empirisch-deskriptiven Erkenntnisschemas wiederhergestellt: auch der kritische Rationalismus Popperscher Prägung bestimmt die Wissenschaftlichkeit jedweder Theorie nach den

---

[44] So Popper, Logik, S. 257; vgl. hierzu auch Habermas, Eine Polemik, S. 42, 45.

[45] Inwieweit dies über Popper hinaus auch für die modernsten Vertreter der Logic of Science wie Kuhn, Latakos und Feyerabend zutrifft, mag hier dahinstehen.

[46] Schnädelbach, Über den Realismus, S. 91 f.

[47] Vgl. Popper, Logik, S. 65: „Jeder empirisch-wissenschaftliche Satz (muß) durch Angabe der Versuchsanordnung u. dgl. in einer Form vorgelegt werden, daß jeder, der die Technik des betreffenden Gebiets beherrscht, imstande ist, ihn nachzuprüfen."

[48] So Berger, Erfahrung, S. 13; Habermas, Eine Polemik, S. 42, 45; Wellmer, Methodologie, S. 13, 29, 92. Vgl. auch Popper, Logik, S. 256: „Insofern sich die Sätze einer Wissenschaft auf die Wirklichkeit beziehen, müssen sie falsifizierbar sein, und insofern sie nicht falsifizierbar sind, beziehen sie sich nicht auf die Wirklichkeit." Zur Kritik dieser Auffassung vgl. etwa Horkheimer, Zur Kritik, S. 78 ff.

1.2 Forschungsmethode der analytischen Rechtstheorie

beiden Schemata, die auf den Prämissen der absoluten Geltung der Regeln formaler Logik und der Existenz unabhängiger, objektiv erkennbarer Tatsachen beruhen[49]. Der subjektive Beitrag zur wissenschaftlichen Theoriebildung ist solchermaßen nicht nur aus dem Bereiche der Wissenschaftlichkeit eliminiert, mehr noch: gerade seine Verbannung ermöglicht es, die Verfahrensweisen der logischen Analyse von Satzsystemen und der experimentellen Falsifikation von Hypothesen mit Hilfe von autonomen empirischen Entitäten zur exklusiven Geltung zu bringen.

Zusammenfassend läßt sich demnach das Paradigma der analytischen Philosophie wie folgt bestimmen: Die analytische Philosophie bemüht sich um die systematische Konzipierung einer rationalistischen — einzig auf die Macht des von metaphysischer und ideologischer Beeinflussung unabhängigen Verstandes gegründeten — Philosophie als Fundament objektiver Wissenschaften. Jenes Ziel sucht sie zu verwirklichen mit Hilfe zweier programmatischer Denkfiguren, des logisch-analytischen und des empirisch-deskriptiven Erkenntnisschemas. Die methodologische Grundannahme der analytischen Philosophie besteht in der Vorstellung, daß allein jene beiden Erkenntnisschemata geeignet sind, das vorgegebene Ziel zu verwirklichen. Die Welt, die die Wissenschaften zu erschließen haben, setzt sich der analytischen Philosophie zufolge aus autonomen empirischen Entitäten und Regelmäßigkeiten zusammen, die entweder mit Mitteln der empirisch-analytischen Wissenschaften überprüfbar oder gar nicht nachprüfbar sind[50].

1.23 Zuordnung des Paradigmas der analytischen Philosophie zum rechtswissenschaftlichen Gesamtzusammenhang

Nachdem der Gegenstandsbereich der analytisch konzipierten Rechtstheorie und das Paradigma der analytischen Philosophie umrissen sind, kann nunmehr der Versuch unternommen werden, das Modell der analytischen Rechtstheorie durch die Bezugsetzung jener beiden Elemente zu entfalten. Dabei ist zu beachten, daß sich die analytische Konzeption von Rechtstheorie nicht durch eine einfache Übertragung analytischer Methoden auf den erarbeiteten Gegenstandsbereich gewinnen läßt; die bloße Applikation jener Verfahrensweisen ließe unbeachtet, daß die Verfahrensweisen durch ihre Anwendung in einen besonderen fachwissenschaftlichen Verwendungszusammenhang gestellt und da-

---

[49] Damit haben wir als letzte Voraussetzungen der analytischen Philosophie zwei metaphysische Prinzipien von Leibniz aufgeführt: daß es logische Vernunftwahrheiten (vérités de raison) und erfahrbare Tatsachenwahrheiten (vérités de fait) gibt; vgl. hierzu Apel, Die Kommunikationsgemeinschaft, S. 235 f.

[50] Vgl. Wellmer, Methodologie, S. 103.

durch, wenn nicht modifiziert, so doch an fachspezifischen Bedürfnissen ausgerichtet werden. Obschon die analytische Rechtstheorie sich als regionale Teildisziplin der allgemeinen analytischen Wissenschaftstheorie versteht, ist sie als rechtswissenschaftliche Theorie doch zugleich selbst von der Fachwissenschaft geprägt und nimmt an deren Qualität teil. Demnach wird es notwendig sein, bei der Einfügung des analytischen Paradigmas in den rechtswissenschaftlichen Gesamtzusammenhang den Besonderheiten Rechnung zu tragen, die jenen Gesamtzusammenhang formen.

1.231 Zur methodischen Divergenz zwischen Jurisprudenz und analytischer Rechtstheorie

Für die Kontinuität der Entwicklungen und für die Identität des Selbstverständnisses der analytischen Philosophie ist entscheidend, daß diese sich seit Anbeginn am Leitbild der theoretischen Naturwissenschaften ausrichtete; formale Logik als Metamathematik und experientelle Physik als angewandte Mathematik sind die Musterdisziplinen, deren Verfahrensweisen die analytische Philosophie nachzuvollziehen und damit als Paradigma für wissenschaftliches Verfahren schlechthin verbindlich zu machen sucht[51]. Die globale Forschungsstrategie der analytischen Philosophie hat die Einteilung der Wissenschaften gemäß dem Vorrange der theoretischen und experimentellen Naturwissenschaften zum Ziele. Das Wissenschaftsideal, das jenem Bemühen entspricht, ist dasjenige einer universell gültigen Einheitswissenschaft, deren Methode den idealisierten naturwissenschaftlichen Verfahrensweisen entlehnt ist[52]. Konsequenterweise versteht sich die analytische Konzeption von Rechtstheorie als Teil jener Einheitswissenschaft, welche die Rationalität wertneutraler naturwissenschaftlicher Methode zur exklusiven Geltung zu bringen sucht; analytische Rechtstheorie ist demnach im Sinne der Kantschen Aussage in den „Metaphysischen Anfangsgründen der Naturwissenschaft" darauf angelegt, methodologisch naturwissenschaftlich zu verfahren[53].

Die Übernahme dieser Art von Rationalität in die Rechtswissenschaft begegnet der Schwierigkeit, daß die objektsprachlichen Aussagen der Jurisprudenz anders als die der Naturwissenschaften sich nicht mit einer gegebenen empirischen Faktizität beschäftigen. Das Wort „Recht" wird umgangssprachlich wie fachsprachlich nicht zur Bezeichnung eines Sachverhalts oder eines Realzusammenhanges verwendet, son-

---

[51] Vgl. Radnitzky, Contemporary schools, S. 58; Wellmer, Kritische Gesellschaftstheorie, S. 16.
[52] Vgl. Fiedler, Einheitswissenschaft, S. 106 ff.
[53] Kunz, Rechtstheorie, S. 19.

dern drückt ein Postulat in einer Situation aus[54]. Der Gegenstand juristischer Unternehmung, das Recht, enthält somit keine in die Form beschreibender Aussagen gekleidete Tatsachen, sondern in die Form von Normen gekleidete wertende Stellungnahmen.

Aus dem normativen Charakter ihres Gegenstandes folgt für die Jurisprudenz, daß diese Normen zur Grundlage ihrer Aussagen macht, also auf Normen beruht. Ja, mehr noch: in der neueren rechtswissenschaftlichen Grundlagendiskussion ist anerkannt, daß die Tätigkeit des Juristen sich nicht in der Rechtsfindung begriffen als methodengerechte Ableitung von Rechtssätzen aus einem System übergeordneter Begriffe erschöpft[55]. Wenngleich die Gesetzesnorm für den Richterspruch Verbindlichkeit besitzt, so hat sie doch in jeweils verschiedenen sozialen Situationen einen jeweils verschiedenen Sinn; da der Sinn des Gesetzes wandelbar und geschichtlich ist, gehen konkrete Faktoren, die im Gesetz nicht enthalten sind, notwendigerweise in das Auslegungsverfahren mit ein[56]. Jurisprudentielle Rechtsverwirklichung gleicht denn auch eher einem Prozeß des — freilich durch Gesetzesnormen angeleiteten — Rechtserfindens als des Rechtsfindens[57]. Als kulturelle Rationalisierung des rechtlich Verbindlichen teilt die Jurisprudenz damit die Normativität ihres Gegenstandes selbst dort, wo sie sich fälschlich als wertfreie Auslegungskunst versteht. Jurisprudenz macht nicht nur Rechtsnormen zum Gegenstand und zur Grundlage ihrer Tätigkeit, sondern ist selbst normsetzend, indem sie Normen zum Inhalt ihrer Aussagen macht, indem sie also vom Gesetz nicht vollends determinierte normative Entscheidungen zum Ausdruck und zur Geltung bringt[58].

Für das Modell der analytisch konzipierten Rechtstheorie stellt sich demnach das Problem, eine *präskriptive* Wissenschaft mit *deskriptiven*, in Anlehnung an die naturwissenschaftliche Rationalität entwickelten Verfahrensweisen analysieren zu müssen. Ruft man sich die beiden Erkenntnisschemata der analytischen Philosophie in Erinnerung, so wird offenbar, daß der jurisprudentielle Erkenntnis- und Entscheidungs-

---

[54] Ellscheid, Zur Forschungsidee, S. 8.

[55] Anders die sogenannte „subjektive" Auslegungstheorie, welche bei der Rechtsverwirklichung den Willen des historischen Gesetzgebers reproduzieren zu müssen glaubte. Vgl. dagegen etwa Kaufmann, Analogie mit zahlreichen Nachweisen; ders., Gesetz und Recht; Hassemer, Tatbestand und Typus, S. 129 f.

[56] Kaufmann / Hassemer, Grundprobleme, S. 43. Vgl. hierzu auch Baratta, Ricerche, S. 38 ff.

[57] Vgl. Kaufmann, Die ipsa res iusta, S. 38.

[58] Vgl. Guradze, Normative Rechtswissenschaften, S. 1 ff.; a. A.: Weisser, Normative Sozialwissenschaft, S. 7, 8. Zu der hier verwandten Unterscheidung zwischen normativem Gegenstand, normativer Grundlage und normativem Inhalt einer Wissenschaft vgl. Albert, Zum Normenproblem, S. 5 ff.

1.23 Analytisches Paradigma und Rechtswissenschaft

prozeß wegen seines normsetzenden Charakters sich weder mit Hilfe des logisch-analytischen noch mit Hilfe des empirisch-deskriptiven Erkenntnisschemas adäquat erfassen läßt; im Gegenteil: präskriptiv-normative Aussagen unterscheiden sich in ihrem erkenntnistheoretischen Status von analytischen bzw. deskriptiven Aussagen fundamental und sind aus letzteren nicht logisch ableitbar[59].

Dies bedeutet, daß die Analytiker im Falle der Jurisprudenz grundsätzlich die Möglichkeit einer normativen Wissenschaft anerkennen müssen, für welche die These der Exklusivität der beiden analytischen Erkenntnisschemata nicht zutrifft[60]. Hier zeigt sich ein bedeutsamer Unterschied zur Reinen Rechtslehre Kelsens. Während Kelsen die Jurisprudenz als das Produkt einer unanalysierten Vermengung heterogener Probleme und Methoden ansah[61], die es durch Eliminierung aller fremdartigen Elemente überhaupt erst „auf die Höhe einer echten Wissenschaft ... zu heben"[62] galt, respektiert die analytische Rechtstheorie das Zusammentreffen unterschiedlichster Gesichtspunkte im juristischen Entscheidungsprozeß als Ausdruck der spezifischen Eigenart juristisch-normativer Verfahrensweise. Die auf Jurisprudenz spezialisierte analytische Wissenschaftstheorie beansprucht demnach weder, die Eigenart juristischen Handelns und Entscheidens schlechthin darzustellen, noch fordert sie eine Übertragung ihres Wissenschaftsideals auf die Jurisprudenz[63]; vielmehr stellt sie lediglich die vergleichsweise be-

---

[59] Diese Hume'sche These ist für die analytische Wissenschaftsauffassung grundlegend, vgl. Hoerster, Grundthesen, S. 121; Hare, Freiheit und Vernunft, S. 209.

[60] Vgl. Klüver u. a., Einleitung: Rechtstheorie, S. 8. So ausdrücklich: Hoerster, Grundthesen, S. 123; Hart, Der Positivismus, S. 29 ff.

[61] Vgl. Kelsen, Reine Rechtslehre, S. 1: „Wenn sie sich als ‚reine' Lehre vom Recht bezeichnet, so darum, weil sie nur eine auf das Recht gerichtete Erkenntnis sicherstellen und weil sie aus dieser Erkenntnis alles ausscheiden möchte, was nicht zu dem exakt als Recht bestimmten Gegenstande gehört. Das heißt: sie will die Rechtswissenschaft von allen ihr fremden Elementen befreien ... In völlig kritikloser Weise hat sich Jurisprudenz mit Psychologie und Soziologie, mit Ethik und politischer Theorie vermengt ... Wenn die Reine Rechtslehre die Erkenntnis des Rechts gegen diese Disziplinen abzugrenzen unternimmt, so nicht etwa darum, weil sie den Zusammenhang ignoriert oder gar leugnet, sondern darum, weil sie einen Methodensynkretismus zu vermeiden sucht, der das Wesen der Rechtswissenschaft verdunkelt und die Schranken verwischt, die ihr durch die Natur ihres Gegenstandes gezogen sind."

[62] Kelsen, Reine Rechtslehre, S. III.

[63] Schmidt, Die Neutralität, S. 96. Täte sie dies, wäre sie ein naiver Rechtspositivismus, der behauptet, eine Rechtsordnung sei ein geschlossenes System von Normen, deren Anwendung durch den Richter nichts weiter als einen deduktiv-logischen Denkprozeß erfordert. Die oben vertretene These, jurisprudentielle Rechtsanwendung sei eine normsetzende Tätigkeit, keine bloße begriffliche Subsumtion, ist hingegen durchaus mit der analytischen Einstellung zum Recht vereinbar, vgl. Hoerster, Grundthesen, S. 123. Kriele

scheidene Behauptung auf, daß die Untersuchung jurisprudentieller Arbeitsmethoden mit Hilfe analytischer Verfahrensweisen möglich und sinnvoll sei. Da somit die Jurisprudenz eine normative Wissenschaft ist, deren Eigengesetzlichkeit sich mit Hilfe analytischer Kategorien nicht angemessen rekonstruieren läßt, die Jurisprudenz aber gleichwohl analytischer Untersuchung zugänglich ist, muß eine strikte Trennung vorgenommen werden zwischen der Jurisprudenz auf der einen und der Wissenschaft, welche die Jurisprudenz mit den Mitteln der analytischen Wissenschaftstheorie untersucht, auf der anderen Seite.

1.232 Autonomie und Neutralität der analytischen Rechtstheorie gegenüber der Jurisprudenz

Jurisprudenz hat die Aufgabe, für soziale Ordnungsprobleme Lösungen bereitzustellen. Sie dient nicht der interessefreien Erkenntnis sachlicher Zusammenhänge, sondern der realitätsgestaltenden Verwirklichung des situationsbezogen Sachrichtigen. In gleichem Maße, wie die juristische Problemerfahrung auf Entscheidungssituationen ausgerichtet und durch Fallpraxis angeleitet ist, wird sie bestimmt durch eine eigentümliche Verwobenheit wertender, sozialgestaltender und dogmatisch-klassifikatorischer Gesichtspunkte[64]. Die entscheidungspraktische Relevanz juristischer Argumentationsstrukturen ist der leitende Aspekt, welcher eine Vermittlung oder im Extremfall gar Durchbrechung dogmatischer Differenzierung und Präzisierung des gesatzten Rechts durch gesellschaftspolitische Überlegungen oder Sachrichtigkeitserwägungen erlaubt. Diese dialektische Funktionseinheit von dogmatisch-formaler Systematisierung und wertmaterialer Harmonisierung des dogmatischen Systems ist für den jurisprudentiellen Rechtsschöpfungsakt kennzeichnend. Auch die institutionalisierte Rollenverteilung zwischen wissenschaftlicher Dogmatik und Rechtspraxis im eigentlichen Sinne vermag hieran nichts zu ändern: ebenso wie die im Vorfeld der Rechtspraxis an den juristischen Fachbereichen betriebene dogmatische Rechtslehre auf virtuell sachgerechte und rechtspolitisch vertretbare Fallentscheidung ausgerichtet ist, ist umgekehrt jede Entscheidung von Gerichten bzw. Verwaltungsbehörden zugleich dogmatische Bemühung, soweit sie Dogmen überprüft oder selber solche aufstellt[65].

---

glaubt gar, daß der „Rechtspositivismus", zu dem er auch die analytische Rechtstheorie rechnet, in letzter Konsequenz überhaupt kein Gesetzesrecht, sondern nur Richterrecht anerkennen kann, vgl. Kriele, Rechtspflicht, S. 420.

[64] Maihofer spricht in diesem Zusammenhang von einer „Mehrperspektivität", welche der „Mehrdimensionalität des Gegenstandes Recht" entspricht, vgl. Maihofer, Rechtstheorie, S. 59, 61.

[65] Vgl. zu diesem Gedankengang Paul, Kritische Rechtsdogmatik, S. 59 ff.

1.23 Analytisches Paradigma und Rechtswissenschaft

Eine Wissenschaftstheorie, die die Jurisprudenz mit Hilfe empirisch-analytischer Methoden thematisiert, vermag jene Verwobenheit heterogener Gesichtspunkte im jurisprudentiellen Erkenntnisverfahren zwar zu respektieren, nicht aber in den Bereich ihrer eigenen Tätigkeit zu transferieren. Ausgehend von der Einsicht, daß empirisch-analytische und präskriptiv-normative Aussagen logisch nicht voneinander ableitbar sind, ist sie der Überzeugung, daß eine derartige Verknüpfung systematisch-formalen und wertmaterialen Argumentierens *in der metatheoretischen Diskussion* Verwirrung stiftet und sich im günstigsten Falle nach einer klärenden Analyse als überflüssig erweist. Für die metawissenschaftliche Beschäftigung mit der Jurisprudenz besteht die analytische Rechtstheorie folglich auf einer rigiden Unterscheidung der im jurisprudentiellen Erkenntnisprozeß ungeschiedenen systematisch-methodologischen, sozialen und wertrationalen Komponenten[66].

Die Auflösung dieser Funktionseinheit divergierender Aspekte im jurisprudentiellen Erkenntnisverfahren kann freilich nur gelingen, wenn der Bereich rechtstheoretischer Tätigkeit von dem entscheidungspraktischen Bezug, in den die Jurisprudenz gestellt ist, suspendiert wird. Der realitätsgestaltende Bezug ist der Grund und die Rechtfertigung für die dialektische Verwobenheit divergierender Gesichtspunkte im Rechtsverwirklichungsprozeß; die Entflechtung dieser miteinander verbundenen Gesichtspunkte ist daher nur möglich, wenn die metajuristische Einstellung, die jene Entflechtung fordert, an dem entscheidungspraktischen Bezug der Jurisprudenz selbst nicht teilhat.

Aus dem Postulat der metatheoretischen Autonomie folgt deshalb, daß die analytisch konzipierte Rechtstheorie sich den konkreten juristischen Entscheidungsinhalten gegenüber *neutral* verhalten muß[67]. Analytische Rechtstheorie ist somit nicht zur Entscheidung darüber berufen, was in einer bestimmten Situation in bezug auf bestimmte Sozialbeziehungen rechtens sein soll, mit anderen Worten, sie vermag nicht *um* Recht zu argumentieren. Täte sie dies, verfiele sie nach analytischer Auffassung unweigerlich in den juristischen Entscheidungszusammenhang und müßte sich dessen Eigengesetzlichkeiten fügen; sie wäre damit aus analytischer Sicht a-theoretische Jurisprudenz, nicht aber rechtswissenschaftliche Theorie[68]. Ihren theoretischen Status kann die

---

[66] Hoerster, Grundthesen, S. 121; vgl. auch Weinberger, Aufgaben und Schwierigkeiten, S. 362. Priester erblickt hierin die Alternative zu einer juristischen „Eintopfwissenschaft, in der politische Meinungen, kriminalpolitische Hypothesen, juristische Wertungen und wissenschaftstheoretische Beweisführungen ungeschieden durcheinandergehen", vgl. Priester, Rechtstheorie, S. 60.
[67] Schmidt, Die Neutralität, S. 96; vgl. hierzu auch Scarpelli, Filosofia analitica, S. 82 ff.
[68] Vgl. Ellscheid, Zur Forschungsidee, S. 8.

analytische Rechtstheorie daher nur wahren, wenn sie abstrahiert von der situativen Sozialbezogenheit eines Rechtsakts wie auch von dem normativen Sachrichtigkeitsgehalt, der für einen Rechtsakt konstitutiv ist; nur um den Preis dieser Abstraktion und Neutralität ist die Autonomie der analytischen Rechtstheorie gegenüber der Jurisprudenz möglich.

1.233 Anwendung der analytischen Erkenntnisschemata auf die Formalstruktur der Rechtssprache

Das Absehen von jedweden sozialen Zusammenhängen und Gerechtigkeitspostulaten läßt den spezifischen Untersuchungsgegenstand der analytischen Rechtstheorie nunmehr konturiert hervortreten: die analytische Rechtstheorie thematisiert das sprachlich artikulierte Recht, aber nicht in seinen gesellschaftlichen Konstitutionsbedingungen oder in seinem axiologischen Gehalt, sondern in seinen formalen Strukturprinzipien. Zur Aufdeckung jener Strukturprinzipien, die die Rechtssprache als kohärentes System in sich widerspruchsfreier Sätze ausweisen, bedient sich die analytische Rechtstheorie der beiden Erkenntnisschemata, die dem Paradigma analytischer Philosophie eigentümlich sind.

Wie man sich erinnern wird, gebietet das empirisch-deskriptive Erkenntnisschema die Anknüpfung logisch-analytischer Muster an eine sinnlich konstatierbare Tatsächlichkeit, genauer: an Basissätze, die jene einfachen empirischen Entitäten wiedergeben. Nun ist das Recht weder eine Summe empirischer Entitäten noch ist die Sprache, in der rechtliche Aussagen wesentlich vorkommen, beschreibender Art. Der normative Charakter des Rechts schließt indessen die Anwendbarkeit des empirisch-deskriptiven Erkenntnisschemas auf die Rechtssprache nicht von vornherein aus, ist doch die metatheoretische Sprachebene der Rechtstheorie unabhängig von der normativen Objektsprache des Rechts, in der realitätsgestaltende Sachrichtigkeitsentscheidungen getroffen werden.

Trotz dieser Unabhängigkeit muß die analytische Rechtstheorie — wie wir gesehen haben[69] — zur Bestimmung ihres Formalobjekts den normativen Inhalt der Rechtssprache berücksichtigen; nur wenn sie auf die in der Sprache des Rechts tradierten rechtlichen Wertgehalte eingeht, kann sie ihren Gegenstandsbereich von anderen Sprachsystemen abgrenzen. Die Autonomie und Neutralität der Rechtstheorie gegenüber den realitätsgestaltenden Sachrichtigkeitsentscheidungen der Jurisprudenz besagt demnach nicht, daß die analytische Rechtstheorie

---
[69] Vgl. dazu oben zu 1.1.

1.23 Analytisches Paradigma und Rechtswissenschaft

den normativen Gehalt der Sprache des Rechts unberücksichtigt lassen kann; sie besagt vielmehr nur, daß die Rechtstheorie *bei der unvermeidlichen Erfassung des normativen Gehalts der Rechtssprache selbst nicht normativ befinden darf.* Soll der rechtstheoretische Gegenstandsbereich dem analytischen Selbstverständnis zufolge wissenschaftlich objektiv erkannt werden, so darf in diesen Erkenntnisakt keinerlei rechtliche Wertung eingehen[70]. Die Neutralität der analytischen Rechtstheorie wirkt somit bis zur Auswahl ihres Untersuchungsgegenstandes fort; ebensowenig wie die analytische Rechtstheorie als Ergebnis ihrer Analyse Normen zum Ausdruck bringen darf, kann sie bei der Erarbeitung ihres Objektbereichs normative Kriterien berücksichtigen.

Die analytische Rechtstheorie ist demnach vor die Aufgabe gestellt, den normativen Inhalt der Sprache des Rechts zu bestimmen, ohne bei dieser Bestimmung selbst normativ zu verfahren. Zur Lösung dieser Aufgabe bedient sich die analytische Rechtstheorie des empirisch-deskriptiven Erkenntnisschemas der analytischen Philosophie. Jenes Schema hat in der analytisch konzipierten Rechtstheorie demnach die Funktion eines Bestimmungskriteriums; als Bestimmungskriterium dient die empirisch-deskriptive Denkfigur dazu, rechtliche Sätze als geeignete Untersuchungsgegenstände wertfrei auszusondern und damit eine in sich zusammenhängende, von anderen Sprachsystemen klar abgrenzbare Sprachdimension des Rechts aufzuweisen.

Die Annahme der Möglichkeit einer wertneutralen Ermittlung der in der Sprache des Rechts enthaltenen rechtlichen Wertgehalte ist freilich keineswegs selbstverständlich. Die Hypothese der wertneutralen Erkennbarkeit des Erkenntnisgegenstandes ist nur im Bereiche der Naturwissenschaften relativ unproblematisch, sieht sich der Forscher dort doch einer ihm vorgegebenen empirischen Objektivität gegenüber, welcher er kein anderes Interesse als das spezifische Forschungsinteresse entgegenbringt[71]. Bei der Rechtstheorie hingegen ist die Sachlage grundlegend verschieden. Da der rechtstheoretische Gegenstand ein *gesellschaftlicher* Gegenstand ist, analysiert der Rechtstheoretiker nicht ein unabhängig von ihm existierendes Objekt, das erkennende Subjekt ist hier vielmehr selbst mit dem zu erkennenden Gegenstand verbunden. Der Rechtstheoretiker hat als Mensch und Rechtssubjekt

---

[70] Die Einlösung des analytischen Grundanliegens einer metaphysikfreien, wissenschaftlich objektiven Vorgehensweise impliziert demnach im Bereiche der Rechtstheorie die Enthaltung von jeglicher rechtlichen Wertung. Rechtliche Wertungen sind der analytischen Rechtstheorie zufolge rein subjektiv, das heißt rational nicht überprüfbar und insofern metaphysikbehaftet.

[71] Die Triftigkeit dieser Annahme wird indessen bereits für die moderne Naturwissenschaft, insbesondere für die Quantenphysik, bezweifelt. Vgl. hierzu Heisenberg, Das Naturbild; ders., Physik und Philosophie, insbes. S. 137 ff., 160 ff.; Blokhintsev, The Philosophy, insbes. S. 64 ff.

an der gesellschaftlichen Rechtswirklichkeit teil und kann sich infolgedessen in bezug auf seinen aus der Rechtswirklichkeit herauszupräparierenden Untersuchungsgegenstand nicht ohne weiteres teilnahmslos verhalten; aufgrund seiner Sozialisationsbedingungen hat er persönliche Präferenzen für bestimmte Rechtsinhalte und konkrete interessengeleitete Vorstellungen zur sachrichtigen Gestaltung der Rechtswirklichkeit, die er — bewußt oder unbewußt — an seinen Untersuchungsgegenstand heranträgt. Wegen dieser notwendigen Einbezogenheit des Rechtstheoretikers in einen Lebenszusammenhang, in dem rechtliche Wertgehalte gebildet und vertreten werden, scheint die Möglichkeit einer wertneutralen Erkenntnis rechtlicher Wertgehalte prinzipiell zweifelhaft.

Da jene Möglichkeit gleichwohl unabdingbare Voraussetzung für eine nach analytischen Maßstäben objektive Bestimmung des rechtstheoretischen Erkenntnisgegenstandes ist, muß die analytische Rechtstheorie fordern, der Forscher habe im Erkenntnisakt den Lebenszusammenhang, in dem er als Mensch für die Verwirklichung bestimmter Rechtswerte eintritt, völlig auszublenden und so den Sachrichtigkeitsgehalt von Rechtssätzen zu bestimmen, ohne seine eigenen Sachrichtigkeitsvorstellungen in diese Bestimmung einfließen zu lassen; eine völlig neutrale Ausgrenzung der Sprache, in der rechtliche Wertgehalte vorkommen, sei gewährleistet, sofern der Rechtstheoretiker sich dabei nur jeglicher eigenen Stellungnahme zum Sachrichtigkeitsgehalt der von ihm auszuwählenden Sätze enthalte[72].

Es ist zu betonen, daß die analytische Forderung einer völligen Ausblendung des eigenen Sachrichtigkeitsverständnisses bei der Bestimmung des rechtstheoretischen Objektbereichs keineswegs bloß eine

---

[72] Vgl. hierzu etwa Lumia, Empirismo logico, S. 116 f. Diese hier für die analytische Rechtstheorie dargestellte Konsequenz der analytischen Neutralitätsannahme charakterisiert Gellner für die linguistische Philosophie — nicht ohne eine gewisse Polemik — wie folgt: „... Linguistic philosophers are very anxious to stress that they do not, in their official capacity, take part in the individual games such as science, ethics, history, etc., etc., not to mention the large multiplicity of minor ones whose existence, importance and diversity were uncovered by Wittgenstein. In their private or other capacity, they may or must, and do, take part in these games, but as philosophers they are ex officio neutral. ...
Linguistic Philosophy can be seen to provide a realm and an activity for philosophers, tailor-made for the requirements of some of the people who find themselves inheriting the task of teaching philosophy in the universities: a neutral realm, from which no guidance and no commitment on substantive issues is required; a verbal realm, which can be studied from the armchair without at the same time making any implausible claims to transcendental insights or faculties; a conservative realm, in which no surprising objects or conclusions can be found; and a polymorphic realm, in which no daring generalisations are allowed either and in which there is ample scope for continued, minute research." (Gellner, Words and things, S. 151, 153.)

1.23 Analytisches Paradigma und Rechtswissenschaft

Spezifizierung des gebräuchlichen und förderlichen Ratschlages ist, unter Hintanstellung der eigenen unmaßgeblichen Meinung eine Sache so zu betrachten, wie sie ist. Die von der analytischen Rechtstheorie an den Forscher gerichtete Forderung dient nicht der heuristischen Selbstdisziplinierung zur Versachlichung der wissenschaftlichen Diskussion, sie hat vielmehr die Funktion eines *methodischen Postulats*. Jenes Postulat besagt, der Rechtstheoretiker könne sich im Erkenntnisakt von seiner lebenspraktischen Teilhabe an dem gesellschaftlichen Untersuchungsgegenstand dispensieren und so dem Recht mit dem gleichen rein wissenschaftlichen Interesse entgegentreten, mit dem der Naturwissenschaftler sich ein Naturobjekt zur Untersuchung vorgibt. Das Postulat bewirkt, daß das rechtstheoretische Subjekt nicht mehr als Teil der zu erkennenden gesellschaftlichen Wirklichkeit erscheint; das Subjekt hat sich im Erkenntnisakt von der Wirklichkeit abgelöst und kann diese nunmehr von dem externen Standpunkt eines unbeteiligten Beobachters aus betrachten. Solchermaßen wird die in den Naturwissenschaften selbstverständliche *Entgegensetzung von Erkenntnissubjekt und dem davon unabhängigen Erkenntnisobjekt* in den Bereich der Rechtstheorie übernommen und als methodisch verbindlich statuiert[73]; erst diese methodische Entgegensetzung der Kategorien von Erkenntnissubjekt und Erkenntnisobjekt schafft die Voraussetzung für eine wertneutrale Bestimmung der in der Rechtssprache enthaltenen Werturteile[74].

Hier zeigt sich, wie die empirisch-deskriptive Denkfigur die Erkenntnishaltung der analytischen Rechtstheorie bestimmt. Die methodische Entgegensetzung von Subjekt und Objekt rechtstheoretischer Erkenntnis weist dem Rechtstheoretiker die Rolle eines außenstehenden Beobachters zu und läßt den rechtstheoretischen Gegenstand als eine vorgegebene Objektivität erscheinen, die unabhängig von den Sachrichtigkeitsvorstellungen des Forschers existiert und daher auch unabhängig von der subjektiven Einstellung des Erkennenden rein als solche objektiv erkannt werden kann; in der analytischen Erkenntnishaltung stellt sich der rechtstheoretische Gegenstand mithin als ein dem Forscher

---

[73] Auch hierin zeigt sich der methodologisch naturwissenschaftliche Charakter der analytischen Rechtstheorie, vgl. hierzu bereits oben zu 1.231.

[74] Ein analoges methodisches Postulat läßt sich der soziologischen Theorie Durkheims nachweisen, vgl. etwa Gasché, Die hybride Wissenschaft, S. 23 f.: „Sie selbst (die Wissenschaft bei Durkheim, K.-L. K.) begreift sich demnach als begierdelos, als desinteressiert. Dieses Desinteresse, die Ausklammerung des Subjekts mit all seinen Bedürfnissen und Leidenschaften, wird der Garant der Objektivität ... Der wissenschaftlichen Methode entspricht eine klare Trennung von Subjekt und Objekt, d. h. die Setzung eines realen Gegenstandes, der außer mir ist, und zu dem das Subjekt oder das Bewußtsein nur Zugang findet, wenn es beobachtend und experimentierend ‚aus sich heraustritt'."

unvermittelt vorgegebenes, in sich fertiges Objekt dar, welches wie ein Naturobjekt einfach in seinem bloßen Vorhandensein konstatiert zu werden braucht[75]. Diese Objektivierung der Sprache des Rechts zu einem dem Forscher objektiv vorgegebenen Regelsystem ermöglicht eine problemlose Abgrenzung der Sätze mit rechtlichem Wertgehalt von anderen Sätzen, die diese Eigenschaft nicht aufweisen. Da die Sprache des Rechts im Erkenntnisakt als autonomes, verselbständigtes Objekt erscheint, trägt sie der analytischen Erkenntnishaltung zufolge ihre rechtliche Qualität sozusagen in sich. Die Sprache des Rechts weist sich als solche als rechtlich aus, die in die Rechtssprache eingestellten Sätze bezeichnen sich selbst objektiv als Recht; was den Inhalt eines Rechtssatzes ausmacht, kann daher manchmal dem Vokabular, jedenfalls aber der Bedeutung der in dem Satz enthaltenen sprachlichen Bezeichnungen in ihrem Zusammenhang entnommen werden[76].

Da mithin Rechtssätze *von sich selbst sagen, sie seien rechtlich*[77], kann die Sprache, in der rechtliche Wertgehalte vorkommen, mit Hilfe des empirisch-deskriptiven Erkenntnisschemas wertneutral bestimmt und eindeutig von anderen Sprachsystemen abgegrenzt werden. Wie Beobachtungssätze empirische Sachverhalte objektiv wiedergeben, kommen in Rechtssätzen rechtliche Wertgehalte objektiv zum Ausdruck. Hier wie dort kann die Bedeutung der Sätze durch bloße Beschreibung ihres Inhaltes korrekt ermittelt werden. Einer wertenden Stellungnahme zur Sachrichtigkeit des in dem Rechtssatz enthaltenen Wertgehaltes bedarf es also nicht; da die rechtliche Qualität eines Satzes sich bereits aus seiner sprachlichen Bezeichnung eindeutig ergibt, ist die Feststellung, daß ein Satz *Rechts*satz und daher geeigneter Gegenstand der rechtstheoretischen Untersuchung ist, das Ergebnis der vorurteilsfreien Beschreibung seines in der sprachlichen Bezeichnung zum Ausdruck kommenden Inhalts.

Kennzeichnet das empirisch-deskriptive Erkenntnisschema die Rechtssprache als objektive Gegebenheit, die in ihrem empirischen Vorhandensein unverfälscht erfaßt und wertneutral beschrieben werden kann, so läßt sich mit Hilfe des logisch-analytischen Erkenntnisschemas

---

[75] Ganz in diesem Sinne hat Baratta die Methode der Naturrechtslehre und die traditionelle Lehre von der Natur der Sache kritisiert, vgl. Baratta, Natur der Sache, S. 111: „... statt im geistigen Prozeß das Sich-Konstituieren der Objektivität der Norm zu suchen, trachten sie danach, diese Objektivität als dem Subjekt selbst vorangehend und als außerhalb seiner bestehend zu begreifen, und sie suchen dementsprechend ein *Naturgesetz* zu konstituieren, welches vom Subjekt anerkannt und respektiert werden soll." Vgl. auch Baratta, Gedanken, S. 114 f.

[76] Die Korrektheit dieser analytischen Annahme werden wir im zweiten Hauptteil der Arbeit überprüfen.

[77] So ausdrücklich: Schmidt, Die Neutralität, S. 98.

1.23 Analytisches Paradigma und Rechtswissenschaft

der formallogisch-syntaktische Zusammenhang jener Sätze und Satzkonstellationen aufweisen, welche zuvor durch das empirisch-deskriptive Erkenntnisschema als Teile der Rechtssprache bestimmt worden sind.

Zwar ist die Rechtssprache Fachsprache einer Disziplin, deren Wissenschaftlichkeit nicht mit dem Instrumentarium der analytischen Philosophie erschöpfend erfaßt werden kann[78]. Gleichwohl besteht *eine* Bedingung der Wissenschaftlichkeit der Jurisprudenz darin, daß diese die Gesetze der formalen Logik beachtet. Um der Rechtssicherheit willen müssen die auf Einzelfallentscheidung abzielenden konkreten juristischen Aussagen klassifiziert, untereinander abgegrenzt und in ein durchgängiges Satzgefüge hierarchischer Struktur eingegliedert werden. Diese methodische Aufarbeitung der rechtlichen Einzelaussagen zu einem geschlossenen System verbundener Sätze bedründet die formale Rationalität der Jurisprudenz[79]. Die spezifisch juristische Wissenschaftlichkeit stimmt damit zumindest partiell überein mit der formallogischen Rationalität, da ein Gefüge logisch in sich widersprüchlicher rechtlicher Aussagen keinesfalls den Anforderungen genügt, welche an ein kohärentes rechtliches Satzsystem zu stellen sind[80]. Die Verträglichkeit rechtlicher Aussagen und Aussageverbindungen mit den Formprinzipien und Funktionsregeln des logisch-analytischen Erkenntnisschemas ist demzufolge eine notwendige — wenn auch nicht unbedingt hinreichende — Bedingung für die Wissenschaftlichkeit der juristischen Fachsprache[81].

Die Untersuchung dieses Teilbereichs der juristischen Rationalität, welcher sich mit dem exakten Rationalitätsbegriff der formalen Logik deckt, läßt sich mit Hilfe des logisch-analytischen Erkenntnisschemas bewerkstelligen, indem das vorgegebene Regelsystem der Rechtssprache als eine autonome und in sich geschlossene Sinneinheit begriffen wird, welche einer formallogischen Strukturanalyse zugänglich ist. Zur Durchführung jener Analyse werden die rechtlichen Terme durch Zeichensymbole ersetzt, welche von der inhaltlichen Bedeutung der Terme absehen und nur deren syntaktische Kategorien und strukturelle Eigenschaften wiedergeben. Diese Formalisierung rechtlicher

---

[78] Vgl. dazu oben zu 1.231.
[79] Vgl. hierzu etwa Canaris, Systemdenken, S. 13 ff., 40 ff. sowie Alchourrón / Bulygin, Normative systems, S. 65 ff.
[80] Vgl. Klug, Juristische Logik, S. 9, der darauf hinweist, daß ein Verstoß gegen die Logik in jedem Fall als eine revisionsbegründende Verletzung des materiellen Rechts anzusehen ist.
[81] Vgl. Wagner / Haag, Die moderne Logik, S. 28 ff.; Boasson, The use of logic, S. 8 f.; Reynolds, A formal model, S. 355 ff.; Lorca-Navarrete, Das Ethische und das Logische, S. 523 ff.; Alchourrón / Bulygin, Normative systems, S. 67 ff.

Terme dient dazu, bei der vorzunehmenden formallogischen Operation die Unklarheiten und Mehrdeutigkeiten der umgangssprachlichen Ausdrücke der rechtlichen Fachsprache auszuklammern. Auf diese Weise entsteht nach und nach ein symbolisches Zeichensystem in der Form eines abstrakten Kalküls, mit dem nach logischen Regeln formal operiert werden kann. Die Anwendung der logischen Operationsregeln vollzieht sich derart, daß alle Zeichen aus wenigen Grundzeichen definiert und alle Theoreme mittels weniger ausdrücklich formulierter Grundregeln aus wenigen vorgegebenen Grundsätzen, den Axiomen, auf streng kontrollierbare Weise hergeleitet werden. Durch Deutung des abstrakten Kalküls kann nunmehr aufgrund der formalen Regeln des Kalküls die Folgerichtigkeit und Widerspruchslosigkeit der untersuchten objektsprachlichen Aussagen festgestellt werden[82].

Die analytische Rechtstheorie bedient sich somit der beiden Erkenntnisschemata in der geschilderten Weise als Deutungsmuster zur Erfassung und Analyse der Rechtssatzstrukturen. Mit Hilfe der programmatischen Denkfiguren der analytischen Philosophie sucht sie die Rechtssprache objektiv zu bestimmen, das rechtliche Sprachgefüge auf Unabhängigkeit, Konsistenz, Folgerichtigkeit und Widerspruchslosigkeit seiner Aussagen zu überprüfen und Verstöße gegen diese Voraussetzungen festzustellen[83]. Die analytische Rechtstheorie ist damit wesentlich logisierte Rechtstheorie, insofern sie das Recht als ein einheitliches, logisch geordnetes Ganzes erfaßt und die logische Verknüpfung zu enthüllen sucht, welche die Geltung der einzelnen rechtlichen Aussagen im System vermittelt[84].

1.24 Die Funktion der analytischen Rechtstheorie als verselbständigtes Ordnungsgefüge im Stufenbau und Wechselbezug des rechtswissenschaftlichen Gesamtgefüges

Die Kennzeichnung der analytischen Rechtstheorie als einer logisierten Theorie rechtssprachlicher Formalstrukturen ermöglicht die präzise Bestimmung ihres Standorts im wie auch ihrer Auswirkungen für den rechtswissenschaftlichen Gesamtzusammenhang.

Das Modell der analytischen Rechtstheorie ist das Ergebnis des groß angelegten Versuchs, die „klassische" analytische Position auf einen normativen, handlungsorientierenden Wissenschaftsbereich zu übertragen. Im Rahmen eines solchen normativen Wissenschaftsgefüges

---

[82] Vgl. zu diesem Gedankengang Menne, Einige Aspekte, S. 514 f.; Ferrajoli, Teoria assiomatizzata, S. 21 ff.; Klug, Juristische Logik, S. 15 ff.; Amato, Logica simbolica, S. 66 ff.
[83] Vgl. Schmidt, Die Neutralität, S. 96.
[84] Weinberger, Aufgaben und Schwierigkeiten, S. 358 f.

läßt sich das analytische Ideal einer von metaphysischen Beimengungen gereinigten und darum exakten Rationalität nur aufrechterhalten, wenn dessen Verwirklichung institutionell unabhängig von der Behandlung anderer Gesichtspunkte betrieben und methodisch einer eigenständigen Disziplin, der analytischen Rechtstheorie, zugewiesen wird. Diese methodische wie institutionelle Abtrennung des rechtstheoretischen Problemfeldes ist der analytischen Einstellung zufolge unabdingbar, weil nur so das Recht mit der gleichen Eindeutigkeit und Unmißverständlichkeit untersucht werden kann, wie dies in den der exakten Rationalität verpflichteten Naturwissenschaften in bezug auf deren Fachprobleme üblich ist.

Das Modell der analytischen Rechtstheorie beansprucht demnach die exakte Ausgrenzung und Analyse jenes Teilbereichs des Rechts, über den unabhängig vom weltanschaulichen Standpunkt und den divergierenden subjektiven Rechtsauffassungen eine objektiv verbindliche, unbezweifelbare Übereinkunft besteht. Damit steht die analytische Rechtstheorie in der ideengeschichtlichen Tradition gesellschaftswissenschaftlicher Aufklärung, welche im Bereiche der Rechtswissenschaft durch ein kontinuierliches Fortschreiten vom philosophisch fundierten zum formal rational betriebenen Recht gekennzeichnet ist[85]. Als Garant formaler Rationalität der gedanklichen Setzungen und Schlüsse rechtlicher Normierung und Argumentation ermittelt die analytische Rechtstheorie sozusagen den kleinsten gemeinsamen Nenner, den alle denkbaren rechtlichen Satzsysteme aufweisen müssen, um als Teile einer systematischen Ordnung und nicht als Ausdruck freier Willkür zu gelten; insofern ist die analytische Rechtstheorie der konsequente *Ausdruck des Inbegriffs der Berechenbarkeit staatlicher Gewalt*[86].

Diese Zentrierung des analytischen Bemühens auf die Untersuchung der formallogischen Mindestanforderungen eines Rechtssystems begründet die Universalität der analytisch konzipierten Rechtstheorie; als uniforme, für jedes Rechtssystem gleichermaßen verbindliche Strukturtheorie ist sie universalistisch konzipiert, sie kann also Rechtsordnungen beliebigen Inhalts als theoretische Fundierung dienen[87].

---

[85] Vgl. Maihofer, Rechtstheorie, S. 73.
[86] Dies allerdings lediglich in dem Sinne streng formaler, nicht materiell rechtsstaatlicher Berechenbarkeit; bei letzterer ist die inhaltliche Kontinuität rechtlicher Wertentscheidungen angesprochen — eine Dimension, die der wertneutral ausgestalteten analytischen Rechtstheorie verborgen bleiben muß.
[87] Vgl. etwa Hagen, Soziologie, S. 121.

1.241 Analytische Rechtstheorie als Hilfswisssenschaft der Jurisprudenz

Da die analytische Rechtstheorie die Grundlage für die Konstitution einer systematisch betriebenen und formal rational begründeten Jurisprudenz bildet[88], übt sie in bezug auf die Jurisprudenz eine konkrete Hilfsfunktion aus[89]; insoweit ist die analytische Rechtstheorie eine Theorie der Anwendung der Logik auf das Rechtsdenken im Gegensatz zur Rechtstheorie verstanden als Theorie der Anwendung der Logik auf jene Gedankengebilde, die das Recht selbst darstellen[90]. Obgleich die analytische Rechtstheorie dem Juristen keine inhaltlichen Entscheidungen aufzwingen will und einen Rechtsstreit nicht unmittelbar entscheiden kann[91], vermag sie den Juristen bei seiner tagtäglichen Arbeit zu entlasten, indem sie die Formen der vorhandenen oder möglichen Rechtsinhalte klärt[92] und damit dem Juristen die Prüfung der logischen Implikationen der angebotenen Entscheidungsalternativen abnimmt. Durch formallogische Operationen können systematische Unstimmigkeiten enthüllt und dogmatische Scheinprobleme aufgedeckt werden, die sich nach einer logischen Klärung als irrelevant erweisen[93]; komplexe dogmatische Theorien und Systeme lassen sich auf logisch einfacher konzipierte und darum anschaulichere Muster zurückführen; bislang übersehene Argumentationsmodelle und Entscheidungsmöglichkeiten können sichtbar gemacht werden; schließlich kann der dogmatische Handlungsspielraum offengelegt werden, indem man aufzeigt, daß mehrere alternative Entscheidungsmöglichkeiten einer logischen Überprüfung gleichermaßen standhalten. In dieser sicherlich nicht erschöpfenden Palette möglicher Hilfeleistungen[94] kommt andeutungs-

---

[88] Weinberger, Aufgaben und Schwierigkeiten, S. 356.

[89] Vgl. Weinberger, Die Norm, S. 306 f.; so bereits Hohfeld, Fundamental legal conceptions, S. 350 ff.

[90] Zu dieser Unterscheidung vgl. Tammelo / Schreiner, Grundzüge, S. 9; Kalinowski, Introduction, S. 3 ff.

[91] So aber Priester, Rechtstheorie, S. 52 ff., 57. Priester verkennt meines Erachtens, daß zu der vermeintlich rein rechtstheoretischen Konfliktlösung immer noch die dem Juristen von der Rechtstheorie nicht abnehmbare Entscheidung hinzukommen muß, den rechtstheoretischen Lösungsvorschlag zu akzeptieren und auf einen konkreten Fall anzuwenden.

[92] Vgl. Scarpelli, Riposta, S. 82, zit. nach Pattaro, Der italienische Rechtspositivismus, S. 82: „Man schafft somit einen Rahmen logischer und semantischer Beziehungen, die nötig und möglich sind, d. h. Formen der möglichen Rechtsinhalte und -ausführungen; a priori determinierbare Formen und noch frei von absolutem Zwang und jedem Vollkommenheitsanspruch, da sie von der Definition abhängig sind, die vom Rechtsbegriff festgelegt wird und von den anderen übernommenen Begriffen, mit denen sie verbunden ist."

[93] Vgl. Priester, Rechtstheorie, S. 51 ff.

[94] Vgl. im übrigen Klug, Juristische Logik, S. 141 ff.; Schneider, Logik, S. 297 ff.; Tammelo, Outlines, S. 116 ff., 124 ff.

1.24 Analytische Rechtstheorie und Rechtswissenschaft

weise zum Ausdruck, inwiefern die Methoden und Ergebnisse der analytischen Rechtstheorie zu einer logischen Vorklärung und begrifflichen Aufarbeitung juristischer Argumentationsmuster beitragen und insofern eine partielle Problementlastung der Jurisprudenz bewirken.

1.242 Analytische Rechtstheorie als Leitdisziplin der rechtswissenschaftlichen Grundlagenwissenschaften

Neben dieser unmittelbaren Relevanz analytischer Methoden und Ergebnisse für die Jurisprudenz kommt dem Modell der analytischen Rechtstheorie eine zusätzliche, meines Wissens allenfalls ansatzweise erarbeitete, Bedeutung für die übrigen rechtswissenschaftlichen Grundlagenwissenschaften und damit zugleich für das Gesamtsystem rechtswissenschaftlicher Disziplinen zu.

Es versteht sich fast von selbst, daß die Einfügung einer neuen Disziplin in einen überlieferten Wissenschaftsbereich für die übrigen Disziplinen dieses Bereichs nicht folgenlos bleibt. Um eine nahtlose Einpassung zu ermöglichen, ist eine gewisse Abstimmung der bereits etablierten Teildisziplinen erforderlich, so daß sich diese begrifflich klar von der neuen Disziplin abgrenzen, unterschiedliche Problemfelder behandeln und die neue Disziplin sinnvoll ergänzen müssen. Über diese vergleichsweise unproblematischen Anpassungsprobleme hinaus resultieren weitere, für den rechtswissenschaftlichen Gesamtzusammenhang ungleich folgenreichere und fragwürdigere Konsequenzen daraus, daß die analytische Rechtstheorie die erkenntnistheoretische Konstitution und Koordination der Grundlagenfächer wie auch den forschungspraktischen Stellenwert ihrer Nachbardisziplinen maßgeblich beeinflußt.

1.2421 Erkenntnistheoretische Implikationen

Der Einfluß auf die erkenntnistheoretische Konstitution ihrer Nachbarfächer ist darin begründet, daß die analytische Rechtstheorie bestimmte Strukturentscheidungen verbindlich vorgibt, welche den Bereich ihrer eigenen Tätigkeit transzendieren. Jene Strukturentscheidungen betreffen die wechselseitigen Beziehungen der rechtswissenschaftlichen Grundlagenwissenschaften untereinander wie auch deren Verhältnis zur Jurisprudenz. Wird Rechtstheorie in der geschilderten Weise analytisch konzipiert als eine theoretische Disziplin, die sich mit der begrifflich-formallogischen Struktur der sprachlichen Ausdrucksform des Rechts beschäftigt, so sind damit in zweierlei Hinsicht Vorentscheidungen für die Konzeption des rechtswissenschaftlichen Gesamtgefüges getroffen:

1.2 Forschungsmethode der analytischen Rechtstheorie

Zum einen stellt die analytische Rechtstheorie die Weichen für eine branchenspezifische Verteilung streng unterscheidbarer Aufgabengebiete auf verschiedene Grundlagenwissenschaften. Aus der eindeutigen und exklusiven Zuordnung der begrifflich-logischen Analyse der sprachlichen Ausdrucksform des Rechts zum rechtstheoretischen Tätigkeitsbereich folgt die Notwendigkeit, auch den Nachbardisziplinen möglichst klar umgrenzte und voneinander unabhängige Aufgabengebiete zuzuweisen. Diese branchenspezifische Zuweisung von Aufgabenbereichen an selbständige Grundlagenfächer ist nach analytischer Auffassung keineswegs nur aus arbeitsökonomischen Gründen bzw. um der Einheitlichkeit und Transparenz des rechtswissenschaftlichen Gesamtgefüges willen angezeigt, sie folgt vielmehr bereits aus der analytischen Erkenntniskonzeption selbst. Die Abneigung Poppers gegen „pseudowissenschaftliche" Globaltheorien, in die jegliche neue Erfahrung sich zwanglos einordnen läßt [95], führt im kritischen Rationalismus zu der Annahme, daß es logisch unmöglich ist, Ganzheiten im Sinne von Totalitäten zum Gegenstande wissenschaftlicher Forschung zu machen[96]. Das Phänomen Recht im umfassenden Sinne ist nach analytischer Auffassung eine derartige Totalität: in ihm sind unterschiedliche „Aspekte" — die Sozialbezogenheit des Rechts, die Gerechtigkeitsausrichtung des Rechts, die Begrifflichkeit des Rechts — ungeschieden enthalten, die den Gegenstand ‚Recht' verschiedenartigen und getrennt voneinander zu untersuchenden ontologischen Kategorien zugehörig erscheinen lassen[97]. Die analytische Einsicht, wonach es methodisch unmöglich ist, Totalitäten wissenschaftlich zu untersuchen, macht daher eine Zerlegung der metawissenschaftlichen Betrachtung des Rechts in unterschiedliche Problembereiche und dementsprechend eine Parzellierung der rechtswissenschaftlichen Grundlagenforschung in voneinander unabhängige Disziplinen erforderlich. Damit wird die den juristischen Handlungs- und Entscheidungszusammenhang bestimmende Verwobenheit heteronomer Probleme in der Ebene der Grundlagenwissenschaften ersetzt durch eine arbeitsteilige Behandlung unterschiedlicher Problembereiche in unterschiedlichen Disziplinen; die bei der Bestimmung des Formalobjekts analytischer Rechtstheorie angedeutete Unterscheidung zwischen dem gesellschaftlichen, dem axiologischen und dem formalsprachlichen Aspekt des Rechts und die institutionelle Lokalisierung des ersten Aspekts in der Rechtssoziologie, des zweiten in der Rechtsphilosophie[98] findet so ihre systemimmanente Rechtfertigung[99].

---

[95] Vgl. dazu oben zu 1.22 Fußnote 30).
[96] Popper, Das Elend, S. 62 f.
[97] Wróblewski, Ontology, S. 845.
[98] Vgl. dazu oben zu 1.1.
[99] Damit soll nicht behauptet werden, daß Rechtssoziologie und Rechtsphilosophie bislang faktisch anders betrieben worden sind, wohl aber, daß

1.24 Analytische Rechtstheorie und Rechtswissenschaft

Zum anderen präjudiziert die analytisch konzipierte Rechtstheorie die grundsätzliche Entscheidung, das Recht vermittels einer Reihe von Disziplinen zu untersuchen, die sich als sogenannte „Basisdisziplinen" von dem unmittelbaren rechtlichen Handlungszusammenhang distanzieren. Aus der Autonomie und Neutralität der analytischen Rechtstheorie gegenüber der Jurisprudenz folgt, daß das analytische Modell der Rechtstheorie unverträglich wäre mit einer rechtswissenschaftlichen Gesamtkonzeption, die die prinzipielle Diskrepanz zwischen der Jurisprudenz auf der einen und den rechtswissenschaftlichen Basisdisziplinen auf der anderen Seite zu überbrücken oder gar vollständig zu negieren suchte. Im Rahmen eines grundlagenwissenschaftlichen Systems, in dem Rechtstheorie analytisch konzipiert ist, kann nicht aus Interesse an der Herstellung gerechterer Zustände der Jurisprudenz vorgreifend Rechtsverwirklichung getrieben werden; im Sinne der Autonomie und Neutralität gegenüber der Rechtsverwirklichungsfunktion der Jurisprudenz sind die Basisdisziplinen vielmehr an eine rein theoretische Einstellung gebunden, welche sich von dem handlungsanleitenden Zusammenhang der Jurisprudenz distanziert. Im Gegensatz zur Jurisprudenz ist den Basisdisziplinen ein zuschauendes Erkenntnisdenken *über* das Recht und die Rechtswissenschaft angemessen, nicht aber ein handlungsbezogenes Werkdenken *in* dem rechtlichen Geschehensablauf. Demnach verpflichtet die analytische Rechtstheorie nicht nur sich selbst, sondern das grundlagenwissenschaftliche System als solches und damit mittelbar ihre Nachbardisziplinen Rechtssoziologie und Rechtsphilosophie auf eine theoretisch-kontemplative Anschauung des rechtlichen und gesellschaftlichen Wirkungszusammenhanges.

Die für die analytische Rechtstheorie grundlegende Forderung, im Erkenntnisakt gegenüber dem Recht den distanzierten Standpunkt eines unbeteiligten Beobachters einzunehmen[100], wird damit für die rechtswissenschaftlichen Basisdisziplinen insgesamt verbindlich. Zwar ist das Verhältnis des jeweiligen Grundlagenwissenschaftlers zu seinem rechtlichen Untersuchungsgegenstand keineswegs distanziert; *als Mensch* hat er in lebenspraktischen Situationen Erfahrungen gesammelt und aufgrund dieser Erfahrungen bestimmte Vorstellungen zur sachrichtigen Regelung gesellschaftlicher Verhältnisse entwickelt, die er im geltenden Recht verwirklicht sehen möchte. Diese lebenspraktische Befangenheit des Grundlagenwissenschaftlers in bezug auf seinen rechtlichen Untersuchungsgegenstand darf indessen bei der wissen-

---

erst durch die Einführung der analytisch konzipierten Rechtstheorie die Hinwendung der Rechtssoziologie zu empirisch vorfindlichen „Rechtstatsachen" und die Beschränkung der Rechtsphilosophie auf die Untersuchung von „Rechtswerten" methodisch konsequent erfolgen kann.

[100] Vgl. dazu oben zu 1.233.

1.2 Forschungsmethode der analytischen Rechtstheorie

schaftlichen Tätigkeit selbst keine Rolle spielen; hier muß er diese Befangenheit völlig abstreifen und sich *als Wissenschaftler* das Recht aus der Perspektive eines unbeteiligten Beobachters vorgeben[101]. Die rechtswissenschaftliche Grundlagenforschung ist derart aus dem Kontext juristischer Praxis wie aus dem gesellschaftlichen Lebenszusammenhang herausgelöst; sie entspricht der Tätigkeit des Rechtsgelehrten, der die Rechtswirklichkeit, an der er als Mensch und Rechtssubjekt teilhat, in seiner Eigenschaft als Wissenschaftler als einen ihm äußerlichen Vorgang ansieht, welcher vor ihm gleichsam wie die Bewegung der Sterne abläuft[102]. In Anlehnung an die philosophische „theoria-Tradition" begreift sich das System rechtswissenschaftlicher Basisdisziplinen solchermaßen als ein reines, von allen Lebensbezügen emanzipiertes theoretisches System, welches der Rechtswirklichkeit ebenso enthoben ist, wie die Griechen dies in bezug auf die Lebenswirklichkeit für alle wahre Theorie gefordert hatten[103].

Diese beiden aus dem Modell der analytisch konzipierten Rechtstheorie zwingend resultierenden Strukturentscheidungen der Parzellierung rechtswissenschaftlicher Grundlagenforschung in einzelne Disziplinen und der Abtrennung der Basisdisziplinen vom Zusammenhang juristischer und gesellschaftlicher Praxis haben für die erkenntnistheoretische Konstitution der Fächer Rechtssoziologie und Rechtsphilosophie gravierende Konsequenzen.

Für die *Rechtssoziologie* ergibt sich aus den durch die analytische Rechtstheorie vorgegebenen Strukturentscheidungen die Konsequenz, daß diese der kontemplativen Erkenntnishaltung der theoria-Tradition entsprechend ihrem Gegenstandsbereich gegenüber in theoretischer Distanz verharren muß. Die Lokalisierung der Rechtssoziologie in der abstrakten Sphäre theoretischer Kontemplation bewirkt eine methodische Entgegensetzung des Rechtssoziologen zu seinem Gegenstande. Diese für die analytische Wissenschaftsauffassung charakteristische Entgegensetzung von Erkenntnissubjekt und Erkenntnisobjekt[104] hat

---

[101] Vgl. dazu bereits oben zu 1.233; jene Forderung gründet auf der Weber'schen Unterscheidung zwischen der politischen und wissenschaftlichen Funktion des Menschen, vgl. Weber, Wissenschaft als Beruf, S. 21 ff.

[102] Vgl. Colletti, Marxismus, S. 66; hierdurch ist nach Horkheimer die traditionelle Vorstellung der Theorie gekennzeichnet, vgl. Horkheimer, Traditionelle und kritische Theorie, S. 19.

[103] Ebenso offenbar Schmidt, nach dem „Rechtstheorie' ... nur einen Teil des Inhalts des ‚Theorie'-Begriffes der Theorie-Praxis-Diskussion abdeckt und sich im übrigen mit der Rechtsphilosophie und der Rechtssoziologie in den Begriffsinhalt des dort verwandten Theoriebegriffes teilt", vgl. Schmidt, Die Neutralität, S. 95. Zur philosophischen theoria-Tradition vgl. Habermas, Erkenntnis und Interesse, S. 146 ff.; ders., Nachtrag, S. 33 f.; Bormann, Der praktische Ursprung, S. 20 ff.

[104] Vgl. dazu bereits oben zu 1.233.

1.24 Analytische Rechtstheorie und Rechtswissenschaft

zur Folge, daß der rechtssoziologische Gegenstandsbereich als reine vorgegebene Tatsächlichkeit erscheint: die soziale Rechtswirklichkeit wird zu einem Objekt verdinglicht, welches als solches den wertfreien und objektiv nachprüfbaren Methoden der empirischen Sozialtatsachenforschung zugänglich ist. Die analytische Rechtstheorie prädestiniert damit die Rechtssoziologie als eine Disziplin, welche sich einer ganz bestimmten soziologischen Methode bedient: der Methode der am empirisch-analytischen Wissenschaftsideal ausgerichteten Sozialtatsachenforschung nämlich. Wie bei der analytischen Rechtstheorie dienen auch bei der empirisch-analytisch orientierten Rechtssoziologie das empirisch-deskriptive Erkenntnisschema zur Bestimmung des Formalobjekts als einer wertneutral registrierbaren Objektivität und das logisch-analytische Erkenntnisschema zur Klassifizierung und systematischen Erklärung dieser Objektivität; inhaltlich unterscheiden sich die beiden Disziplinen nur insofern, als die Rechtssoziologie nicht an das objektivierte Phänomen der formal-begrifflichen Sprachlichkeit des Rechts, sondern an dasjenige der empirischen Faktizität des Rechts anknüpft. Damit gliedert sich die rechtswissenschaftliche Grundlagenforschung in zwei Disziplinen, die mit dem gleichen wissenschaftstheoretischen Instrumentarium das Recht arbeitsteilig als ein Objekt thematisieren, das nach Maßgabe des naturwissenschaftlichen Wissenschaftsbegriffs unvoreingenommen erfahren und wertfrei analysiert werden kann. Die Eigentümlichkeit des Rechts als wertbezogenes Regelsystem, das eine Veränderung der sozialen Gegebenheiten auf gerechte gesellschaftliche Verhältnisse hin intendiert, bleibt in beiden Disziplinen ausgeblendet.

Dies bedeutet freilich nicht, daß jene Eigentümlichkeit des Rechts schlechthin geleugnet wird, sondern nur, daß sie für die analytisch orientierten Disziplinen Rechtstheorie und Rechtssoziologie für irrelevant erklärt wird. Zur Erfassung des Restbestandes an Problemen, welcher durch die Wertbezogenheit des Rechts bedingt ist und von den Rastern der empirisch-analytischen Verfahrensweise nicht erfaßt zu werden vermag, bedarf es daher einer weiteren Disziplin, der *Rechtsphilosophie*. Indessen kann die Rechtsphilosophie nach analytischer Auffassung jene Wertbezogenheit nicht in einer Weise reflektieren, die eine bestimmte Veränderung konkreter Verhältnisse als unabdingbar, notwendig oder auch nur wünschenswert erscheinen ließe; eine derartige Reflexion transzendierte den Bereich kontemplativer Theorie, in den die Rechtsphilosophie im Rahmen des durch die analytische Rechtstheorie strukturierten interdisziplinären Zusammenhanges gestellt ist. Um ihren theoretischen Status in dem durch die analytische Einstellung präformierten grundlagenwissenschaftlichen Zusammenhang Rechnung zu tragen, muß sich die philosophische Reflexion vielmehr auf die Betrachtung der Werthaftigkeit des Rechts als solcher beschränken; einer Werthaftigkeit also, die aus ihrem geschichtlichen und gesellschaftlichen Realitätsbezug herausgelöst ist und sich infolgedessen als eine zeitlose Struktur von invarianten Größen darstellt. Rechtssätze, die bestimmte Wertmaßstäbe statuieren, erscheinen dergestalt nicht als verbindliche Interpretationsmuster, die sich in einer *bestimmten* Gesellschaft in einer *bestimmten* historischen Epoche gegenüber anderen möglichen Interpretationsmustern durchgesetzt haben, sie sind nicht Ausdruck jeweiliger Machtverhältnisse, sondern *universale Kategorien*, über die eine selbstverständliche Übereinkunft zu herrschen scheint. Indem der Rechtsphilosophie ein solchermaßen konzipierter Gegenstandsbereich zugewiesen wird, vermag sie sich dem Studium der Werthaftigkeit des Rechts mit der gleichen realitätsfernen Sachhingegebenheit zu widmen, die die Gerechtigkeitstheorien und Naturrechtslehren früherer Epochen auszeichnete[105].

Die Einführung der analytisch konzipierten Disziplin Rechtstheorie zeitigt nicht nur Konsequenzen für die Konstitution ihrer Nachbarfächer, sie bestimmt zugleich Möglichkeiten und Grenzen einer interdisziplinären Kooperation zwischen diesen Fächern. Ausgehend von der Einsicht, daß eine ertragreiche Grundlagenforschung nur möglich ist, wenn die Ergebnisse aller Grundlagenfächer koordiniert und in geeigneter Form in den Anschauungsbereich des Juristen eingebracht werden, geht die analytische Rechtstheorie grundsätzlich von der Notwendigkeit eines interdisziplinären Dialoges zwischen den Grundlagendisziplinen aus[106]; gerade weil der analytischen Einstellung zufolge die Basisdisziplinen untereinander wie auch das System der theoretischen Basisdisziplinen von der praxisbezogenen Jurisprudenz rigide abgegrenzt sein müssen, ist um der Konsistenz des rechtswissenschaftlichen Gesamtgefüges willen eine um so intensivere Koordination der Ergebnisse der methodisch geschiedenen Wissenschaftsbereiche vonnöten.

---

[105] Kriele kennzeichnet dies als die „Degenierung der Rechtsphilosophie", die diese aus dem Zusammenhang mit den konkreten rechtspolitischen und juristischen Diskussionen löst, vgl. Kriele, Rechtspflicht, S. 421 f.: „Die Folge ist, daß die Rechtsphilosophie nicht die diesen Diskussionen zugrunde liegenden Kriterien sucht und prüft, sondern die Kriterien der Gerechtigkeit außerhalb solcher Diskussionen in irgendeinem a priori sucht, in einem ‚Prinzip', einem ‚letzten Sollensurteil', einer ‚Wertrangordnung' und dergleichen. Damit aber kann sie nicht mehr erreichen als erstens die doktrinäre Versteifung und Fanatisierung eines rechtspolitischen Standpunkts, zweitens die Herausforderung ideologiekritischer Widerlegung und drittens die Diskreditierung der Rechtsphilosophie als überhaupt unwissenschaftlich." Zur Kritik der Konzeptionen von Rechtsphilosophie und Rechtssoziologie in einem durch die analytische Rechtstheorie präformierten rechtswissenschaftlichen Grundlagensystem vgl. auch Kaufmann, Wozu Rechtsphilosophie, S. 22 f.

[106] Vgl. etwa Schmidt, Die Neutralität, S. 99.

1.24 Analytische Rechtstheorie und Rechtswissenschaft

Mit der bloßen Konstatierung des Anerkennens der Interdisziplinarität im Rahmen der rechtswissenschaftlichen Grundlagenfächer kann sich unsere Rekonstruktion freilich nicht bescheiden, weist doch die fächerübergreifende Zusammenarbeit, wie sie nach analytischer Auffassung für möglich und notwendig erachtet wird, zweierlei Besonderheiten auf, die sich aus der Übertragung des analytischen Wissenschaftsbegriffs auf die Rechtswissenschaft ergeben.

Erstens muß die fächerübergreifende Zusammenarbeit die fundamentale methodische Differenz zwischen den analytischen und nichtanalytischen Basisdisziplinen wie auch zwischen den Basisdisziplinen und der Jurisprudenz respektieren; die Zusammenarbeit kann nie zu einer wechselseitigen Vermittlung im Sinne des Verschmelzens unterschiedlicher Fächer führen, sondern muß die strukturelle Identität und Autonomie der einzelnen Disziplinen prinzipiell unangetastet lassen. Da die analytische Einstellung aus methodischen Gründen auf einer unüberbrückbaren Unterschiedlichkeit juristischer, rechtstheoretischer, rechtssoziologischer und rechtsphilosophischer Erkenntnis besteht[107], kann die interdisziplinäre Kooperation nicht mit wissenschaftlicher Verbindlichkeit zwingend begründet werden, sie erscheint nur als ein forschungspraktisch erstrebenswertes Ziel; die im Grundsatz wünschenswerte gegenseitige Ergänzung der unterschiedlichen Bereiche rechtswissenschaftlicher Erkenntnis ist methodisch ebenso bedeutungslos wie die faktische Einlösung jener Zielvorstellung von Interdisziplinarität für die Wissenschaftlichkeit der einzelnen Teildisziplinen belanglos ist. Wird dergestalt die gegenseitige Ergänzung divergierender Erkenntnisperspektiven zur bloßen forschungspraktischen Wunschvorstellung, so resultiert aus der grundsätzlich anerkannten Notwendigkeit von Interdisziplinarität allenfalls die wissenschaftlich nicht zu rechtfertigende Forderung, geeignete Einrichtungen bereitzustellen, die einen Meinungsaustausch zulassen[108]; der tatsächliche Vollzug des interdisziplinären Dialoges ist hingegen nichts weiter als vage Hoffnung, wobei die

---

[107] Zur Unüberbrückbarkeit des Gegensatzes divergierender rechtswissenschaftlicher Erkenntnishaltungen aus analytischer Sicht vgl. Bobbio, Giusnaturalismo, S. 146, zit. nach Pattaro, Der italienische Rechtspositivismus, S. 87: „Angesichts des Zusammenhanges der Ideologien ‚wo kein Zaudern möglich ist, nun, da bin ich Naturrechtler; was die Methode angeht, so bin ich mit gleicher Überzeugung Positivist; was schließlich die Rechtstheorie betrifft, so bin ich weder das eine noch das andere."

[108] So ausdrücklich Schmidt, Die Neutralität, S. 99: „Daß dabei die Gefahr besteht, daß *faktisch* eine solche interdisziplinäre Grundlagendiskussion nicht stattfindet..., wird gesehen. Die Verklammerung der Grundlagendisziplinen der Rechtswissenschaft ist nach Meinung eines Vertreters der Neutralitätsthese jedoch immanent in der Logik der Werterkenntnis nicht zu leisten,, sondern nur institutionell durch Vorgabe entsprechender Institutionen an die zur Erkenntnis Berufenen zu sichern."

aktive Mitwirkung des Einzelnen letztlich dessen Belieben überlassen bleibt.

Zweitens weist die aus analytischer Sicht für notwendig befundene wechselseitige Ergänzung der unterschiedlichen grundlagenwissenschaftlichen Erkenntnisperspektiven die Besonderheit auf, daß diese im strengen Sinne überhaupt nicht im Rahmen der Grundlagenwissenschaften geleistet werden kann. Da die Grundlagenfächer nach analytischer Auffassung wesentlich Hilfswissenschaften für die Jurisprudenz zu sein haben[109], muß die Kooperation zwischen diesen Fächern zuvorderst darauf ausgerichtet sein, die rechtstheoretischen, rechtssoziologischen und rechtsphilosophischen Einzelergebnisse in einer Weise aufzubereiten, welche ihre Verwendung im juristischen Argumentationszusammenhang und damit ihre Umsetzung in juristische Handlungsanweisungen erlaubt. Eine Aufbereitung grundlagenwissenschaftlicher Erkenntnis zum Zwecke ihrer Umsetzung in juristische Handlungsanweisungen kann indessen nur im Hinblick auf aktuelle oder virtuelle Fallentscheidungen getroffen werden; die realitätsgestaltende Fallentscheidung ist hier das tertium comparationis, das überhaupt erst ermöglicht, Einzelresultate unterschiedlicher rechtswissenschaftlicher Provenienz miteinander in bezug zu setzen. Die zur Koordinierung grundlagenwissenschaftlicher Erkenntnisse unerläßliche Ausrichtung an Fallentscheidungen ist aber mit der theoretisch-kontemplativen Erkenntnishaltung, wie die analytische Einstellung sie für die Grundlagenwissenschaften fordert[110], unvereinbar; ihr realitätsgestaltender Bezug ist gerade nicht den Grundlagenwissenschaften, sondern nur der Jurisprudenz eigentümlich. Die von Analytikern geforderte gegenseitige Ergänzung grundlagenwissenschaftlicher Erkenntnisperspektiven ist somit prinzipiell a-theoretisch und kann infolgedessen — paradoxerweise — nicht im Rahmen der theoretischen Grundlagenwissenschaften, sondern nur aus dem realitätsgestaltenden Handlungsbezug des in einer Entscheidungssituation befindlichen praktischen Juristen vollbracht werden[111].

Jene erkenntnistheoretischen Implikationen des Modells analytischer Rechtstheorie formen das rechtswissenschaftliche Gesamtgefüge auf eine Weise, die sich wie folgt schematisch veranschaulichen läßt[112]:

---

[109] Vgl. für die Rechtstheorie oben zu 1.241.
[110] Vgl. dazu oben zu 1.2421.
[111] Vgl. Hagen, Soziologie, S. 108; hierzu auch Schmidt, Die Neutralität, S. 97: „Rechtsphilosophie und Rechtstheorie treffen also erst in der Methodologie der Juridik zusammen, wo sie im juristischen Entscheidungsprozeß ... die oben umschriebenen Rollen spielen."
[112] Vgl. auch das etwas anders konzipierte Schaubild in: Rechtstheorie. Beiträge, S. 488; die Abweichungen der hier vorliegenden Skizze von jenem Schaubild sind inhaltlicher, nicht bloß darstellerischer Art.

1.24 Analytische Rechtstheorie und Rechtswissenschaft

rechtswissenschaftliche Basisdisziplinen (Grundlagenwissenschaften):

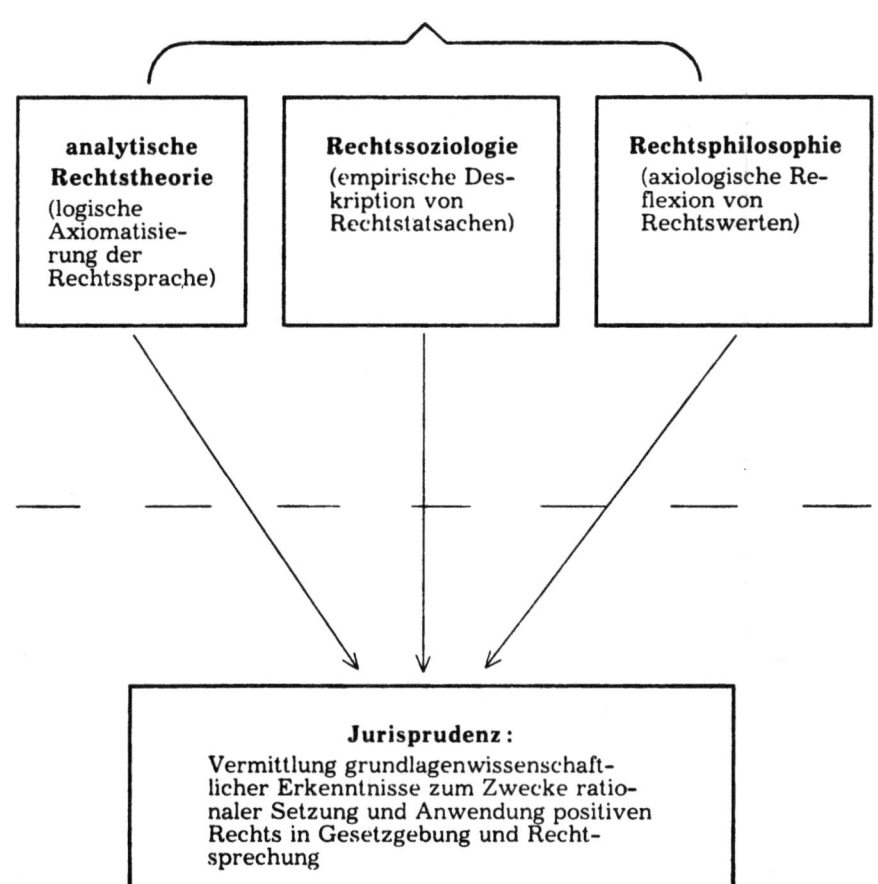

1.2422 Forschungspraktische Implikationen

Neben diesem Einfluß auf die erkenntnistheoretische Strukturierung des rechtswissenschaftlichen Systems wirkt sich die analytische Rechtstheorie zugleich auf die forschungspraktische Bedeutung der einzelnen Grundlagenwissenschaften für die Jurisprudenz aus. Wie wir gesehen haben[113], respektiert die analytische Einstellung die Jurisprudenz als eine Wissenschaft, deren kognitive Komponenten sich nur zum Teile mit Hilfe analytischer Kategorien rekonstruieren lassen. Aus dieser methodischen Einsicht folgt für das Selbstverständnis der analytisch konzipierten Rechtstheorie, daß diese sich als partielle Metadisziplin der Jurisprudenz und nicht als deren umfassende Wissenschaftswissenschaft versteht; die analytische Rechtstheorie beansprucht nicht als die einzige oder die vorzugswürdige, sondern als eine von mehreren im Prinzip gleichwertigen rechtswissenschaftlichen Basisdisziplinen Geltung.

Die theoretische Gleichwertigkeit bedingt nun aber nicht notwendig, daß die Beiträge der Basisdisziplinen für die Jurisprudenz in der Praxis eine gleich gewichtige Rolle spielen. Wie ich meine, haben die analytische Rechtstheorie und auch in zunehmendem Maße die Rechtssoziologie, soweit sie sich am empirisch-analytischen Wissenschaftsideal orientiert, trotz der grundsätzlichen Gleichwertigkeit der Basisdisziplinen objektiv im Rahmen der Grundlagenwissenschaften eine dominierende Stellung inne, insofern als die praktische Nutzbarmachung der analytischen Methoden und Erkenntnisse die Gefahr einer tendenziellen Verdrängung des Einflusses nicht-analytischer Einsichten auf den juristischen Entscheidungsprozeß mit sich bringt. Diese These der forschungspraktischen Dominanz der analytischen Verfahrensweise läßt sich verdeutlichen, wenn man sich die Funktion vergegenwärtigt, die den Bemühungen der Rechtsinformatik um eine technische Einlösung des analytischen Ideals zukommt.

Die Rechtsinformatik stellt sich zur Aufgabe, die wissenschaftstheoretische Position der analytischen Philosophie vermittels hochkomplizierter Apparaturen der elektronischen Datenverarbeitung technisch umzusetzen und damit das mit Hilfe der empirisch-analytischen Erkenntnisschemata erlangbare Wissen über das Recht praktisch verfügbar zu machen; in diesem Sinne ist die Rechtsinformatik regionale — weil auf das Recht bezogene — angewandte analytische Wissenschaftstheorie[114]. Zur Eingabe in Rechenanlagen verwendet sie Einzelaussagen über das

---

[113] Vgl. dazu oben zu 1.232.
[114] Diese für den hier abgehandelten Problemzusammenhang zureichende Begriffsbestimmung ist insofern ungenau, als sie die Wechselwirkung der beiden Wissenschaftsgebiete nicht zum Ausdruck bringt.

1.24 Analytische Rechtstheorie und Rechtswissenschaft

Recht, die als „Daten" oder „Informationen" empirisch belegbar sind; die „Daten" oder „Informationen" müssen mithin zunächst als empirische Rechtstatsachen oder in Gesetzestexten, Gerichtsurteilen, Verordnungen usw. nachweisbare Aussagen identifiziert werden, bevor sie in Computern gespeichert und mit Hilfe formallogischer Analyse verarbeitet werden können. Da die Rechtsinformatik somit die Methoden zur theoretischen Vorbereitung und Durchführung der computergerechten Verarbeitung rechtlicher Daten von der analytischen Wissenschaftstheorie und ihrer Ausprägung in den analytisch strukturierten Disziplinen Rechtstheorie und Rechtssoziologie herleitet, stünde zu erwarten, daß sie sich auch mit der Funktion bescheidet, die einer angewandten analytischen Disziplin im Rahmen eines nur teilweise analytischen Verfahrensweisen zugänglichen Wissenschaftsbereichs zukommt. Indessen zeigt sich, daß die Rechtsinformatik sich zumindest in der Praxis über jene Erkenntnis der Partikularität analytischen Wissens im rechtswissenschaftlichen Zusammenhang hinwegsetzt, indem sie ihre Forschungsstrategie global an einer *maximalen* Automation des Rechtsverwirklichungsprozesses und damit einer *weitestgehenden* Eliminierung nicht „automationsgerechter" — das heißt: nicht-analytischer — Komponenten der juristischen Entscheidungsfindung ausrichtet. Jener Gegensatz zwischen theoretischem Selbstverständnis und technologischer Einlösung des analytischen Selbstverständnisses ist meines Erachtens darauf zurückzuführen, daß sich bei dem Einsatz elektronischer Datenverarbeitungsanlagen im Recht wie überhaupt bei der Übernahme gesellschaftlich bedeutsamer Tätigkeiten durch Maschinen eine qualitative Veränderung der Funktion der Technik vollzieht[115].

War Technik vordem Produktion von zweckdienlichem Werkzeug, dessen konkrete Verwendungsweise ständig durch menschliche Entscheidung gesteuert und überwacht wurde, so bewirkt der Einsatz technischer Apparaturen im sozialen Bereich eine zumindest teilweise Ersetzung menschlicher Entscheidungstätigkeit durch sich selbst steuernde Verfahrensweisen. Obgleich die technische Apparatur letztlich immer instrumentalen Zwecken dient, erzeugt sie bei der Übernahme sozial relevanter Tätigkeiten eine autonome Sphäre technischer Eigengesetzlichkeit, welche sich der unmittelbaren menschlichen Zweckbestimmung entzieht. Indem Technik dergestalt aus der Führung vorgegebener Zielsetzung entlassen wird, ist sie nunmehr im wörtlichen Sinne „automatisiert" und damit gleichsam absolut gesetzt[116]. Jener absolute Charakter der Technik manifestiert sich in der ihr immanen-

---

[115] Vgl. Luhmann, Recht und Automation, S. 141.
[116] Gehlen, Der Begriff Technik, S. 8. Vgl. zu diesem Funktionswandel der Technik auch Schelsky, Die sozialen Folgen, S. 105 ff. sowie ders., Der Mensch, insbes. S. 444 ff.

ten Tendenz zur Perfektion und Expansion[117]. Die automatisierte Technik ist durch den Automatismus einer ständig wachsenden Produktivität und einer permanenten Erweiterung ihres Aktionsraums gekennzeichnet. Dieser Trend zur Verfeinerung der Mittel und zur Amplifikation des Anwendungsbereichs ist dem absoluten Charakter der Technik immanent und damit als solcher gesellschaftlicher Kontrolle und Steuerung entzogen.

Wie alle hochtechnisierten Projekte untersteht auch der Einsatz von Computern im Recht von vornherein jener Tendenz zur Vervollkommnung seiner Methoden und zur Ausweitung seines Tätigkeitsfeldes. Wenngleich die Datenverarbeitung im Recht sich bislang im Wesentlichen auf die schlichte Literatur- und Textdokumentation beschränkt, gehen doch die technischen Möglichkeiten der Anlagen und die Ziele der Rechtsinformatik weit über diesen relativ bescheidenen Beitrag hinaus[118]. Die Vorhaben der Ermöglichung einer automationsfreundlichen Gesetzgebung und einer computerunterstützten Rechtsanwendung sind bereits in Verwirklichung begriffen[119]. Die faszinierende Möglichkeit einer künftigen kybernetischen Programmierung juristischer Entscheidungen durch einen universalen Rechtscomputer markiert den gedachten Endpunkt dieser Entwicklung, der gegenwärtig zwar technisch noch nicht erreichbar ist, dem sich die Rechtsinformatik aber nichtsdestoweniger schrittweise nähert[120]. Obwohl der Computer auch bei diesen ehrgeizigen Vorhaben der Rechtsinformatikforschung rein mechanisch Daten sammelt und kombiniert, geht er wirkungsgeschichtlich und forschungspraktisch gesehen hier von der Rolle des Komplikators und Hilfsarbeiters in die Rolle des Beraters, unter Umständen sogar in die Rolle des ausschlaggebenden Experten über[121]. Die ständige Verfeinerung und Potenzierung des technischen Instrumentariums, welche diese Rollenverteilung anleitet, produziert Sachzwänge, die eine schrittweise Anpassung des juristischen Handlungs- und Entscheidungsprozesses an die Apparaturgesetzlichkeiten erforderlich machen. Jene Anpassung, die sich durch Reduzierung der Unbestimmtheit und durch Steigerung der Berechenbarkeit juristischen Handelns vollzieht, macht die Suche nach neuen, „automationsgerech-

---

[117] Vgl. Schulz, Philosophie, S. 214.
[118] Kaufmann / Hassemer, Grundprobleme, S. 67; David, La cybernétique, S. 149.
[119] Vgl. Simitis, Informationskrise, S. 43 f. mit weiteren Nachweisen.
[120] In diesem Zusammenhang ist die Bemerkung von Simitis aufschlußreich, wonach elektronische Anlagen bereits heute durchaus in der Lage seien, juristische Entscheidungsfunktionen zu übernehmen, vgl. Simitis, Informationskrise, S. 101.
[121] Vgl. Schulz, Philosophie, S. 218.

ten" Grundlagen des juristischen Selbstverständnisses erforderlich[122]. Die immanente Gesetzlichkeit des technischen Fortschritts bewirkt so, daß die elektronischen Anlagen nicht mehr als instrumentales Hilfsmittel zur Vorbereitung einer Rechtsverwirklichung im Wege zwischenmenschlicher Verständigung über das konkret Sachrichtige fungieren, sondern daß sie die zwischenmenschliche Komponente nach und nach als solche absorbieren; damit übernimmt der Computer im Recht Funktionen, die über eine bloß instrumentale Hilfe bei der Entscheidungsfindung hinaus die Legitimation der zu findenden Entscheidung selbst betreffen.

Die Notwendigkeit hochgradiger Schematisierung und Vermeidung von Dysfunktionalitäten hat somit in letzter Konsequenz zur Folge, daß die Legitimierung der juristischen Entscheidung durch argumentative Überzeugungsbildung einem Legitimationsmuster weicht, das sich ausschließlich an technologischen Idealen wie Effizienz, Schnelligkeit, Sicherheit und Genauigkeit orientiert[123]. Die die Rechtsinformatik bestimmende Forschungsstrategie einer maximalen Automation des Rechtsverwirklichungsprozesses läßt sich daher mit Gehlen als Entlastungsfunktion interpretieren[124]; eine Entlastungsfunktion freilich in einem zweifachen Sinne: die Strategie zielt nicht nur auf eine konkrete Arbeitsentlastung des Juristen, sondern zugleich auf eine revolutionierende *Problementlastung der Jurisprudenz* von allen nicht-automatisierbaren menschlichen Komponenten der juristischen Entscheidungsfindung[125].

Die mit der Zuordnung des analytischen Wissenschaftsideals zur Rechtswissenschaft angestrebte Klärung des exakt ausgrenzbaren und wertfrei analysierbaren Teilbereichs juristischen Denkens tendiert so

---

[122] Luhmann, Recht und Automation, S. 142. Vgl. auch Paradies, Die Ohnmacht, S. 14: „Man müßte das im Prinzip angenommene Gesetz durch mathematische Logiker nachrechnen und formulieren lassen. Sie würden dann kürzer, positiver und widerspruchsfrei."

[123] Vgl. Luhmann, Recht und Automation, S. 134: „Das heißt vor allem, daß wir die traditionalen Komponenten der Rechtslegitimation abbauen und ein funktionsfähiges ‚elastisches Verfahren der Rechtsetzung und Rechtsänderung organisieren müssen."

[124] Vgl. Gehlen, Probleme, S. 211 ff.

[125] In diesem Zusammenhang bemerkt Ellscheid, der „universale Rechtscomputer" sei „die konsequente Ausformulierung ... einer Entwicklung, die sich aus der Tendenz zur Entlastung von gesellschaftlichen Konfliktmöglichkeiten speist", vgl. Ellscheid, Zur Forschungsidee, S. 15. Vgl. auch Luhmann, Rechtssoziologie, Band 2, S. 231 f.: „Damit ist der Richter entlastet von einer Prüfung aller wertrelevanten Folgen seiner Entscheidung ... Nur unter dieser Bedingung einer Befreiung von konkreter Wirkungsverantwortung sind im übrigen Grundsätze wie die der richterlichen Unabhängigkeit und der Gleichheit vor dem Gesetz sinnvoll — und sie sind nur dort haltbar, wo Recht und Richter nicht zu stark in ein System zweckbezogener Zukunftsplanung einbezogen werden."

auf Grund der Eigengesetzlichkeit ihrer technischen Verwirklichung zu einer sukzessiven Ersetzung der methodischen Mehrdimensionalität juristischen Denkens durch die eine Dimension der technologisch verwertbaren analytischen Verfahrensweise. In dem Maße, wie diese Tendenz sich fortsetzt, wird die dialektische Verwobenheit logischer, axiologischer und soziologischer Gesichtspunkte im juristischen Entscheidungsprozeß[126] auf die Kategorie der automatisierbaren Logizität reduziert; die Jurisprudenz, die nach analytischer Auffassung eigentlich nur nach Befragung aller Basisdisziplinen ihre Entscheidung treffen sollte[127], immunisiert sich damit letzten Endes gegenüber nichtanalytischer grundlagenwissenschaftlicher Erkenntnis, wie sie etwa in der rechtsphilosophischen Reflexion zum Ausdruck kommt. In Umkehrung der Engelsschen Aussage im ‚Anti-Dühring'[128] läßt sich daher überspitzt formulieren, daß Rechtsphilosophie dergestalt im rechtswissenschaftlichen Gesamtgefüge „aufgehoben", das heißt sowohl überwunden als auch aufbewahrt ist: ihrer *Form* nach *aufbewahrt*, ihrem *wirklichen Inhalt* nach aber *überwunden*.

Die schrittweise Verdrängung der forschungspraktischen Bedeutung nicht-analytischer, insbesondere rechtsphilosophischer, Erkenntnis läßt die eigentümliche Attraktivität des analytischen Wissenschaftsideals für die Rechtswissenschaft vollends deutlich werden; eine Anziehungskraft, die darin begründet ist, daß die analytische Philosophie und ihre konsequente Ausprägung in der analytisch orientierten Disziplin Rechtstheorie ungeachtet des schwindenden Vertrauens in ein ideologischen Interpretationen zugängliches und zunehmend unüberschaubar gewordenes Recht sich gleichsam als die vollkommene Verkörperung der Hoffnung darstellt, die Rechtsverwirklichung einzig an objektiven, unbezweifelbaren Prinzipien auszurichten[129].

Obgleich die analytische Rechtstheorie somit die Möglichkeit und Notwendigkeit nicht-analytischer Erkenntnis im Bereiche der rechtswissenschaftlichen Grundlagenwissenschaften im Prinzip anerkennt, führt ihre konsequente praktische Umsetzung zu einer fortschreitenden Eliminierung solcher Erkenntnis aus dem rechtswissenschaftlichen Pro-

---

[126] Vgl. dazu oben zu 1.231.
[127] So: Schmidt, Die Neutralität, S. 99.
[128] Vgl. Engels, Anti-Dühring, S. 129: „Die Philosophie ist hier (im Marxismus, K.-L. K.) also ‚aufgehoben', das heißt ‚sowohl überwunden als aufbewahrt'; überwunden, ihrer Form, aufbewahrt, ihrem wirklichen Inhalt nach."
[129] Vgl. Schulz, Philosophie, S. 596: „Das Wesentliche des ‚technologischen Traums' ist es, die menschliche Entscheidungsfreiheit überflüssig zu machen. *Rein* technologisch gedacht ist also die allgemein behauptete Tatsache, daß der Mensch in die superstrukturierten Prozesse nicht mehr beliebig eingreifen kann, gerade kein Negativum, sondern das zu erstrebende Ideal."

1.24 Analytische Rechtstheorie und Rechtswissenschaft

blemhorizont. Die spezifische forschungspraktische Leistung der analytischen Rechtstheorie in bezug auf die übrigen rechtswissenschaftlichen Grundlagenwissenschaften besteht demzufolge darin, daß dem von der analytischen Methode angeleiteten Trend der Absorbierung nicht-analytischer Erkenntnis im Bereiche der Rechtswissenschaft nicht mehr aussichtsreich entgegengewirkt werden kann; der Technisierungstrend kann nicht mehr problematisiert oder gar als Gefahr erkannt und bekämpft werden — ist er doch die notwendige und legitime Konsequenz der praktischen Verwirklichung der analytisch-rechtstheoretischen Methode.

2. Zur Kritik der analytischen Grundlagenforschung der Rechtswissenschaft

Aufgabe des zweiten Teils der Arbeit soll es sein, die im ersten Hauptteil rekonstruierte analytische Rechtstheorie einer radikalen und zugleich konstruktiven Kritik zu unterziehen. Diese vorgreifende Feststellung wirft zweierlei grundsätzliche Fragen auf, die den Gegenstand und das Verfahren der durchzuführenden Auseinandersetzung betreffen. Zum Gegenstand: Kann eine effiziente Kritik der analytischen Grundlagenforschung der Rechtswissenschaft sich auf die Auseinandersetzung mit der analytisch konzipierten Disziplin Rechtstheorie beschränken oder muß sie nicht vielmehr das gesamte rechtswissenschaftliche System berücksichtigen, in welches jene Disziplin sich einordnet? Zum Verfahren: Was ist mit radikaler und zugleich konstruktiver Kritik der analytischen Rechtstheorie gemeint? — Oder präziser: Ist radikale Kritik nicht immer nur rein negatorische Bemängelung, die einem eigenen konstruktiven Beitrag keinen Raum läßt?

Zur Beantwortung der ersten Frage läßt sich an unsere Einsicht anknüpfen, daß die analytische Rechtstheorie sowohl in erkenntnistheoretischer als auch in forschungspraktischer Hinsicht Leitdisziplin der rechtswissenschaftlichen Grundlagenwissenschaften ist[1]. In erkenntnistheoretischer Hinsicht stellt das analytische Modell der Rechtstheorie die Weichen für eine spezifische Arbeitsteilung innerhalb der rechtswissenschaftlichen Grundlagenwissenschaften und verpflichtet die Basisdisziplinen insgesamt auf eine theoretisch kontemplative Betrachtungsweise des Rechts. Da die analytische Rechtstheorie somit Tätigkeitsbereich und Methode ihrer Nachbardisziplinen wesentlich vorstrukturiert, nimmt sie trotz ihrer relativen wissenschaftsgeschichtlichen Neuheit keineswegs in einem bereits fest gefügten Wissenschaftssystem einen Leerplatz ein, dem ein analytischer oder auch ein beliebiger anderer Inhalt gegeben werden könnte, sondern prägt umgekehrt selbst das Wissenschaftsgefüge, an dem sie Teil hat. Zudem führt in forschungspraktischer Hinsicht die technische Verwertbarkeit der analytischen Verfahrensweise dazu, daß diese ein praktisches Übergewicht gegenüber nicht-analytischen grundlagenwissenschaftlichen Verfahrensweisen erhält, ja jene nach und nach im Zuge der fortschreitenden

---

[1] Vgl. dazu oben zu 1.242.

Anpassung der Rechtswissenschaft an die Sachgesetzlichkeiten des technischen Fortschritts obsolet werden. Wegen der erkenntnistheoretischen Vorstrukturierung des Systems rechtswissenschaftlicher Grundlagenwissenschaften durch die analytische Rechtstheorie und der forschungspraktischen Dominanz der analytischen Methode ist es deshalb legitim, die Kritik im Wesentlichen gegen die analytische Rechtstheorie als solche zu richten. Ungeachtet ihrer thematischen Beschränkung dürfte die Kritik der analytischen Rechtstheorie mehr sein als nur Kritik eines partiellen und marginären Aspekts der Rechtswissenschaft; als Auseinandersetzung mit einer Disziplin, die über ihre bloß fachimmanente Bedeutung hinaus den basisdisziplinären Zusammenhang erkenntnistheoretisch wie forschungspraktisch bestimmt, kann sie mit Fug beanspruchen, Kritik eines wesentlichen und konstitutiven Teils der rechtswissenschaftlichen Grundlagenwissenschaften zu sein, eine Kritik also, deren programmatisches Anliegen — pars pro toto — auf eine umfassende Hinterfragung des durch die analytische Rechtstheorie geprägten Systems der Basisdisziplinen insgesamt zielt.

Die zweite Fragestellung fordert auf zu einer Präzisierung dessen, wie die in Aussicht genommene Auseinandersetzung mit der analytischen Rechtstheorie durchzuführen ist. Eine radikale Kritik, wie sie hier beabsichtigt ist, muß notwendigerweise darauf ausgerichtet sein, ihr Objekt unverfälscht zu erfassen und sich mit ihm umfassend auseinanderzusetzen. Wenngleich die zu erbringende Kritik der analytischen Rechtstheorie demnach primär auf die Widerlegung dieses rechtstheoretischen Standpunktes abzielen und insofern negatorische Methodenkritik sein muß, soll sie sich nicht im bloßen Kritisieren der analytischen Betrachtungsweise des Rechts erschöpfen, sie soll vielmehr darüber hinaus eine eigenständige Alternativkonzeption zu dieser Betrachtungsweise deutlich werden lassen. Das mit der Kritik verbundene Anliegen ist mithin auch konstruktiv, nicht bloß destruktiv; seine Einlösung verlangt nicht nur eine negatorische Bemängelung der analytischen Einstellung zum Recht, sondern zugleich deren Überwindung durch Aufzeigen der Möglichkeit einer alternativen Problemerfassung. Im Zuge der Auseinandersetzung mit der analytischen Rechtstheorie wird sich daher ein alternatives Modell der rechtstheoretischen Disziplin andeuten — freilich kann dieses Modell im Rahmen der vorliegenden Arbeit nur angedeutet, nicht aber ausdrücklich vorgestellt werden.

Wenn solchermaßen in der Kritik zumindest andeutungsweise ein alternatives Modell von Rechtstheorie zum Ausdruck kommen soll, darf man sich nicht dazu verleiten lassen, unvermittelt in die Auseinandersetzung mit der analytischen Rechtstheorie einzutreten; ein derartig vorschnelles Vorgehen erlaubte allenfalls ein mehr oder weniger willkürliches Aneinanderreihen geeigneter Argumente, nicht aber die systematische Entwicklung einer eigenständigen Alternativkonzeption. Es gilt infolgedessen, zunächst einen bestimmten methodischen Bezugspunkt zu wählen, der Fortgang und Ziel der Auseinandersetzung bestimmt. Erst nachdem dergestalt gleichsam der methodische Rahmen der Kritik erstellt ist, kann darauf aufbauend eine Untersuchung durchgeführt werden, die sich als systematische Kritik der analytischen Rechtstheorie wie auch als methodische Alternative zu diesem Theoriemodell versteht.

Der methodische Bezugspunkt, auf den die Auseinandersetzung mit der analytischen Rechtstheorie aufbauen soll, ist das Problem der adäquaten Erfassung des rechtstheoretischen Gegenstandsbereichs. Anders als etwa dem Naturwissenschaftler ist dem Rechtstheoretiker kein fest umrissener und für sich selbst stehender Gegenstand als Forschungsobjekt vorgegeben, vielmehr steht der Rechtstheoretiker unvermeidlich vor der Aufgabe, zu allererst zu bestimmen, was denn nun den von ihm zu erforschenden Gegenstand ausmacht. Diese Bestimmung von Etwas als Gegenstand der Rechtstheorie ist ein irreduzibler Bestandteil des rechtstheoretischen Erkenntnisvorganges selbst. Auch insofern unterscheidet sich die rechtstheoretische von der naturwissenschaftlichen Erkenntnis: während der Naturwissenschaftler mit gutem Grund annehmen kann, die Korrektheit seiner Erkenntnis sei nur von der Art und Weise der Analyse, nicht von der Wahl eines bestimmten Analysandums abhängig, setzt eine gültige rechtstheoretische Erkenntnis immer schon voraus, daß das, worauf sie sich bezieht, auch tatsächlich Recht und nicht ein Aliud ist. Jeder Forscher, der sich entschließt, Rechtstheorie zu betreiben, ist mithin kraft dieses Entschlusses gezwungen, über die „Richtigkeit" der Wahl seines Gegenstandes Rechenschaft zu geben. Daraus folgt, daß die Bestimmung des rechtstheoretischen Formalobjekts nicht nominaldefinitorisch beliebig erfolgen kann, sondern den Gegenstand, das Recht, adäquat erfassen muß; der Wahl des rechtstheoretischen Formalobjekts sind somit *reale* Grenzen gesetzt, die sich aus dem Anspruch auf adäquate Berücksichtigung des Sinngehalts des Rechts in einer Rechtstheorie herleiten.

2.1 Das Neutralitätspostulat der analytischen Rechtstheorie und die Verformung des Rechts zu einem idealistisch-abstrakten Gegenstande

In der These, die Rechtstheorie müsse ihren Gegenstandsbereich in einer dem Sinngehalt des Rechts adäquaten Weise rekonstruieren, sind zwei unterschiedliche Bestimmungen von Recht angesprochen: zum einen das reale Phänomen Recht als solches, die Rechtswirklichkeit, zum anderen das Recht als Erkenntnisgegenstand der Rechtstheorie.

2.1 Verformung des Rechts durch wertneutrale Erschließung

Unsere These fordert eine Bestimmung des rechtstheoretischen Erkenntnisgegenstandes entsprechend dem Sinngehalt des Rechts in der Rechtswirklichkeit; sie besagt, daß eine Theorie, die beansprucht, *Rechts*theorie zu sein, kraft dieses Anspruchs darauf angewiesen ist, den Sinngehalt des Rechts, wie er in der Rechtswirklichkeit gebildet und verstanden wird, angemessen zu erfassen und wiederzugeben.

Wie zu zeigen sein wird, kann die analytische Rechtstheorie den Sinngehalt des Rechts in der Rechtswirklichkeit nicht in der geforderten Weise erfassen. Eine Ausrichtung des rechtstheoretischen Erkenntnisgegenstandes an der realen Daseinsweise des Rechts ist hier überhaupt nicht möglich, weil die analytische Erkenntnisperspektive den Erkenntnisgegenstand notwendig zu einem idealistisch-abstrakten Gegenstande verformt, dem als solchem keine konkrete Realität zugeordnet ist und der darum auch nicht zu einer Realität in Entsprechung gebracht werden kann.

Zum Nachweis der idealistisch-abstrakten Gegenstandsbestimmung der analytischen Rechtstheorie ist es aufschlußreich, auf eine Doppelbedeutung hinzuweisen, die dem gemeinhin unreflektiert gebrauchten Begriff „Gegenstand" zukommt: man kann diesen Begriff entweder verstehen als ein konkreter, real existierender Gegenstand oder als das vorgestellte Objekt einer geistigen Vergegenständlichung.

Verwendet man „Gegenstand" im Sinne von konkreter, real existierender Gegenstand, so ist der Begriff autosemantisch bzw. selbstbedeutend; der Gegenstand steht hier für sich selbst und muß in seiner Besonderheit begriffen werden wie er ist. Diesem Bedeutungsgehalt von „Gegenstand" entsprechen zwei ganz unterschiedliche Erkenntnisoperationen, je nachdem, ob der Begriff eine natürliche oder eine gesellschaftliche Realität meint. Bezeichnet der Begriff eine natürliche Realität im Sinne eines naturwissenschaftlichen Erkenntnisgegenstandes, so hat der Forscher es mit einer materiellen Entität zu tun, die als solche unmittelbar wissenschaftlichen Erklärungsversuchen zugänglich ist. Eine gesellschaftliche Realität besteht hingegen nicht in einer in sich fertigen Materie, sie ist nichts für sich selbst Existierendes, sondern existiert nur als Ausdruck menschlicher Erfahrung. Wegen dieser notwendigen Eingebundenheit der gesellschaftlichen Realität in den lebenspraktischen Horizont konkreter menschlicher Erfahrungen kann die gesellschaftliche Realität nicht wie eine objektive Vorgegebenheit registriert werden; als durch menschliche Erfahrungen vermittelte Wirklichkeit ist sie ja bereits auf der Grundlage der eigenen Erfahrung vorverstanden und muß daher auf Grund dieser Vorverstandenheit erschlossen werden. Der Forscher analysiert hier demnach kein unabhängig von ihm existierendes Objekt, er analysiert vielmehr gesell-

2.1 Verformung des Rechts durch wertneutrale Erschließung

schaftliche Zusammenhänge, in denen er selbst befangen ist und die er deshalb notwendig aus seiner lebenspraktischen Befangenheit heraus versteht[2]. Wie das Verstehen und der Gebrauch einer Sprache eine Sprachgemeinschaft voraussetzt, setzt das Erfassen der gesellschaftlichen Realität mithin eine Gemeinschaft von Institutionen und Praktiken voraus, in die der Erkennende durch seine Sozialisation eingeführt worden ist. Der Erkennende kann hier seine methodischen Kategorien nicht aus einem von der Realität unabhängigen Standpunkt an die gesellschaftlichen Zusammenhänge herantragen, sondern muß sich „von innen", aus der Realität selbst, Aufschluß über diese Zusammenhänge verschaffen; erst wenn er sich seines Platzes innerhalb der Gesellschaft bewußt wird und seine Erkenntniskategorien dieser Partizipation an einer Lebensform anpaßt, kann er die gesellschaftliche Realität angemessen erfassen und verstehen[3].

Der Begriff „Gegenstand" erhält hingegen einen völlig anderen Bedeutungsgehalt, wenn man ihn in Zusammenhängen wie „Etwas-zum-Gegenstande-machen" verwendet. Da er hier eine Beziehung im Hinblick auf Etwas ausdrückt, ist er in diesem Falle nicht selbstbedeutend (autosemantisch), sondern mitbedeutend (synsemantisch)[4]. In diesem synsemantischen Sinne bedeutet „Gegenstand" für sich gar nichts, sondern bezeichnet in seinem semiotischen Zusammenhang lediglich das inhaltsleere Produkt einer geistigen Operation der vorstellenden Versinnbildlichung. Der Gegenstand entbehrt hier jeglicher Materialität und Konkretheit, er ist ein reines Objekt der Vorstellung, das sich erst in der geistigen Anschauung als ein Produkt des Geistes konstituiert[5].

---

[2] In der Terminologie der kritischen Theorie der Frankfurter Schule ausgedrückt ist deshalb sein Verhältnis zu dem gesellschaftlichen Untersuchungsgegenstande nie „neutral", sondern zwangsläufig „engagiert".

[3] Zu diesem Gedankengang und seiner Verbindlichkeit für die Sozialwissenschaften vgl. Winch, Die Idee, insbes. S. 112 ff. sowie v. Wright, Erklären und Verstehen, S. 37 f., 108. Jene Unterschiedlichkeit der Erkenntnisoperationen kommt in dem Gegensatz zwischen Erklären und Verstehen zum Ausdruck. Das Erklären ist ein methodisch naturwissenschaftliches Erkenntnisverfahren, welches entgegen der analytischen Auffassung auf die Gesellschaftswissenschaften nicht ohne weiteres übertragbar ist; das Verstehen hingegen ist den Humanwissenschaften angemessen, weil es den gesellschaftlichen bzw. geistesgeschichtlichen Gegenstand immanent in seinen realen Strukturbedingungen erfaßt. Vgl. hierzu v. Wright, Erklären und Verstehen, insbes. S. 122 ff.; Apel, Szientistik, S. 101 ff.

[4] Vgl. zu dieser Doppelbedeutung und ihren Implikationen Adorno, Zur Metakritik, S. 75.

[5] Diese Doppelbedeutung haben bereits Hegel und Marx erkannt. Vgl. Hegel, Grundlinien, S. 46: „Indem ich einen Gegenstand denke, mache ich ihn zum Gedanken, und nehme ihm das Sinnliche: ich mache ihn zu etwas, das wesentlich und unmittelbar das Meinige ist." An dieser Methode der geistigen Vergegenständlichung bemängelt Marx, daß hier „der Gegenstand, die Wirklichkeit, Sinnlichkeit nur unter der Form des *Objekts oder der*

2.1 Verformung des Rechts durch wertneutrale Erschließung

Sofern mit Hilfe dieser geistigen Vergegenständlichung eine gesellschaftliche Wirklichkeit erkannt werden soll, kann diese nicht wie eine konkrete Realität *aus sich heraus* verstanden werden; der Erkennende muß sich hier vielmehr aus der Realität, an der er als Mensch teilhat, völlig herauslösen und sich diese als ein Gegenstand im synsemantischen Sinne *geistig vor-stellen*, um sie so von einem externen Standpunkt aus erklären zu können.

Es fällt auf, daß die Operation der geistigen Vergegenständlichung einer gesellschaftlichen Wirklichkeit im Sinne der zweiten Begriffsvariante von „Gegenstand" exakt der distanziert-kontemplativen Betrachtungsweise der philosophischen theoria-Tradition entspricht, die wir für die analytische Rechtstheorie als verbindlich erkannt haben[6]; man kann gar sagen, daß das Bild des geistigen Sich-Vergegenständlichens einer gesellschaftlichen Wirklichkeit die von der theoria-Tradition geforderte theoretische Sachhingegebenheit durch vollkommene Entrückung des Erkennenden von der Lebenspraxis in prägnanter Weise auf den Begriff bringt. Wenn dem so ist, entspricht der wissenschaftliche Gegenstandsbereich, welcher dergestalt in der theoretischen Anschauung erkennbar wird, vollkommen der Begriffsbedeutung von „Gegenstand" im synsemantischen Sinne; die Übertragung unserer Bedeutungsanalyse von „Gegenstand" auf den rechtstheoretischen Problembereich ergibt somit, daß die analytische Rechtstheorie die Rechtswirklichkeit im Sinne eines autosemantischen Gegenstandes im Erkenntnisakt zu einem Gegenstande im synsemantischen Sinne verformt.

Damit ist angedeutet, daß die analytische Rechtstheorie nicht die Ebene der gesellschaftlich-rechtlichen Wirklichkeit als solche thematisieren kann. Eine Thematisierung der Rechtswirklichkeit als solcher würde ja voraussetzen, daß der Rechtstheoretiker seinen Forschungsgegenstand immanent aus der Wirklichkeitsebene, das heißt unter Berücksichtigung des in der Rechtswirklichkeit selbst erlangten und insofern zur Erkenntnis dieser Wirklichkeit unabdingbaren persönlichen Vorverständnisses von Recht erschlösse[7]. Da die analytische Rechts-

---

Anschauung gefaßt wird, nicht aber als *sinnlich menschliche Tätigkeit, Praxis, nicht subjektiv."* Vgl. Marx, Thesen über Feuerbach, Erste These, S. 5.

[6] Vgl. dazu oben zu 1.2421.

[7] Diese Unabdingbarkeit des persönlichen Vorverständnisses des Erkennenden zur Erkenntnis der konkreten Rechtswirklichkeit besagt freilich nicht, daß das subjektive Vorverständnis das maßgebliche Kriterium sei, an dem sich die Korrektheit der Erkenntnis bemißt. Der Erkennende muß zur Erlangung einer gültigen Erkenntnis sein subjektives Vorverständnis intersubjektiv überprüfen, gegebenenfalls revidieren und so seinen Forschungsgegenstand besser verstehen als er ihn vor-läufig vorverstanden hat. Wie dieses Besser-Verstehen methodisch möglich ist, werden wir in den folgenden Kapiteln sehen.

theorie hingegen das Recht wertneutral zu bestimmen hat, untersagt sie dem Forscher jegliche Berücksichtigung des persönlichen Erfahrungshorizonts und verpflichtet ihn im Einklang mit der theoria-Tradition auf eine theoretisch-distanzierte Einstellung zu seinem Erkenntnisgegenstand[8]. Infolgedessen wird die Rechtswirklichkeit im analytisch-rechtstheoretischen Erkenntnisakt nicht erfaßt, wie der Rechtstheoretiker sie als Mensch real erlebt und mitgestaltet, sie wird vielmehr nur so erfaßt, wie sie sich in der theoretischen Erkenntnishaltung darstellt: als ein *vorgestelltes Objekt* in dem doppelten Sinne von „Vor-Stellung".

Zum einen ist die Rechtswirklichkeit in der analytisch-rechtstheoretischen Erkenntnisperspektive *vor-gestellt*, insofern der Rechtstheoretiker sich ihr im Erkenntnisakt fiktiv entrückt und diese so als eine vorgegebene Objektivität erscheint, an der das erkennende Subjekt nicht teilhat und die es deshalb scheinbar unbeteiligt und wertneutral analysieren kann. Die Erkenntnisperspektive der analytischen Rechtstheorie bewirkt demnach eine Verselbständigung der Rechtswirklichkeit zu einer gegenüber dem erkennenden Subjekt autonomen Größe; sie verdinglicht die Rechtswirklichkeit zu einem Objekt, das dem Forscher wie ein Naturobjekt unvermittelt zur Untersuchung vorgegeben ist.

Der rechtstheoretische Erkenntnisakt läßt sich solchermaßen begreifen als eine Beziehung zwischen dem erkennenden Subjekt und dem diesem gegen-ständlichen Objekt, mithin als eine Subjekt-Objekt-Relation[9]. Kennzeichnend für diese Erkenntnisrelation ist, daß sie Erkenntnis exklusiv bestimmt als eine Leistung, welche sich auf eine vorgegebene Objektivität richtet. Die im Subjekt-Objekt-Schema vorausgesetzte rigide Trennung des Subjekts von dem Gegenstandsbereich der Wissenschaft eröffnet damit in der Rechtstheorie — wie in den Sozialwissenschaften generell — die Möglichkeit einer Untersuchung gesellschaftlich vermittelter Wirklichkeit als scheinbar unvermittelt vorgegebener Objektivität, verhindert aber zugleich die Möglichkeit einer Reflexion darüber, ob sich ein gesellschaftlicher Untersuchungsgegenstand wie das Recht nicht gerade nur aus der lebenspraktischen

---

[8] Vgl. dazu oben zu 1.233, 1.2421.

[9] Vgl. hierzu bereits oben zu 1.233 sowie Horkheimer, Traditionelle und kritische Theorie, S. 45: „Die Sache, mit der es der Fachwissenschaftler zu tun hat, wird von seiner eigenen Theorie überhaupt nicht berührt. Subjekt und Objekt sind streng getrennt, auch wenn es sich zeigen sollte, daß in einem späteren Zeitpunkt das objektive Geschehen durch menschlichen Zugriff beeinflußt wird; dieser ist in der Wissenschaft ebenso als Faktum zu betrachten. Das gegenständliche Geschehen ist der Theorie transzendent, und die Unabhängigkeit von ihr gehört zu seiner Notwendigkeit: der Betrachter als solcher kann nichts daran ändern." Zur Subjekt-Objekt-Relation und ihrer methodischen Bedeutung für die analytische Philosophie vgl. Böhler, Paradigmawechsel, S. 225 f.; ders. Rechtstheorie, S. 101 ff.

2.1 Verformung des Rechts durch wertneutrale Erschließung

Verbundenheit des Forschers mit diesem und der daraus resultierenden Vorverstandenheit des Gegenstandes erschließen läßt[10].

Die von der analytischen Rechtstheorie vollzogene Verdinglichung der Rechtswirklichkeit zu einem vom erkennenden Subjekt unabhängigen Objekt hat daher zur Folge, daß die lebenspraktische Vorverstandenheit des Rechts im rechtstheoretischen Erkenntnisakt nicht thematisiert werden kann. Indem das Subjekt-Objekt-Schema das Subjekt als nicht weiter problematisierbare Kategorie voraussetzt, beruht es auf einem Bewußtseinsidealismus, der die Frage nach dem subjektiven Vorverständnis und seiner möglichen Bedeutung für die rechtstheoretische Methode von vornherein ausschließt; das Subjekt schrumpft im rechtstheoretischen Erkenntnisakt gleichsam zum „ausdehnungslosen Punkt" zusammen, derart, daß „die ihm koordinierte Realität" allein bestehen „bleibt"[11]. Da der Rechtstheoretiker im Rahmen der Subjekt-Objekt-Relation Autor und nicht Thema der rechtstheoretischen Erkenntnis ist, scheint somit die Frage nach dem Urheber rechtstheoretischer Erkenntnis und der möglichen Bedeutung seines Vorverständnisses zur Bestimmung des rechtstheoretischen Erkenntnisgegenstandes von vornhinein aus dem Problemhorizont der analytischen Rechtstheorie ausgeklammert; mehr noch: die Ausklammerung schafft erst die Voraussetzung dafür, daß sich der rechtstheoretische Gegenstandsbereich als unvoreingenommen erkennbare Objektivität darstellt.

Zum anderen ist die Rechtswirklichkeit in der analytisch-rechtstheoretischen Erkenntnisperspektive *vorgestellt,* insofern sie als ein Gegenstand der Vorstellung, das heißt aber: als ein bloß vorgestellter, imaginärer Gegenstand erscheint. Zwar gibt die analytische Rechtstheorie vor, sich nicht mit einem imaginären, sondern einem realen Gegenstand, der empirischen Rechtswirklichkeit, zu beschäftigen[12]; sie beansprucht, eine exakte Bestimmung und Analyse des Teilbereichs der Rechtswirklichkeit zu erbringen, der einer formallogischen Strukturanalyse zugänglich ist, über den also unabhängig von den subjektiven Rechtsauffassungen eine objektiv verbindliche, unbezweifelbare Über-

---

[10] Apel bezeichnet die Triftigkeit der Subjekt-Objekt-Relation im Bereiche der Sozialwissenschaften als den „Rubikon der gegenwärtigen Grundlagendiskussion der Wissenschaftstheorie", vgl. Apel, Die Kommunikationsgemeinschaft, S. 226, 249.

[11] So: Wittgenstein, Tractatus, 5.64. Die Idealisierung des Erkenntnissubjekts, welche seine Thematisierung im Erkenntnisakt unmöglich macht, kommt auch an anderer Stelle des Tractatus zum Ausdruck, vgl. etwa: 5.631 „Das denkende, vorstellende Subjekt gibt es nicht ...", sowie: 5.632 „Das Subjekt gehört nicht zur Welt, sondern es ist eine Grenze der Welt". Kaufmann bezeichnet diese Konsequenz als die „völlige Auslöschung des Ich und die gänzliche Hingabe an den Gegenstand", vgl. Kaufmann, Die Geschichtlichkeit, S. 96.

[12] Vgl. etwa Hoerster, Grundthesen, S. 122.

2.1 Verformung des Rechts durch wertneutrale Erschließung

einkunft möglich ist[13]. Um jenen Teilbereich wertneutral bestimmen und von anderen Bereichen der Rechtswirklichkeit präzise abgrenzen zu können, muß die analytische Rechtstheorie das methodische Postulat einer vollkommenen Distanzierung des erkennenden Subjekts von eben dieser Wirklichkeit aufstellen[14]. Wenn folglich die Rechtswirklichkeit im analytisch-rechtstheoretischen Erkenntnisakt objektiv erkannt werden soll, die Objektivität sich aber erst durch eine vollkommene Distanzierung von der Rechtswirklichkeit herstellt, dann ist die Annahme der objektiven Erkennbarkeit der Rechtswirklichkeit eine *petitio principii*. Der Rechtstheoretiker erfaßt nämlich im Erkenntnisakt die Wirklichkeit nur so, wie sie ihm in der theoretisch-distanzierten Erkenntnisperspektive erscheint; die Rechtswirklichkeit geht deshalb in die Analyse in der Form ein, wie sie sich in der theoretischen Distanz darstellt, nicht aber, wie sie tatsächlich ist. Dementsprechend muß die analytische Rechtstheorie annehmen, die Rechtswirklichkeit sei überhaupt nicht als solche, sondern nur als eine erst im analytischen Erkenntnisakt sich bildende Vorstellung erkennbar. Was solchermaßen erkannt werden kann, ist freilich nicht die empirische Rechtswirklichkeit, sondern die bloß vorgestellte, imaginäre Form der Wirklichkeit, wie sie sich im analytischen Erkenntnisakt erst bildet. Die analytische Rechtstheorie kann demnach ihren Erkenntnisgegenstand nicht an dem Sinngehalt des Rechts in der Rechtswirklichkeit ausrichten; da sie ihren Erkenntnisgegenstand aus einer vorgefaßten, von der sozialen Lebenswelt unabhängigen Erkenntnisperspektive konstruiert, ist der so erkennbare Gegenstand von der geschichtlich-gesellschaftlichen Lebenspraxis unabhängig und erscheint als ein überzeitliches und ungesellschaftliches Objekt. Ob und inwiefern dieser vorgestellte Gegenstand der in je konkreten historischen und sozialen Kontexten erlebten Rechtswirklichkeit entspricht oder diese verfehlt, muß der Theorie prinzipiell verborgen bleiben. Das methodische Postulat der Unabhängigkeit des erkennenden Subjekts von der gesellschaftlichen Realität, in die es als Mensch gestellt ist, bewirkt daher eine Unabhängigkeit des wissenschaftlichen Erkenntnisgegenstandes von der gesellschaftlichen Wirklichkeit, die jener zu umfassen vorgibt.

Unsere Skepsis bezüglich der Übertragbarkeit der methodisch naturwissenschaftlich angelegten analytischen Erkenntnisweise auf das rechtstheoretische Betätigungsfeld[15] findet so ihre Bestätigung. Im analytischen Sinne wertneutral kann ein Erkenntnisgegenstand nur erkannt werden, wenn er — wie ein naturwissenschaftliches Forschungsobjekt — als konkrete Realität bereits unabhängig vom erkennenden

---

[13] Vgl. dazu oben zu 1.24.
[14] Vgl. dazu oben zu 1.233.
[15] Vgl. dazu oben zu 1.233.

2.1 Verformung des Rechts durch wertneutrale Erschließung

Subjekt existiert. Kann die Vorstellung von der Unabhängigkeit des Subjekts vom Objekt der Erkenntnis hingegen erst durch die Zusatzannahme einer völligen geistigen Entrückung des Subjekts aus seinem gesellschaftlich-rechtlichen Gegenstande aufrechterhalten werden, so wird der Erkenntnisgegenstand zu einer vom erkennenden Subjekt autonomen Objektivität verdinglicht; in seiner verdinglichten Form stellt sich der rechtstheoretische Erkenntnisgegenstand dann dar, *als ob* er ein für sich immer gleiches, statisches Objekt wäre, das wie ein naturwissenschaftliches Objekt bloß registriert zu werden braucht. Durch diese quasi-naturwissenschaftliche Gegenstandsbestimmung verfehlt die analytische Rechtstheorie von Anbeginn die Rechtswirklichkeit, welche sie zu analysieren trachtet: die in je konkreten geschichtlichen und gesellschaftlichen Kontexten gestaltete und zu erfassende Rechtswirklichkeit verflüchtigt sich im analytischen Erkenntnisakt unweigerlich zu einer *überzeitlichen und gesellschaftsunspezifischen Abstraktion*, welche mit der konkreten Realität, wie sie eigentlich erkannt werden soll, nichts zu tun hat.

In diesem Zusammenhang verdient Beachtung, daß jene idealistisch-abstrakte Gegenstandsbestimmung der analytischen Rechtstheorie nicht etwa unmittelbar auf die Wahl der rechtssprachlichen Formalstruktur als Untersuchungsgegenstand zurückzuführen ist. Die formallogischen Strukturbeziehungen der Rechtssprache sind sicherlich ein „Aspekt" der Rechtswirklichkeit, der erst thematisiert werden kann, wenn man von anderen „Aspekten" der Rechtswirklichkeit — dem von der Rechtssoziologie zu untersuchenden sozialen und dem der Rechtsphilosophie vorbehaltenen axiologischen Aspekt — absieht[16]. Es wäre indessen ein Mißverständnis, wollte man die idealistisch-abstrakte Fassung des rechtstheoretischen Erkenntnisgegenstandes in diesem Absehen von dem soziologischen und dem axiologischen Aspekt der Rechtswirklichkeit erblicken[17]. Die idealistische Abstraktion von der konkreten Rechtswirklichkeit gründet nicht erst in der Entscheidung, sich auf eine formallogische Strukturanalyse der Rechtssprache zu beschränken, sie ist vielmehr dieser Entscheidung vorgelagert. Der analytische Rechtstheoretiker verfährt idealistisch, nicht weil er sich mit der Analyse der rechtssprachlichen Formalstruktur bescheidet, sondern weil er zur

---

[16] Zur Unterscheidung zwischen unterschiedlichen „Aspekten" des Rechts, die jeweils unterschiedliche Gegenstandsbereiche grundlagenwissenschaftlicher Disziplinen ausmachen, vgl. oben zu 1.2421.

[17] Das Absehen von den übrigen Aspekten der Rechtswirklichkeit begründet nur dann den Vorwurf einer idealistisch-abstrakten Gegenstandsbestimmung, sofern der formallogische Aspekt als der einzig legitime deklariert wird, wie dies etwa in der Reinen Rechtslehre Kelsens geschieht. Zum Nachweis der idealistischen Gegenstandsbestimmung in der Reinen Rechtslehre vgl. Beyer, Das Reinheitspostulat; Klenner, Rechtsleere; Cerroni, Marx, S. 137 ff.

2.1 Verformung des Rechts durch wertneutrale Erschließung

korrekten Durchführung seiner Analyse unterstellen muß, er könne sich im Erkenntnisakt von der Rechtswirklichkeit suspendieren. Diese für die analytische Erkenntnishaltung charakteristische Unterstellung einer Distanzierung des erkennenden Subjektes von der es umgebenden Wirklichkeit begründet die idealisierende Betrachtungsweise der Rechtswirklichkeit, gleichgültig, welcher besondere Aspekt aus der solchermaßen idealistisch konzipierten Wirklichkeit als Gegenstandsbereich ausgegrenzt wird.

Da die analytische Rechtstheorie nicht nur sich selbst, sondern auch die übrigen rechtswissenschaftlichen Basisdisziplinen auf eine theoretisch-distanzierte Erkenntnishaltung gegenüber der Rechtswirklichkeit verpflichtet[18], trifft der Vorwurf, von einer überzeitlichen, gesellschaftlich unspezifischen Gegenstandsbestimmung auszugehen und damit die Rechtswirklichkeit unangemessen (unter Absehung von ihrem je konkreten historisch-sozialen Kontext) zu rekonstruieren, die Nachbardisziplinen Rechtssoziologie und Rechtsphilosophie in gleicher Weise wie die analytisch konzipierte Rechtstheorie. Die Rechtssoziologie muß, um ihre Untersuchung nach analytischen Maßstäben wissenschaftlich-objektiv durchführen zu können, wie die analytische Rechtstheorie von dem lebenspraktischen Zusammenhang, in den der Forscher als Mensch gestellt ist, absehen und sich damit ihren Gegenstand als unspezifische Abstraktion vorgeben[19]. Obgleich die Rechtsphilosophie selbst nicht analytisch verfährt, kann sie sich als „Basisdisziplin" in dem durch die analytische Rechtstheorie geprägten grundlagenwissenschaftlichen Zusammenhang der Verpflichtung zu einer theoretisch-distanzierten Erkenntnishaltung gegenüber der Rechtswirklichkeit gleichfalls nicht entziehen[20].

Der Versuch, die analytische Methode in die Rechtswissenschaft einzubringen, indem partielle „Aspekte" des Rechts als branchenspezifische Gegenstandsbereiche von Basisdisziplinen ausgegrenzt werden, führt daher zwangsläufig zu einer Idealisierung der Rechtswirklichkeit im grundlagenwissenschaftlichen Erkenntnisverfahren. Die Vertröstung auf eine Koordinierung grundlagenwissenschaftlicher Erkenntnis durch interdisziplinäre Kooperation[21] vermag nicht wiederzubringen, was zwischen den Sparten der idealistisch-abstrakt bestimmten Gegenstandsbereiche der Basisdisziplinen notwendig hindurchfallen muß: die

---

[18] Vgl. dazu oben zu 1.2421.
[19] In diesem Zusammenhang wird der Satz von Hart verständlich, wonach sein rechtstheoretisches Werk ‚Der Begriff des Rechts' „auch als ein Versuch in deskriptiver Soziologie angesehen" werden kann, vgl. Hart, Der Begriff, S. 8.
[20] Vgl. dazu oben zu 1.2421.
[21] Vgl. dazu oben zu 1.2421.

konkrete Rechtswirklichkeit und der gesellschaftliche Lebenszusammenhang als solche[22].

2.2 Folgewirkungen der idealistisch-abstrakten Gegenstandsbestimmung der analytischen Rechtstheorie

Wurde im vorangehenden Kapitel festgestellt, daß die analytische Rechtstheorie die Rechtswirklichkeit im Erkenntnisakt zu einem idealistisch-abstrakten, geschichtlich und gesellschaftlich unspezifischen Gegenstande verzerrt, so gilt es nunmehr die Folgewirkungen zu erarbeiten, die sich aus jener Gegenstandsbestimmung für die analytische Rechtstheorie ergeben. Diese Folgewirkungen sollen in mehreren Schritten dargestellt werden. Zunächst ist zu belegen, inwiefern die idealistisch-abstrakte Gegenstandsbestimmung der analytischen Rechtstheorie notwendig eine Lückenhaftigkeit der rechtstheoretischen Erkenntnisoperationen bewirkt. Sodann ist der innere Widerspruch zu erarbeiten, in den die analytische Rechtstheorie infolge dieser Lückenhaftigkeit gerät. Schließlich ist der forschungspraktische Stellenwert zu verdeutlichen, welcher sich aus dieser methodischen Lückenhaftigkeit und Widersprüchlichkeit für die analytische Rechtstheorie ergibt.

2.21 Methodische Folgewirkungen

2.211 Die Lückenhaftigkeit der Erkenntnisoperationen analytischer Rechtstheorie

Wir haben gesehen, daß die analytische Rechtstheorie nur dann nach analytischen Maßstäben objektiv und wertneutral verfahren kann, wenn sie die Unabhängigkeit ihrer Erkenntnisoperationen von der konkreten Rechtswirklichkeit postuliert; ebensowenig wie das erkennende Subjekt seine lebenspraktischen Erfahrungen in die Analyse einbringen kann, vermag die analytische Rechtstheorie bei der Bestimmung ihres Objektbereichs den praktischen Bezug zu berücksichtigen, in dem ihr Forschungsobjekt als Teil der konkret erlebten Wirklichkeit steht[1]. Wenn dem so ist, stellt sich die Frage, wie die analytische Rechtstheorie dann überhaupt ihren *spezifisch rechtlichen* Objektbereich ermitteln

---

[22] Die Unfähigkeit der Basisdisziplinen analytische Rechtstheorie und Rechtsphilosophie, die Rechtswirklichkeit als solche zu erfassen, kommt nach Cerroni dadurch zum Ausdruck, daß jene Disziplinen das Recht als ein „zwieschlächtiges" Phänomen darstellen. Die Zwieschlächtigkeit der Darstellung des Rechts besteht darin, daß, begreift man es rechtsphilosophisch als Wert, es keine positive Gestalt annimmt und in die Ethik zurückfließt, begreift man es hingegen als Positivität, es keinen Wert annimmt und so in die Naturhaftigkeit der Gewalt abflacht. Vgl. hierzu Cerroni, Marx, S. 29, 32 ff.; Kaufmann, Wozu Rechtsphilosophie, S. 22 f.

[1] Vgl. dazu oben zu 2.1.

und aus der Fülle möglicher Forschungsgegenstände ausgrenzen kann. Diese Fragestellung mag auf den ersten Blick trivial erscheinen. Der Nachdruck, mit dem ich gleichwohl hierauf insistieren möchte, beruht indessen gerade auf der Notwendigkeit, die scheinbare Trivialität ernst zu nehmen.

Zur Beantwortung der Frage, wie der rechtstheoretische Gegenstandsbereich mit Hilfe analytischer Methoden zu bestimmen sei, genügt es nicht, wie bisher die Beziehung der analytischen Rechtstheorie zur Rechtswirklichkeit im allgemeinen zu untersuchen; es ist vielmehr erforderlich, nunmehr auf jene besondere Dimension der Rechtswirklichkeit einzugehen, welche die analytische Rechtstheorie sich zur Untersuchung vorgibt: die Sprachlichkeit des Rechts. Gefragt ist an dieser Stelle mithin nach der Möglichkeit, mit Hilfe der wertneutralen Methode der analytischen Rechtstheorie die Eigentümlichkeit des rechtstheoretischen Gegenstandes Rechtssprache und seine spezifische Differenz zu anderen Sprachsystemen zu ermitteln.

Wenngleich rechtliche Sprachgebilde durch analytische Operationen in chiffrierte Zeichencodes übersetzbar sind, so ist die Rechtssprache selbst doch kein symbolsprachlicher Zeichencode[2]. Als Fachsprache, die dazu bestimmt ist, Sozialbeziehungen verbindlich und intersubjektiv einsehbar zu gestalten, ist die Rechtssprache auf das Medium der gesprochenen und verstandenen Umgangssprache angewiesen[3]. Da die analytische Rechtstheorie als Theorie des Rechts jedoch die *Rechts*sprache und nicht die Umgangssprache im allgemeinen oder irgendein anderes System fachsprachlicher Aussagen untersucht, muß sie angeben, inwiefern sich die von ihr zu analysierenden Aussagen von umgangssprachlichen Aussagen nicht-rechtlichen Inhalts unterscheiden, mit anderen Worten, sie muß ermitteln, was die genuin rechtliche Qualität der von ihr zu untersuchenden Sprachgebilde ausmacht. Den Methoden und Ergebnissen der analytischen Rechtstheorie kommt also keine Geltung an sich zu, sie gelten vielmehr immer in bezug auf das Recht, wie es in einer bestimmten geschichtlichen und gesellschaftlichen

---

[2] Vgl. etwa Henkel, Rechtsphilosophie, S. 51, der a.a.O. betont, daß das Recht „weder durch ein Code besonderer Zeichen und Formeln — wie sie z. B. in der Mathematik verwandt werden — noch in einer fremden Sprache verkörpert werden" kann, sondern „in seinem sprachlichen Ausdruck auf die in der Sozietät gesprochene Sprache bzw. eine Mehrheit solcher Sprachen" angewiesen ist.

[3] Vgl. Hassemer, Tatbestand und Typus, S. 65 f. Der Begriff Umgangssprache ist insofern mißverständlich, als er gemeinhin im Gegensatz zu ‚Fachsprache' Verwendung findet, dieser Gegensatz aber hier gerade nicht ins Gewicht fällt. Wenn hier gleichwohl jener Begriff verwandt und in einem weiteren, die nicht symbolisierte Fachsprache einschließenden Sinne, verstanden wird, so deshalb, weil andere Termini wie ‚lebendige Sprache' oder ‚Sprechsprache' noch weniger präzise sind.

Situation in der Umgangssprache schriftlich fixiert ist und mündlich artikuliert wird. Wegen ihrer Beschränkung auf eine formallogische Strukturanalyse kann die analytische Rechtstheorie zwar von den jeweiligen inhaltlichen Implikationen der untersuchten Rechtssätze und juristischen Aussagen absehen. Dies besagt indessen nur, daß in der höchsten Allgemeinheit der formallogischen Abstraktion sämtliche spezifischen Differenzen innerhalb der Klasse rechtlicher Aussagen verschwinden; nicht aber verschwindet die prinzipielle Bezogenheit der formallogisch-theoretischen Aussagen auf rechtliche Aussagen überhaupt. Wie immer formalisiert die metasprachlichen Sätze analytischer Rechtstheorie sein mögen, als Sätze über Rechtsaussagen involvieren sie notwendig eine korrekte inhaltliche Vorstellung darüber, worin die spezifisch rechtliche Qualität der von ihr untersuchten umgangssprachlichen Aussagen besteht[4].

2.2111 Die Unzulänglichkeit der analytischen Methode zur Ermittlung des rechtlichen Bedeutungsgehalts umgangssprachlicher Aussagen

Daß eine explizite Vorstellung über die rechtliche Qualität, das heißt den spezifisch rechtlichen Bedeutungsgehalt, von Aussagen entwickelt werden muß, bevor eine rechtstheoretische Analyse der formallogischen Strukturbeziehungen jener Aussagen unternommen werden kann, wird von den Vertretern der analytischen Rechtstheorie grundsätzlich anerkannt[5]. Allerdings meinen diese, jene Vorstellung könne wertneutral mit Hilfe der analytischen Methode der empirischen Deskription erlangt werden. Da sich rechtliche Aussagen durch empirische Deskription unvoreingenommen erfassen und von anderen Aussagesystemen eindeutig abgrenzen ließen, gewährleiste das empirisch-deskriptive Erkenntnisschema eine korrekte Anknüpfung der in der Ebene der Metasprache vorzunehmenden rechtstheoretischen Erkenntnisoperationen an die objektsprachlichen rechtlichen Aussagen[6]. Der rechtliche Bedeutungsgehalt bestimmter umgangssprachlicher Aussagen könne im analytischen Sinne objektiv erkannt werden, weil rechtliche Aussagen sich eben in der Umgangssprache als solche auswiesen; eine rechtliche Aussage bezeichne sich selbst als „Recht" und könne daher mit der Methode der empirischen Deskription unparteiisch als geeignetes Objekt der rechtstheoretischen Analyse ermittelt werden[7].

---

[4] Vgl. hierzu bereits oben zu 1.233 sowie Schmidt, Die Neutralität, S. 96 Fußnote 2.
[5] Vgl. etwa Schmidt, Die Neutralität, S. 96 Fußnote 2.
[6] Zur Unterscheidung zwischen Objekt- und Metasprache vgl. oben zu 1.21.
[7] Vgl. dazu oben zu 1.233.

2.2 Folgewirkungen der Verformung des Rechts

Diese Argumentation ist indessen nur zwingend, wenn eine Prämisse zutrifft, die durch die Argumentation impliziert wird: die Prämisse nämlich, daß die Zeichen der Umgangssprache immer dasselbe bedeuten, daß also jedem Sprachzeichen ein von der jeweiligen Sprechsituation unabhängiger Bedeutungsgehalt zukommt. Erst durch das — bewußte oder unbewußte — Akzeptieren dieser These, mit dem Sprachzeichen sei eine konstante Bedeutung mitgesetzt[8], entsteht der Eindruck, man könne die Bedeutung des Zeichens ohne weiteres aus diesem selbst entnehmen[9]; die Zeichenverknüpfungen, die wir „Aussagen" oder „Sätze" nennen, sind dann insofern *ein*-deutig, als ihnen eine endliche Zahl invarianter Bedeutungsgehalte zugeordnet scheint[10]. Die Möglichkeit einer im analytischen Sinne objektiven Beschreibung des rechtlichen Bedeutungsgehalts umgangssprachlicher Aussagen ist daher nur gegeben, wenn die rechtliche Bedeutung einer Aussage bereits durch die Aussage selbst, das heißt durch ihre Bezeichnung, eindeutig indiziert ist[11]. Nur wenn diese Prämisse zutrifft, stellen sich bestimmte umgangssprachliche Aussagen *per se* als rechtlich dar, nur unter dieser Voraussetzung erscheint die rechtliche Qualität einer Aussage als deren inhärente Eigenschaft, die man aus ihrer sprachlichen Formulierung

---

[8] Vgl. Lipps, Untersuchungen, S. 73: „Daß das Wort *etwas bedeutet* bzw. eine *bestimmte Bedeutung hat,* scheint zu besagen, eine solche Bedeutung gehöre zu ihm, sei so mit ihm verbunden, daß das Wort verstehen dasselbe sei wie: die zum Wort gehörige Bedeutung auch seinerseits damit zu verbinden."

[9] Dies drückt Husserl folgendermaßen aus: „Was ‚Bedeutung' ist, das kann uns so unmittelbar gegeben sein, wie uns gegeben ist, was Farbe und Ton ist. Es läßt sich nicht weiter definieren, es ist ein deskriptiv Letztes." Vgl. Husserl, Logische Untersuchungen, S. 183.

[10] Insofern besteht eine Parallelität zur positivistischen Version der juristischen Auslegungslehre, vgl. hierzu Kaufmann, Die ipsa res iusta, S. 38 f.: „Da der Positivismus alles, was außerhalb des Textes ist, exkludiert, gibt er vor, die Antwort auf die Frage, ob der Text einen bestimmten Sachverhalt ‚meint', durch ‚Auslegung' im Text selbst zu finden."

[11] Hruschka bezeichnet dies als das „Dogma vom Insichselberstehen des positiven Rechts", vgl. Hruschka, Das Verstehen, S. 14 und passim. Jenes Dogma besteht darin, daß es „den ‚Sinn' oder die ‚Bedeutung' eines Textes selbst als eine Qualität oder jedenfalls doch wie eine Qualität dieses Textes (begreift), d. h. der ‚Sinn' wird als eine faktische oder quasi-faktische, als eine positive und quasi-positive Eigenschaft des Textes aufgefaßt", so Hruschka, Das Verstehen, S. 28. Der Rechtspositivismus, der jenes Dogma teilt, ist solchermaßen zu der „Annahme gezwungen, daß der rechtliche ‚Sinn' die jeweils als ‚positives Recht' bezeichneten Sätze nicht transzendiert, sondern ausschließlich entweder in ihnen enthalten ist oder ihnen doch wenigstens anhängt. Er impliziert notwendig eine Theorie von der Immanenz des ‚Sinnes' im ‚positiven Recht', und die ‚positiven' Rechtssätze können danach eben deswegen verstanden werden, weil sie ‚sinnvoll', d. h. ‚voll von Sinn' in des Ausdrucks wörtlicher Bedeutung, oder weil sie zumindest ‚Sinnträger' sind, d. h. Vehikel zur Beförderung des an ihnen und an ihnen allein haftenden ‚Sinnes'", so Hruschka, Das Verstehen, S. 18 f.

2.21 Methodische Folgewirkungen

ohne subjektives Zutun und ohne Rekurs auf die Situation ihrer Äußerung einfach „ablesen" kann[12].

Im Unterschied zum kunstsprachlichen Zeichencode, wo die Bedeutung eines Zeichens von vornherein definitorisch festgesetzt ist, gilt diese Voraussetzung für die Umgangssprache gerade nicht. Hier ist mit dem Zeichen die Bedeutung des Zeichens noch nicht ausgemacht: in verschiedenen Entstehungssituationen kann ein Zeichen Verschiedenes bedeuten, verschiedenen Inhalt haben[13]. Tradierte sprachliche Bezeichnungen können im Medium der Umgangssprache nuanciert, schöpferisch neuverstanden und in ihrer Bedeutung verändert werden. Ebenso wie eingeübte Sprachspiele sich in veränderten Sprechsituationen unter Umständen als obsolet erweisen, lassen sich zur Bewältigung eines aktuellen Konflikts Sprechakte bisher unbekannten Inhalts prägen und in den gesellschaftlichen Kontext einführen. Eine Aussage, der bislang keine rechtliche Bedeutung zugeschrieben worden ist, kann daher in einer veränderten Situation als rechtliche Aussage interpretiert werden; umgekehrt mag einer Aussage, die in einem früheren Verwendungszusammenhang rechtlich relevant war, in dem aktuellen Kontext kein rechtlicher Gehalt mehr zukommen. Wie immer die konkrete Bedeutung einer Aussage ausfallen mag: der Bedeutungsgehalt der Aussage ergibt sich jedenfalls nicht bereits aus deren Bezeichnung, sondern bildet sich erst im Zusammenhang mit ihrer Verwendung in einer je besonderen Sprechsituation[14].

Dies gilt für die schriftlich fixierte gleichermaßen wie für die mündlich artikulierte Aussage. Zwar bewirkt die Schriftlichkeit eine Ablö-

---

[12] Diese Problematik ist nicht für die Rechtstheorie spezifisch; zu den gleich gelagerten Problemen in der Metaethik bzw. in der Kriminalsoziologie vgl. Lenk, Der ordinary language approach, S. 199 sowie Kunz, Der labeling approach, S. 418 f.

[13] Hassemer, Tatbestand und Typus, S. 68. Die Bedeutungen umgangssprachlicher Ausdrücke sind also eine „Hindeutung auf die Besonderheiten des Lebens, aus denen sie (die Ausdrücke, K.-L. K.) hervorgegangen sind", so Dilthey, Der Aufbau, S. 206. Vgl. hierzu auch Schaff, Über die Eigenart, S. 196 ff.

[14] So auch Hassemer, Tatbestand und Typus, S. 67 ff.; Hruschka, Das Verstehen, S. 48; Horn, Rechtssprache und Kommunikation, S. 34 ff.; Stone, Law, S. 59, 63 f. Vgl. hierzu auch Parain-Vial, Logique juridique, S. 171 ff. Hruschka glaubt allerdings, dieses Ergebnis nicht unmittelbar aus der Situationsabhängigkeit der Rechtsqualität von Aussagen, sondern aus der Bezogenheit rechtlicher Aussagen auf „die Sache Recht" herleiten zu können, vgl. Hruschka, Das Verstehen, S. 56 ff.; der Begriff ‚Die Sache Recht' scheint mir indessen zumindest unglücklich gewählt, da das Recht der Rechtssprache nicht wie eine Sache schlechthin vorgegeben ist, sondern selbst durch den Modus der Sprachlichkeit bestimmt ist und sich daher nur in der sprachlichen Vermittlung als Recht eröffnet. Zu dem allgemeinen Problem der Bedingtheit der Sprache durch Außersprachliches vgl. Gadamer, Wahrheit und Methode, S. 450.

sung der Aussage von ihrem Vollzug[15]; insofern scheint das schriftlich Überlieferte anders als das mündlich Gesagte von einer gewissen Zeitlosigkeit, es hat lediglich eine „abstrakte Zeit"[16]. Dieser Eindruck wird im Bereiche der Rechtswissenschaft noch dadurch verstärkt, daß hier mündliche Aussagen in der Regel in bezug auf konkrete Situationen artikuliert werden, während man mit schriftlichen Rechtsaussagen gewöhnlich die Vorstellung von abstrakten, für eine unbestimmte Vielzahl von Fällen gültigen Normen verbindet. Auch der Bedeutungsgehalt einer schriftlich fixierten Rechtsaussage kann indessen nicht einfach aus deren Schriftform entnommen werden; um die Bedeutung der schriftlichen Aussage verständlich zu machen, muß sie ebenfalls einer konkreten lebenspraktischen Situation — der „Schreibsituation" (Hassemer)[17] — zugeordnet und insofern in ihren Entstehungszusammenhang zurückversetzt werden[18]. Dies meint Gadamer, wenn er ausführt, alles Schriftliche sei eine Art entfremdete Rede und bedürfe einer Rückverwandlung des Textes in Rede und Sinn[19].

Da die Bedeutung sprachlicher Aussagen nicht ein für allemal festliegt, sondern sich im Kontext der Rede jeweils neu konstituiert, ist eine nach analytischen Maßstäben objektive Erfassung der Bedeutungsgehalte grundsätzlich ausgeschlossen. Eine analytisch objektive Bestimmung der Bedeutungen von Aussagen würde ja voraussetzen, daß man die Summe der Fälle kennt, in denen bestimmte Bedeutungen bestimmten Aussagen korrekt zugeordnet sind[20]. Da aber die „Fälle", bei denen eine Ermittlung des Bedeutungsgehalts anzusetzen hat, in Wirklichkeit lebenspraktische, geschichtlich je einmalige Situationen sind, ist ihre Summe nicht endlich, sondern prinzipiell unendlich; dementsprechend sind die Aussagen, die nur situationsgebunden im jeweiligen Kontext der Rede eine Bedeutung erlangen, grundsätzlich offen für andere Bedeutungszuschreibungen in veränderten lebensprakti-

---

[15] Gadamer, Wahrheit und Methode, S. 367.
[16] So Husserl über die Gesetzesnorm, vgl. Husserl, Recht und Welt, S. 79.
[17] Hassemer, Tatbestand und Typus, S. 68 Fußnote 10.
[18] Dies gilt uneingeschränkt für die objektive wie für die subjektive juristische Auslegungstheorie. Auch wenn man mit der objektiven Theorie annimmt, nicht der subjektive Wille des Gesetzgebers, sondern der objektive Sinngehalt des Gesetzes sei maßgebend, muß die Gesetzesnorm zunächst aus der Situation ihrer Entstehung heraus verstanden werden. Eine ganz andere Frage ist dann, ob bei der Auslegung mehr auf die dem Gesetz vom historischen Gesetzgeber beigemessene Bedeutung oder mehr auf den Bedeutungsgehalt, der mit der Norm in der aktuellen Situation „objektiv" verbunden wird, abzustellen ist; erst hier tritt die Diskussion um die subjektive oder objektive Auslegungstheorie in ihr Recht. Ähnlich: Hassemer, Tatbestand und Typus, S. 86 f.
[19] Gadamer, Wahrheit und Methode, S. 368, 371.
[20] Vgl. Hassemer, Tatbestand und Typus, S. 67.

2.21 Methodische Folgewirkungen

schen Situationen. Hierin besteht die Variabilität und Flexibilität der Umgangssprache.

Es ist deshalb bereits mißverständlich, von *der* Umgangssprache bzw. *der* Rechtssprache schlechthin zu reden. Diese Ausdrucksweise erweckt den soeben kritisierten Schein, die Sprache sei ein statisches Kompendium von Aussagen mit konstanten Bedeutungsgehalten. Korrekter wäre es, von der in einer jeweiligen Sprechsituation verwandten Umgangssprache bzw. von den in je bestimmten lebenspraktischen Situationen verfaßten oder geäußerten rechtlichen Aussagen zu reden. Dies ließe deutlich werden, daß die sprachlichen Bedeutungsgehalte nicht als fertige „vorhanden" sind, sondern nur situationsbezogen in immer neuen Perspektiven „gesehen" und „gedeutet" werden können[21]; zugleich würde damit klargestellt, daß eine Aussage nicht — wie die analytische Rechtstheorie voraussetzt — an sich rechtlich ist, sondern ihre rechtliche Qualität nur in bestimmten Kontexten, Situationen und Lebensformen erhält[22]. Die zur Bestimmung des rechtstheoretischen Gegenstandsbereichs erforderliche inhaltliche Vorstellung von dem rechtlichen Bedeutungsgehalt einer Aussage kann somit nicht unabhängig von dem praktischen Kontext entwickelt werden, in dem die Aussage in Erscheinung tritt. Eine Aussage läßt sich nur dann als rechtlich identifizieren, wenn mit ihr die Intention verbunden ist, konkrete gesellschaftliche Situationen sachrichtig zu gestalten und dieser intentionale Gehalt der Aussage im Rahmen einer spezifischen Gesellschaft als rechtlich relevant anerkannt ist[23]. Um eine Aussage in ihrer rechtlichen Bedeutung erfassen zu können, muß sie also einem lebenspraktischen Zusammenhang zugeordnet werden; erst durch diese Lokalisierung in einem konkreten gesellschaftlichen und geschichtlichen Kontext wird die rechtliche Intention und Relevanz einer Aussage erkennbar.

In der von der analytischen Rechtstheorie vorausgesetzten Eindeutigkeit der Sprache im Sinne einer Bedeutungskonstanz rechtlicher Aussagen zeigt sich erneut der idealistisch-abstrakte Charakter der rechtstheoretischen Gegenstandsbestimmung. Um das spezifisch Rechtliche einer Aussage einfach aus dieser selbst entnehmen zu können,

---

[21] Vgl. Hassemer, Tatbestand und Typus, S. 80.
[22] Vgl. Lenk, Der ordinary language approach, S. 199 sowie Lipps, Untersuchungen, S. 131 f.: „Nicht stehen individuelle Gegenstände allgemeinen Begriffen gegenüber, sondern ... die Wirklichkeit den Griffen, in denen sie gesichtet wird. Schullogik freilich mußte es darauf ankommen, einen *Begriff* des ψόδε ψῖ als des zunächst und — wie man meint — auch fraglos Gegebenen durch Komplettierung wenigstens der Idee nach als möglich anzusetzen. Eine unmögliche Aufgabe. Die Wirklichkeit ist nichts Fertiges. Man verkannte die prinzipielle Vorläufigkeit dessen, was etwas im Rahmen der Wirklichkeit ‚ist', woraufhin es aufgenommen und zugespitzt wird."
[23] Vgl. Hruschka, Das Verstehen, S. 65.

muß die analytische Rechtstheorie unterstellen, umgangssprachliche Aussagen ließen sich von ihrem Situationsbezug isolieren und in ihrer reinen, von aller lebenspraktischen Zutat gereinigten Form vorfinden. Durch diese Unterstellung, Aussagen könnten „auf sich gestellt"[24] und insofern aus der konkreten geschichtlichen und gesellschaftlichen Wirklichkeit herausgelöst werden, erscheinen die zu untersuchenden Aussagen als eine von dem lebenspraktischen Kontext ihrer Äußerung unabhängige, zu einem bloßen Gegenstand der Vorstellung idealisierte Objektivität[25]. Die Notwendigkeit, um der geforderten Wertneutralität willen im rechtstheoretischen Erkenntnisakt von der konkreten Rechtswirklichkeit absehen zu müssen, hat daher zur Folge, daß die analytische Rechtstheorie die sprachliche Dimension der Rechtswirklichkeit auf die ideelle Ebene eines autonomen Systems von Aussagen reduziert, in der der konkrete Bezug der Aussagen auf je besondere Sprechsituationen gar nicht erscheint, obwohl doch erst die lebenspraktische Bezogenheit auf spezifische geschichtlich-gesellschaftliche Situationen die Aussagen in einen rechtlichen Zusammenhang versetzt.

Die inhaltliche Einsicht, daß eine Aussage in der Lebenspraxis einer bestimmten Gesellschaft Richtigkeit für sich beansprucht und im Rahmen dieser Gesellschaft als rechtliche Aussage anerkannt ist, entzieht sich daher dem methodischen Instrumentarium der analytischen Rechtstheorie; da diese die konkrete Rechtswirklichkeit von vornherein aus dem rechtstheoretischen Problemzusammenhang ausblendet, vermag sie den lebenspraktischen Kontext, in dem rechtliche Aussagen stehen und durch den sie zu allererst als solche erkennbar werden, nicht zu berücksichtigen. Als Zwischenergebnis ist demnach festzuhalten, daß die von der analytischen Rechtstheorie zur Bestimmung ihres Objektbereichs verwandte Methode der empirischen Deskription den situativen Zusammenhang, in dem sich Aussagen als rechtlich darstellen, nicht erfassen kann und darum nicht geeignet ist, den spezifisch rechtlichen Gehalt von Aussagen zu ermitteln.

---

[24] Lipps, Untersuchungen, S. 71.
[25] Vgl. dazu oben zu 2.1. Ganz in diesem Sinne bemängelt Friedmann die Analytical Jurisprudence, vgl. Friedmann, Legal theory, S. 270: „The limitation of this type of juristic analysis lies in the assumption that such concepts as ‚right', ‚property', ‚Corporate personality', ‚posession' and hundreds of others have a fixed and static meaning. A challenge to this approach to the analysis of legal concepts has come both from the modern science of semantics and from certain trends in contemporary philosophy. In their classic work on ‚The Meaning of the Meaning', first published in 1923, Odgen and Richards challenged the widely held assumption that words have a real existence in themselves. They are, in fact, a special class of symbols, the most important class of signs used in thinking and communication. Words and verbal analysis therefore receive meaning only by reference to an object or a situation in the real world (called ‚referent' by Odgen and Richards)."

2.2112 Die Angewiesenheit der analytischen Rechtstheorie auf die nicht-analytische Methode hermeneutischen Sinnverstehens

Die soeben angestellten Überlegungen zum Zusammenhang von Sprachbedeutung und Sprechsituation haben gezeigt, daß der Bedeutungsgehalt einer Aussage nur unter Berücksichtigung der konkreten Sprechsituation erkennbar wird; das Herauslösen einer Aussage aus ihrer jeweiligen Entstehungssituation verhindert eine korrekte Bestimmung ihres Bedeutungsgehalts[26]. Da die analytische Rechtstheorie der Entstehungssituation nicht Rechnung trägt und dies aus den erörterten methodischen Gründen auch nicht tun kann, ist die Methode der analytischen Rechtstheorie lückenhaft. Um den rechtlichen Bedeutungsgehalt von Aussagen ermitteln zu können, muß die analytische Rechtstheorie demnach auf eine nicht-analytische Methode rekurrieren, die die Aussagen in ihrem konkreten Entstehungszusammenhang erfaßt und ihnen aus ihrem jeweiligen Kontext eine Bedeutung abgewinnt.

Nach analytischen Maßstäben hat die gesuchte Methode offenbar etwas Unmögliches zu leisten. Da die Bedeutungsgehalte umgangssprachlicher Aussagen auf jeweils besondere lebenspraktische Situationen verweisen und sich im situationsgebundenen Vollzug der Aussagen je und je neu realisieren, besteht die Sprachbedeutung nicht unabhängig von der konkreten Sozialwirklichkeit, die wir als Menschen in spezifischen gesellschaftlichen und geschichtlichen Situationen erleben und mitgestalten. Sprachliche Bedeutungen korrelieren mit konkreten lebenspraktischen Situationen, in denen den Bedeutungen im Medium der Sprache Ausdruck verliehen wird. Dieses Abhängigkeitsverhältnis von Sprache und konkreter gesellschaftlicher Wirklichkeit ist ein wechselseitiges: ebenso wie die Sprachbedeutung von der lebenspraktischen Situation ihrer Äußerung abhängig ist, wird umgekehrt die Sprechsituation durch die Sprachbedeutung mitkonstituiert[27]. Die Sprache ist also kein totes Instrument zur Übermittlung von Informationen; sie ist vielmehr ein wesentlicher Teil der praktischen menschlichen Tätigkeit[28], mit welchem der Mensch sich der Welt

---

[26] In Abstraktion von der Sprechsituation ist allenfalls die lexikalische Bedeutung zu ermitteln, indem man aufzeigt, was ein Wort bzw. eine Aussage alles bedeuten kann, vgl. Hassemer, Tatbestand und Typus, S. 69; dies ist allerdings nur möglich, wenn man das Sprachgefüge — hypothetisch — den Sprechsituationen zuordnet, in denen es möglicherweise Verwendung finden könnte.
[27] Hassemer, Tatbestand und Typus, S. 70.
[28] Dies aktive Moment der Sprache findet in der modernen Linguistik und Sprachphilosophie mehr und mehr Beachtung; exemplarisch seien hier die Sprechakttheorie von Searle und die Sprachphilosophie von Austin genannt, vgl. Searle, Sprechakte; Austin, Zur Theorie. Zur Sprache als Teil der menschlichen Praxis vgl. auch Rossi-Landi, Sprache als Arbeit, S. 132 ff.

2.2 Folgewirkungen der Verformung des Rechts

bemächtigt, ja sich unter Umständen seine eigene Welt überhaupt erst schafft[29]. In gleichem Maße, wie die Sprache in ihrer jeweiligen Bedeutung durch die konkrete Wirklichkeit konstituiert wird, ist die Sprache somit ihrerseits eine Konstituante der Wirklichkeit[30]. Die Methode, welche sprachliche Aussagen in ihrem jeweiligen Bedeutungsgehalt erschließen will, kann demzufolge nicht, wie die analytische Methode dies in der idealistischen Tradition der Philosophie Hegels tut, die sprachliche Dimension der Wirklichkeit von der konkreten, situationsgebunden erlebten Realität abtrennen und damit idealisieren; sie muß vielmehr unmittelbar bei einer Analyse der sprachlich vermittelten Wirklichkeit in ihrer Konkretheit ansetzen — ein Unterfangen, das die Anhänger der analytischen Philosophie für unmöglich erachten[31].

Aus der Einsicht, daß jenes Unternehmen mit den Mitteln der analytischen Methode nicht bewerkstelligt werden kann, folgt freilich nicht — wie man aus analytischer Sicht annehmen müßte[32] — die Unmöglichkeit seiner methodischen Durchführbarkeit überhaupt; im Gegenteil: die tagtägliche Erfahrung des Gelingens sprachlicher Kommunikation zeigt, daß wir uns im Medium der Sprache gewöhnlich sehr wohl korrekt verständigen, und das heißt: Sprachgefüge in ihrem jeweiligen Bedeutungsgehalt angemessen erfassen. Da wir somit im vorwissenschaftlichen Bereich sprachlichen Sinn adäquat aufnehmen und vermitteln, muß auch eine wissenschaftliche Bewältigung jenes Problems prinzipiell möglich sein, nur eben mit einer anderen Methode als derjenigen der analytischen Philosophie oder Rechtstheorie.

Die Verfahrensweise, welche eine methodische Erfassung der Sprache in ihrem jeweiligen konkreten Kontext und damit auch eine Ermittlung des kontextgebunden sich bildenden rechtlichen Bedeutungsgehalts von Aussagen ermöglicht, ist diejenige des hermeneutischen Sinnverstehens[33]. Die Methode hermeneutischen Verstehens sprachlicher

---

[29] Man denke nur an radikale Gruppierungen wie die Baader-Meinhoff-Organisation, die sich durch vom gewöhnlichen Sprachgebrauch abweichende Sprachschöpfungen von der Umwelt bewußt abkapseln und sich so ein eigenes, realitätsfernes Weltbild schaffen.

[30] Kaufmann, Die Geschichtlichkeit, S. 87. Daß die Sprache eine Konstituante der Wirklichkeit ist, bedeutet meines Erachtens freilich nicht, daß die gesellschaftliche Realität gänzlich in der Dimension der Sprache aufgeht.

[31] Vgl. dazu oben zu 2.1.

[32] So jedenfalls, wenn man die Grundthese der analytischen Philosophie akzeptiert, die Realität sei entweder mit Hilfe der empirisch-analytischen Wissenschaften zu ermitteln oder aber überhaupt nicht wissenschaftlich erkennbar, vgl. dazu oben zu 1.22.

[33] Die Begriffe ‚Verfahrensweise' bzw. ‚Methode' werden hier bewußt verwandt, um anzudeuten, daß es sich beim hermeneutischen Verstehensakt meines Erachtens um eine wissenschaftliche Operation und nicht um die bloße Anwendung einer „Kunstlehre" — so aber Dilthey — handelt. Zur

2.21 Methodische Folgewirkungen

Sinngehalte setzt an bei dem jeweiligen realen Entstehungszusammenhang des auszulegenden Sprachgefüges. Anders als die analytische Methode, die vom Entstehungszusammenhang abstrahiert und sich das Sprachgefüge als autonome Entität vorgibt[34], berücksichtigt das hermeneutische Verstehen von vornherein den lebenspraktischen Horizont, welcher den Sprechakt in der Situation seiner Äußerung umgibt.

Die hermeneutische Ermittlung des Sinngehalts eines Sprechakts im Lichte der historischen Genesis des Akts in einer realen Situation ist von der analytischen Erkenntnisoperation verschieden, ja sie ist dieser gegensätzlich strukturiert. Die Erörterung der Verformung des Rechts im analytisch-rechtstheoretischen Erkenntnisakt hat ergeben, daß die methodische Unterstellung, das erkennende Subjekt könne sich bei der Erkenntnisgewinnung von seinen lebenspraktischen Bezügen lösen und die Realität wertneutral erfassen, eine Idealisierung der Realität im Erkenntnisakt bewirkt; aufgrund dieser Unterstellung kann nur die idealisierte Form der Wirklichkeit, nicht aber die gesellschaftliche Wirklichkeit in ihrer Konkretheit — und damit auch nicht die reale Entstehungssituation eines Sprechakts — methodisch erfaßt werden[35]. Da die hermeneutische Methode hingegen die konkrete Realität in Rechnung zu stellen hat, in der sich der Bedeutungsgehalt des auszulegenden Sprachgefüges bildet, muß sie auf jene methodische Unterstellung verzichten. Im Gegensatz zur analytischen Verfahrensweise besteht die hermeneutische Methode demnach nicht auf der Fiktion der Unabhängigkeit des Erkenntnissubjekts von der zu erkennenden Wirklichkeit, sie beläßt vielmehr das Subjekt im Erkenntnisakt ausdrücklich in den praktischen Bezügen, in die es als Mensch gestellt ist[36]. Diese Abkehr von den idealistischen Prämissen der analytischen Methode beruht auf der Einsicht, daß die konkrete historisch-soziale Realität nicht aus einer Erkenntnishaltung erfaßt werden kann, die sich fiktiv dem gesellschaftlichen Zusammenhang und dem geschichtlichen Prozeß entrückt, sondern nur aus einer solchen, die sich selbst als integraler Bestandteil jener geschichtlich-gesellschaftlichen Wirklichkeit versteht[37]. Indem die Einbezogenheit des Interpreten in einen sozialen

---

Bestimmung der Hermeneutik bei Habermas vgl. Habermas, Der Universalitätsanspruch, S. 120.

[34] Vgl. dazu oben zu 2.2111.

[35] Vgl. dazu oben zu 2.1.

[36] Zu der umgekehrten Verfahrensweise der analytischen Rechtstheorie vgl. oben zu 1.233, 2.1.

[37] Vgl. dazu oben zu 2.1. Im Unterschied zum Erkenntnissubjekt, wie es die analytische Rechtstheorie konzipiert, ist das hermeneutische Erkenntnissubjekt kein reines, von der Materie abgelöstes Bewußtsein, sondern ein Bewußtsein, welches immer in einem es transzendierenden konkreten gesellschaftlichen Kontext verflochten ist und durch diesen Kontext mitkonstituiert wird.

Zusammenhang methodisch Berücksichtigung findet, wird das konkrete geschichtliche Sein des Interpreten für den Verstehensakt konstitutiv[38]. Die hermeneutische Erkenntnisoperation erfaßt mithin die sprachlich vermittelte Wirklichkeit nicht als eine vom erkennenden Subjekt unabhängige Gegebenheit, sondern als eine Lebenspraxis, an der das Erkenntnissubjekt selbst teilhat; das Verhältnis des Interpreten zum Interpretandum ist folglich eine Relation zwischen Teil und Ganzem, nicht etwa, wie bei der analytischen Erkenntnisoperation, eine Beziehung zweier autonomer Größen[39]. Hermeneutisches Verstehen sprachlich tradierter Sinngehalte bewegt sich insofern selbst im Rahmen des lebenspraktischen Zusammenhanges der gesellschaftlichen Realität[40]; es setzt eine Gemeinschaft von Institutionen, Praktiken und Lebensformen voraus, in die der Interpret durch seine Sozialisation eingeführt worden ist[41]. Jeder Versuch, diesen praktischen Bezug, in den der Interpret gestellt ist, im Erkenntnisakt auszublenden und den Interpreten auf eine theoretisch-distanzierte Einstellung gegenüber dem Interpretandum zu verpflichten, verstellt die lebenspraktische Verbindung zwischen Interpret und Interpretandum und macht hermeneutisches Verstehen damit unmöglich.

Da die Hermeneutik somit explizit auf den konkreten, in seinen lebenspraktischen Bezügen befangenen Menschen als Erkenntnissubjekt rekurriert, kann die hermeneutische Erkenntnisoperation nicht im Sinne des analytischen Neutralitätspostulats unbefangen und wertneutral durchgeführt werden. Der Interpret hat als gesellschaftliches Wesen an der gesellschaftlichen Wirklichkeit, in der sich sprachliche Sinngehalte situativ bilden, zwangsläufig teil und kann daher den Verstehensakt nicht unbeteiligt, scheinbar neutral vollziehen; seine Erfahrungen und Neigungen, die er aufgrund seiner Herkunft, Ausbildung und sozialen Stellung in einer bestimmten Gesellschaft erworben hat, gehen als irreduzible Momente in den Verstehensakt ein[42]. Insofern ist hermeneutisches Verstehen notwendig wertbezogen: es rekurriert auf Deutungsmuster und Bewertungsstandards des Interpreten, die dieser sich in der Lebenspraxis angeeignet hat. Da hermeneutisches Verste-

---

[38] Vgl. Leicht, Von der Hermeneutik-Rezeption, S. 73.
[39] Vgl. Habermas, Erkenntnis und Interesse, S. 217; zur Autonomie des Erkenntnissubjektes gegenüber der diesem gegen-ständlichen Wirklichkeit in der analytischen Rechtstheorie vgl. oben zu 2.1.
[40] Habermas, Erkenntnis und Interesse, S. 148.
[41] Vgl. v. Wright, Erklären und Verstehen, S. 108; damit wird das soziale Problem der Sozialisationsbedingungen des Interpreten in ein methodisches umformuliert und als konstitutiver Teil der Methode betrachtet.
[42] Insofern ist der Interpret nicht unparteiischer Beobachter, sondern sozialisierter Mitspieler in dem von ihm zu interpretierenden Regelzusammenhang.

2.21 Methodische Folgewirkungen

hen untrennbar mit der lebenspraktischen Situation und dem geschichtlich-existentiellen Engagement des Interpreten verwoben ist, erschöpft es sich nicht in einem rein geistigen Akt kontemplativer Erkenntnis, es ist vielmehr eine Form der wissenschaftlichen Analyse und der praktischen Problembewältigung zugleich[43]; im Gegensatz zur analytischen Methode besteht es nicht in einem passiven Reflex des bloßen Registrierens des vom Akte der Wahrnehmung unabhängigen Sprachgefüges, sondern in einem gestaltenden Aneignen des sprachlich Überlieferten auf der Basis eigener Erfahrungen[44]. Ebensowenig wie der Interpret sprachlichen Sinn rein kontemplativ registrieren kann, vermag er sich die Situation, in welcher sich der sprachliche Sinn gebildet hat, unverstellt vorzugeben; er erschließt sich die Entstehungssituation des Sprachgefüges vielmehr notwendig perspektivisch aus der Situation, in der er sich selbst befindet und sich den Sinngehalt des auszulegenden Sprachgefüges aneignet.

Die hermeneutische Methode ist daher durch die konkrete geschichtlich-gesellschaftliche Wirklichkeit in zweifacher Weise konditioniert. Zur Ermittlung des Sinngehalts der auszulegenden Zeichenverbindung muß hermeneutisches Verstehen zum einen deren konkrete Entstehungssituation berücksichtigen. Um diesen Ausschnitt der gesellschaftlichen Wirklichkeit erfassen zu können, muß hermeneutisches Verstehen sich zum anderen rückbeziehen auf die lebenspraktische Aneignungssituation, in die der Interpret als gesellschaftliches Wesen gestellt ist. Im hermeneutischen Verstehensakt erfolgt daher eine retrospektivische Bezugsetzung der Entstehungssituation eines Sprachgefüges zu dessen Aneignungssituation; die konkrete gesellschaftliche Wirklichkeit ist bei diesem Verfahren Ausgangspunkt wie Zielpunkt der Erkenntnis, das auszulegende Sprachgefüge ist — um im Bilde zu bleiben — gewissermaßen die Brücke, welche die beiden unterschiedlichen lebenspraktischen Situationen miteinander verbindet[45].

Unsere These, das hermeneutische Verstehen eines Textes erfolge durch Bezugsetzung der praktischen Kontexte seiner Entstehung und Aneignung[46], bedarf der Erläuterung. Der Interpret kann nämlich

---

[43] Habermas, Erkenntnis und Interesse, S. 205.
[44] Vgl. Kaufmann, Die ipsa res iusta, S. 39 sowie Apel, Sprache und Wahrheit, S. 164, der a.a.O. bemerkt, man könne über die innere Form der Sprache nicht eigentlich reden, sondern letztlich nur durch Mitentwurf, durch hinhörend-„entsprechende" Vollstreckung ihrer immanenten „Energeia" die Form zum Erscheinen bringen.
[45] Vgl. Gadamer, Wahrheit und Methode, S. 274 f.: „Das Verstehen (ist, K.-L. K.) ... Einrücken in ein Überlieferungsgeschehen, in dem sich Vergangenheit und Gegenwart beständig vermitteln."
[46] Vgl. Leicht, Von der Hermeneutik-Rezeption, S. 72: „Es werden also nicht eigentlich Texte, sondern Kontexte interpretiert."

genaugenommen die Entstehungssituation als solche nicht vollkommen ermitteln. Allenfalls vermag er einige situative Komponenten wie die allgemein-geschichtlichen Bedingungen der Entstehungsperiode oder die soziale Situation des Autors in Rechnung zu stellen; eine umfassende Würdigung der Entstehungssituation in ihrer tatsächlichen Relevanz für den Bedeutungsgehalt der in ihr getätigten Aussage wäre letztlich nur möglich, wenn der Interpret diese selbst erlebt und erfahren hätte. Da die Entstehungssituation somit in ihrer geschichtlichen Einmaligkeit für den Interpreten nicht restlos erfaßbar ist, muß er sich wesentlich auf die subjektive Deutung jener Situation verlassen, welcher der Autor im Sprachgefüge Ausdruck verliehen hat. Der Interpret rekurriert daher im strengen Sinne nicht auf die Entstehungssituation, er sieht sich vielmehr der auf subjektiven Erfahrungen beruhenden Deutung jener Situation durch den Autor gegenüber[47].

Dies erhellt, daß beim hermeneutischen Sinnverstehen nicht eigentlich — wie wir zuvor verkürzt gesagt haben — konkrete Situationen, sondern situativ gewonnene Erfahrungen konkreter Subjekte miteinander vermittelt werden. Die hermeneutische Methode besitzt demnach eine *intersubjektive* Dimension; diese konstituiert sich dadurch, daß der sprachliche Sinngehalt als Ausdruck der situativen Erfahrung eines anderen Subjekts erkannt und in Beziehung gesetzt wird zu der eigenen situationsbezogen erlangten Erfahrung. Sieht der Interpret sich dergestalt den sprachlich tradierten Erfahrungen eines anderen Subjekts gegenüber, so kann er aus der eigenen Perspektive die Perspektive des Anderen aktualisieren, indem er aus seiner eigenen Erfahrung die in Sprache geronnene Erfahrung des Anderen nachvollzieht[48]. Das Auslegen des Sprachgefüges im Hinblick auf die in ihm enthaltenen Erfahrungen vollzieht sich in einer durch die Sprachsymbole vermittelten Kommunikation zwischen Autor und Interpret[49]. Diese symbo-

---

[47] Metaphorisch ausgedrückt erfaßt der Interpret die Entstehungssituation des auszulegenden Sprachgefüges mit einem zweifach getrübten Blick: er sieht sie zum einen durch die „Brille" seines eigenen Situationsverständnisses, zum anderen durch einen zusätzlichen „Brillenaufsatz" so, wie der Autor sie gesehen hat. Ähnlich: Leicht, Von der Hermeneutik-Rezeption, S. 72.

[48] Vgl. Habermas, Erkenntnis und Interesse, S. 148; ders., Theorie der Gesellschaft, S. 193 f.

[49] Vgl. Habermas, Ein Literaturbericht, S. 139 f.: „Erst der vom handelnden Subjekt vermeinte Sinn erschließt adäquat den Zugang zu einem Verhalten, das sich an einer von ihm selbst gedeuteten Situation ausrichtet. Soziales Handeln ist nicht unabhängig von einer gesellschaftlich verbindlichen Definition der Lage. Deshalb muß beobachtbares soziales Verhalten über die der unmittelbaren Beobachtung entzogene Perspektive des Handelnden selbst aufgefaßt, d. h. aber ‚verstanden' werden. Der Grundsatz der subjektiven Deutung oder besser: der verstehenden Interpretation bezieht sich auf den Zugang zu den sozialen Tatsachen, auf das Feststellen von

lische Interaktion⁵⁰ gleicht einem Zwiegespräch, mag ein Gespräch auch realiter — etwa bei einer schriftlich fixierten oder einer vergangenen Epoche entstammenden Aussage — nicht möglich sein; was diesen Vergleich dennoch statthaft erscheinen läßt, ist die Einsicht, daß die sprachlich überlieferten Bedeutungsgehalte niemals wie ein vorgegebener Gegen*stand* neutral analysiert, sondern immer nur als Ausdruck situationsbezogener Erfahrungen eines Gegen*übers* — und insofern intersubjektiv — erlebt und erschlossen werden können⁵¹.

Aus der Abhängigkeit hermeneutischen Sinnverstehens von den situationsbezogenen Erfahrungen konkreter Subjekte folgt, daß eine hermeneutische Interpretation nie nach Maßgabe eines von der Erfahrungswelt unabhängigen Kriteriums objektiv „wahr" oder „falsch", sondern immer nur intersubjektiv anerkannt und insofern verbindlich oder aber intersubjektiv nicht anerkannt und insofern unverbindlich sein kann. Im Gegensatz zur analytischen Verfahrensweise bemißt sich die hermeneutische Methode daher nicht nach einem realitätsunabhängigen — und nur deshalb analytisch eindeutigen — Wahrheitsbegriff, sondern nach einem realitätsbezogenen Geltungskriterium, das sich aus der faktischen Anerkennung der Interpretation durch andere Subjekte herleitet. Die Ergebnisse hermeneutischen Verstehens sind deshalb weder willkürlich noch im analytischen Sinne zwingend⁵²; sie sind vielmehr angemessen, sofern sie in einem Akt kollektiver Meinungs-

---

Daten. An die Stelle der kontrollierten Beobachtung tritt das Symbolverstehen; denn der subjektiv vermeinte Sinn ist allein in Zusammenhängen von Symbolen gegeben. Jener Grundsatz definiert also die Erfahrungsbasis der Handlungswissenschaften. Die Erfahrung ist hier nicht an die private Sinneswahrnehmung gebunden, deren Intersubjektivität erst im Zusammenhang mit einer Erfolgskontrolle instrumentalen Handelns (für gewöhnlich im Experiment) garantiert wird, sondern an sprachliche Kommunikation."

⁵⁰ Hier sei auf eine inhaltliche Entsprechung der Hermeneutik zu dem symbolischen Interaktionismus hingewiesen. Zur Parallelität der Entwicklungen jener beiden aus völlig unterschiedlichen Kulturkreisen und Disziplinen — den kontinentaleuropäischen ‚Geisteswissenschaften' einerseits, der angloamerikanischen Soziologie andererseits — entstammenden Methoden vgl. etwa Goffmann, Interaktionsrituale, insbes. S. 164 ff.; Schütz, Der sinnhafte Aufbau, insbes. S. 137 ff., 157 ff.

⁵¹ Aus dieser hermeneutischen Einsicht in die intersubjektive Konstitution menschlichen Spracherlebens ergibt sich nach Luhmann „ein prinzipieller Einwand gegen die Hypostasierung eines einheitlichen transzendentalen Subjekts. Ein solches könnte gar nicht objektiv erleben, weil ihm ein Horizont bereitgehaltener Perspektiven fehlte, die momentan nicht die seinen sind ... Es scheint eine Folge dieser Schwierigkeiten zu sein, daß das transzendentale Subjekt dazu tendiert, seine Subjektivität zu verlieren und zu einem einheitlich begreifbaren Zusammenhang von Regeln zu vertrocknen, die eine Mehrheit von empirischen Subjekten anwendet", so: Luhmann, Sinn als Grundbegriff, S. 51 f., Fußnote 25.

⁵² Habermas, Der Universalitätsanspruch, S. 123.

bildung durch die Zeitgenossen des Interpreten anerkannt werden. Die intersubjektive Struktur der Hermeneutik, welche den Vollzug des Verstehens als einen Verständigungsprozeß zwischen Interpret und Autor kennzeichnet, bestimmt somit zugleich das Kriterium der Gültigkeit hermeneutischen Verstehens als Resultat einer intersubjektiven Verständigung des Interpreten mit seinen Zeitgenossen[53]. Das hermeneutische Geltungskriterium setzt mithin eine Gemeinschaft kommunizierender Subjekte voraus, die sich unbeeinflußt von pratikularen Interessen und bereit zu gegenseitiger Kritik und Belehrung über die Angemessenheit der jeweiligen Interpretationen verständigen; erst auf der Grundlage einer derartigen „Interpretationsgemeinschaft" (Peirce)[54] können die Ergebnisse der hermeneutischen Ermittlung sprachlicher Bedeutungsgehalte durch einen rational motivierten Konsens als verbindlich anerkannt und in Geltung gesetzt werden[55].

Der hermeneutische Verstehensakt läßt sich damit idealtypisch bestimmen als ein normierender Prozeß intersubjektiver Verständigung: Aufgrund des durch seine Sozialisationsbedingungen geprägten Vorverständnisses entwirft der Interpret einen Vorschlag, wie der Sinngehalt des auszulegenden Sprachgefüges zu deuten sei; damit diese Deutung intersubjektive Verbindlichkeit erlangt, muß sie sodann von den Subjekten, für die jene Deutung gelten soll, in einem Akt kollektiver Meinungsbildung angenommen oder abgelehnt werden[56].

---

[53] Von da her leuchtet vollends ein, daß hermeneutisches Verstehen in einem intersubjektiven Akt der Verständigung, nicht etwa — wie Dilthey und Schleiermacher annahmen — in einem psychologischen Akt des ‚Einfühlens' besteht. Wäre Hermeneutik nichts weiter als die Kunst des einfühlenden Sich-Hineinversetzens eines einzelnen Interpreten in sprachlich tradierte Zusammenhänge, so könnte das Vorverständnis, welches der Interpret an diese Zusammenhänge heranträgt, nicht problematisiert werden; eine Überprüfung der Gültigkeit hermeneutischen Verstehens wäre damit ausgeschlossen. Vgl. hierzu Habermas, Erkenntnis und Interesse, S. 226 f.; Apel, Die Entfaltung, S. 74 ff.; v. Wright, Erklären und Verstehen, S. 38; Hruschka, Das Verstehen, S. 12 f.

[54] Zu diesem von Peirce geprägten Begriff und seiner Relevanz für die kommunikativ strukturierte Hermeneutik vgl. Apel, Einführung Schriften I, S. 24, 61; ders., Einführung Schriften II, S. 83, 102.

[55] Vgl. hierzu Habermas, Der Universalitätsanspruch, S. 123 f.; ders., Wahrheitstheorien, S. 239 ff., 258 f.

[56] Diese idealtypische Kennzeichnung des hermeneutischen Verstehensakts bedeutet freilich nicht, daß ein korrektes hermeneutisches Verstehen immer alle Phasen des idealtypischen Modells durchlaufen muß. In vielen, wenn nicht den allermeisten Fällen bedarf es keines empirischen Aktes der kollektiven Verständigung, weil das Meinungsbild hier schon so eindeutig gefestigt und im öffentlichen Bewußtsein verankert ist, daß es genügt, wenn der Interpret sich darüber mit sich selbst verständigt. Allerdings kann selbst hier der Interpret das kollektive Meinungsbild nicht als ein ein für allemal feststehendes Faktum betrachten, sondern muß dessen gewahr bleiben, daß das Meinungsbild jederzeit durch neue Meinungen in Frage gestellt und verändert werden kann.

2.21 Methodische Folgewirkungen

Damit haben wir indirekt — über den im Rahmen dieser Arbeit gebotenen Umweg einer Erörterung der Methode hermeneutischen Sinnverstehens — wesentliche Bestimmungen dafür angegeben, was Recht „ist" und wie es als Gegenstand der Rechtstheorie korrekt bestimmt werden kann. Ausgehend von unserer früheren Einsicht, daß rechtliche Aussagen ein verbindliches Postulat ausdrücken, welches in bezug auf konkrete gesellschaftliche Situationen als sachrichtig gelten soll[57], können wir nunmehr das Recht wie folgt charakterisieren: Recht findet Ausdruck in umgangssprachlichen Aussagen, welche auf der Grundlage der Erfahrung konfliktbehafteter Situationen die Wahl eines als sachrichtig bestimmten Ausweges aus diesen Situationen normativ intendieren. Diese Definition bringt zweierlei Eigentümlichkeiten rechtlicher Aussagen zum Ausdruck: Erstens die subjektive Konditioniertheit rechtlicher Aussagen durch einen Autor bzw. eine Autorengemeinschaft. Rechtliche Aussagen verweisen auf eine lebenspraktische Situation, in der der Autor soziale Konflikte erfahren hat und in der sich ihm eine Reihe möglicher Auswege aus der konfliktbehafteten Situation anbieten; sie verweisen darüber hinaus auf die subjektive Bewertung eines oder mehrere Auswege, die der Autor in der Aussage aufgreift und als sachrichtig deklariert. Neben dieser subjektiven Konditioniertheit durch den Autor besteht die zweite Eigentümlichkeit rechtlicher Aussagen darin, daß sie auf ein vom Autor in Anspruch genommenes allgemeines Prinzip der Sachrichtigkeit von Konfliktlösungen bezug nehmen[58]. Insofern ein rechtlicher Akt immer auch beansprucht, daß seine Bewertungen *gültige* Inhaltsangaben *gerechter* Konfliktlösungen sind, verweist er auf einen die subjektive Perspektive des Autors transzendierenden und gleichwohl für rechtliche Aussagen konstitutiven Sachrichtigkeitsanspruch. Der mit einer rechtlichen Aussage denknotwendig verbundene Sachrichtigkeitsanspruch statuiert die *intersubjektive Nachvollziehbarkeit* der subjektiven Sachrichtigkeitsintention des Autors. Das Spezifikum jenes Anspruchs besteht mithin darin, daß über seine Geltung durch intersubjektive Verständigung befunden werden muß: der mit einer Rechtsaussage verbundene Sachrichtigkeitsanspruch ist nur dann vollständig eingelöst, wenn der Regelungsgehalt der Aussage von den Regeladressaten im Wege intersubjektiver Verständigung als sachrichtig interpretiert und anerkannt wird. Eine rechtliche Aussage appelliert ihrem Sinne nach daher an eine die rationale Anerkennung begründende intersubjektive Verständigung über die Sachrichtigkeit des mit ihr Intendierten. Das Recht

---

[57] Vgl. dazu oben zu 1.1.
[58] Vgl. Hruschka, Das Verstehen, S. 56 ff., 65. Insofern besteht eine notwendige Verknüpfung von Recht und Gerechtigkeit, wie sie schon in dem bekannten Wort von Hobbes, daß „kein Rechtssatz ungerecht sein kann", zum Ausdruck kommt, vgl. Hobbes, Leviathan, Kap. 30, 182.

hat demgemäß argumentativen Charakter; es zielt auf die Herstellung von Intersubjektivität unter gemeinsamen Normen, welche sich im Auffordern und Zustimmen zu einer als sachrichtig interpretierten Praxis konstituiert[59]. Aus jenem argumentativen Charakter des Rechts folgt, daß die Rechtstheorie zur Ermittlung der rechtlichen Qualität einer Aussage an dem argumentativen Prozeß der Bildung und Anerkennung von Sachrichtigkeitsinterpretationen teilnehmen muß. Unterließe sie dies, den Forderungen der analytischen Philosophie entsprechend, so ginge ihr unweigerlich das Kriterium verloren, welches eine Erkenntnis des für rechtliche Aussagen eigentümlichen Sachrichtigkeitsanspruches und damit eine Ermittlung des spezifisch rechtlichen Sinngehalts von Aussagen zu allererst ermöglicht. Die Methode hermeneutischen Sinnverstehens, die wir als eine für die Rechtstheorie konstitutive Verfahrensweise bestimmt haben, verweist die theoretische Beschäftigung mit dem Recht ausdrücklich auf eine Teilnahme an dem gesellschaftlichen Prozeß der Aushandlung von Sachrichtigkeitsüberzeugungen und zeigt damit die notwendige Eingebundenheit der Rechtstheorie in die Praxis der kollektiven Meinungsbildung über Rechtsinhalte auf.

Die Teilnahme der Rechtstheorie an dem gesellschaftlichen Prozeß der Bildung und Anerkennung von Sachrichtigkeitsüberzeugungen bietet freilich keine *absolute* Gewähr dafür, daß die Sinngehalte der so zu eruierenden Aussagen tatsächlich materiale Gerechtigkeitsbedingungen erfüllen. Gerechtigkeitsvorstellungen bezüglich der Regelung ein und desselben Konfliktes können divergieren, Sachrichtigkeitsüberzeugungen einzelner, ja ganzer Gruppen, können durch Indoktrinationen manipuliert sein; wie eine Tatsachenbehauptung objektiv falsch sein kann, kann auch eine individuelle oder gar kollektive Sachrichtigkeitsüberzeugung materialiter ungerecht sein. Gleichwohl ist mit der Teilnahme an dem gesellschaftlichen Prozeß der Verständigung über Sachrichtigkeitsgehalte die Richtung aufgezeigt, in die jedes Verstehen einer Rechtsaussage sich bewegen muß. Wie bei einem Erkenntnisversuch in bezug auf Tatsachen die Möglichkeit der Erlangung wahrer Erkenntnis vorausgesetzt ist, ist bei der Bestimmung einer Aussage als Rechtsaussage immer schon die Möglichkeit des korrekten Befindens über ihre Sachrichtigkeit im Wege intersubjektiver Überzeugungsbildung vorausgesetzt. Da es hier an eindeutigen Beurteilungskriterien mangelt, kann

---

[59] Ellscheid, Zur Forschungsidee, S. 11, vgl. auch S. 16: „Jeder Akt mit Rechtsetzungsintention nimmt Legitimität für sich in Anspruch. Diesem Anspruch korrespondiert *vollständig* nur der Akt der Anerkennung von Recht *als* Recht, nicht die bloße Unterwerfung unter die Gewalt. Darin zeigt sich, daß jeder Rechtsetzungsakt seinem objektiven Sinn nach auf eine die spontane Anerkennung fundierende intersubjektive Überzeugung appelliert, also argumentativen Charakter trägt." Ähnlich: Kaufmann / Hassemer, Grundprobleme, S. 71 f.; Kaufmann, Wozu Rechtsphilosophie?, S. 20 f.

2.21 Methodische Folgewirkungen

der Rechtstheoretiker nicht für sich allein über die Sachrichtigkeit eines Regelungsgehalts verbindlich befinden, sondern ist unweigerlich auf eine Verständigung mit den Regeladressaten verwiesen; denn es ist ja gerade das Charakteristikum sachrichtiger Regelungsgehalte, daß sie nie autoritär bestimmt und verordnet werden können, sondern von den Adressaten als Ergebnis einer kollektiven Verständigung anerkannt und mitverantwortet werden müssen. Die Überzeugungsbildung innerhalb einer Gemeinschaft frei kommunizierender Subjekte ist der *einzige* Maßstab zur Erlangung gültiger Inhaltsangaben gerechter Konfliktlösungen. Mag auch de facto eine solche Gemeinschaft herrschaftsfrei kommunizierender Subjekte noch nicht voll verwirklicht sein, so rekurriert doch jeder, der sich in der geschilderten Weise unter Berücksichtigung der Sachrichtigkeitsüberzeugungen anderer sein Urteil bildet, damit bereits kontrafaktisch auf eine derartige Gemeinschaft — und trägt hierdurch dazu bei, sie zu verwirklichen[60].

Dem aufmerksamen Leser wird auffallen, daß wir die Problematik der kollektiven Meinungsbildung konkreter Subjekte als konstitutiver Teil der Methode bereits früher unter einem anderen Gesichtspunkt erörtert haben. Bei der Rekonstruktion des Paradigmas analytischer Philosophie wurde ausgeführt, daß der moderne analytische Rationalitätsbegriff notwendig eine Beschlußfassung über die Annahme bestimmter umgangssprachlicher Aussagen (der sogenannten „Basissätze") als Gegenstand der analytischen Untersuchung voraussetzt[61]. Was in der analytischen Terminologie „Beschlußfassung" genannt wird, läßt sich aufgrund unserer Ausführungen zur methodischen Struktur der Hermeneutik nunmehr präziser bestimmen als Herbeiführung eines Konsenses darüber, einer hermeneutischen Interpretation — etwa des Inhalts, eine bestimmte Aussage sei eine Rechtsaussage und darum ein

---

[60] Das Problem der Verwirklichung einer Gemeinschaft herrschaftsfrei kommunizierender Subjekte, das hier nur in aller Kürze angesprochen werden kann, ist eines der schwierigsten Probleme der modernen Philosophie. Während marxistische Philosophen nur an eine Verwirklichung im Wege gewaltsamer Änderung der sozialen Produktionsverhältnisse glauben, vertraut die philosophische Richtung, auf die hier bezug genommen wird, auf die Kraft der gewaltlosen Rede und Überzeugung. Ein Interpret, der sich durch Verständigung mit anderen sein Urteil bildet, dokumentiert damit beispielhaft die Möglichkeit herrschaftsfreier Kommunikation. Indem er von der Vernünftigkeit der Überzeugungen anderer ausgeht, fordert er dazu auf, daß auch die Anderen seine Überzeugung als vernünftig respektieren und sich mit ihr in einem rationalen, durch Machtausübung unbeeinflußten Diskurs auseinandersetzen. Auf diese Weise etabliert sich *auf lange Sicht* (Peirce: in the long run) eine Gemeinschaft frei kommunizierender Subjekte, die nach und nach alle Gesellschaftsmitglieder einbezieht. Vgl. zu diesem Gedankengang Apel, Die Kommunikationsgemeinschaft, S. 225 ff.; Habermas, Erkenntnis und Interesse, Nachwort, S. 389 ff.; ders., Wahrheitstheorien, S. 258 f.

[61] Vgl. dazu oben zu 1.22.

geeignetes Objekt rechtstheoretischer Analyse — zuzustimmen. Der analytischen Philosophie ist also die Notwendigkeit kollektiver Meinungsbildung zur Bestimmung ihres sprachlich vermittelten Objektbereichs im Prinzip keineswegs unbekannt; was sie allerdings an der methodischen Berücksichtigung jener Einsicht hindert, ist die Tatsache, daß jener normierende Meinungsbildungsakt semiotisch der pragmatischen Dimension der Verständigung von Zeichenbenutzern untereinander zuzurechnen ist und sich infolgedessen den für die analytische Methode allein maßgeblichen Dimensionen der syntaktisch-formallogischen Analyse von Sprachzeichen bzw. der semantischen Deskription des sprachlich Bezeichneten entzieht[62]. Obgleich die analytische Methode demnach den Meinungsbildungsakt voraussetzt, kann jener nicht mit Hilfe der analytischen Verfahrensweise, sondern nur mit derjenigen der kommunikativ strukturierten Hermeneutik methodisch konsistent begründet werden.

Wie wir gesehen haben, sucht die analytische Philosophie dem Dilemma, daß die intersubjektive Meinungsbildung einerseits für die analytische Methode konstitutiv ist, andererseits aber nicht analytisch erklärt werden kann, zu entgehen, indem sie die Problematik der kollektiven Beschlußfassung als unwissenschaftlich deklariert und in den Bereich nicht rational überprüfbarer „privater" Entscheidungen verbannt[63]. Spätestens hier wird nun deutlich, daß diese Strategie, die pragmatische Dimension der Verständigung von Subjekten aus der wissenschaftlichen Theoriebildung zu eliminieren, zum Scheitern verurteilt ist: der Versuch, eine dem analytischen Ideal entsprechende Rechtstheorie zu konzipieren, die von der konkreten Rechtswirklichkeit und der sich hierin vollziehenden praktischen Verständigung über Sachrichtigkeitsüberzeugungen unabhängig ist, bleibt notwendig Stückwerk; damit diese Theorie überhaupt eine Theorie des Rechts sein kann, muß sie zwangsläufig auf eine Methode rekurrieren, deren Korrektheit sich ausdrücklich an jener pragmatischen Dimension intersubjektiver Verständigung bemißt, welche die analytische Verfahrensweise zuvor zu negligieren suchte.

2.212 Die Widersprüchlichkeit der Erkenntnisoperationen analytischer Rechtstheorie

Die Ausführungen zur Lückenhaftigkeit der analytisch-rechtstheoretischen Verfahrensweise haben ergeben, daß die analytische Rechts-

---

[62] Vgl. dazu oben zu 1.22.

[63] Das damit verbundene Bemühen, die intersubjektive Meinungsbildung als individuellen, irrationalen Akt erscheinen zu lassen, kommt in der synonymen Wortverwendung von ‚Beschluß' und ‚Entschluß' bei Popper zum Ausdruck, vgl. hierzu oben zu 1.22 Fußnote 36.

2.21 Methodische Folgewirkungen

theorie ihrem Anspruch, rechtliche Aussagen als Objekt formallogischer Strukturanalyse wertneutral zu erfassen, nicht gerecht wird. Bevor eine Analyse der formallogischen Beziehungen rechtlicher Aussagesysteme durchgeführt werden kann, müssen die umgangssprachlichen Zeichenverbindungen zunächst als rechtliche Aussagen erkannt und damit als geeigneter Gegenstand rechtstheoretischer Analyse bestimmt werden; um dies zu bewerkstelligen, hat der Rechtstheoretiker methodisch völlig anders zu verfahren, als die analytische Rechtstheorie ihm dies vorschreibt:

Zur Ermittlung des rechtlichen Bedeutungsgehalts einer Aussage muß der Rechtstheoretiker *erstens* bezug nehmen auf die vom Autor mit der Aussage verbundene Intention, konkrete Sozialbeziehungen sachrichtig zu gestalten. Jene Intention ist nicht, wie die analytische Rechtstheorie unterstellt, eine objektive, aus der sprachlichen Bezeichnung ohne weiteres ablesbare Eigenschaft der Aussage: die Intention entspringt vielmehr lebenspraktischen Erfahrungen des Autors in spezifischen geschichtlich-gesellschaftlichen Situationen und kann daher nur durch ausdrücklichen Rekurs auf die situativen Erfahrungen des Autors einsichtig gemacht werden. Dieses Zurückgehen auf den lebenspraktischen Horizont des Autors, durch den die in der Aussage enthaltene Sachrichtigkeitsvorstellung geprägt ist, ist *zweitens* nur möglich aus der Perspektive persönlicher Erfahrungen und der hierdurch beeinflußten Sachrichtigkeitsvorstellung des Interpreten. Verpflichtet die analytische Rechtstheorie den Forscher auf eine „neutrale" Einstellung gegenüber den inhaltlichen Implikationen von Rechtsaussagen, so vermittelt die hermeneutische Methode die Einsicht, daß die spezifisch rechtliche Qualität von Aussagen überhaupt nur erkennbar wird, wenn der Rechtstheoretiker sich gerade nicht von seinen eigenen Erfahrungen in der Rechtswirklichkeit und seinen persönlichen Präferenzen für bestimmte Rechtsinhalte entbindet; nur wenn er sein eigenes Vorverständnis sachrichtiger Regelungen mit in Rechnung stellt, kann er die rechtliche Intention, die der Autor mit der Aussage verbunden hat, nachvollziehen und so die Aussage in ihrer rechtlichen Qualität erkennen[64]. Die Korrektheit dieses Erkenntnisvorganges bemißt sich *drittens* nicht nach einem analytisch eindeutigen Wahrheitsbegriff, sondern nach einem pragmatischen, im Wege diskursiver Verständigung herbeigeführten Konsens. Um eine Aussage definitiv als eine rechtliche Aussage bestimmen und in die rechtstheoretische Untersuchung einbeziehen zu können, muß der Rechtstheoretiker seine Vorstellung von der Sachrichtigkeit des mit der Aussage Intendierten problematisieren, indem er sich vergewissert, ob andere die Aussage auch so verstehen, wie er diese

---

[64] Vgl. Hruschka, Das Verstehen, S. 70 f.

2.2 Folgewirkungen der Verformung des Rechts

vorverstanden hat; nur durch eine derartige diskursive Verständigung kann eine Aussage in ihrer rechtlichen Qualität erkannt und als geeignetes Objekt rechtstheoretischer Analyse bestimmt werden[65]. Das für die analytische Rechtstheorie scheinbar so triviale Erfassen der rechtlichen Bedeutung von Aussagen vollzieht sich daher in Wahrheit in einem komplizierten Prozeß sozialer Interaktion, der nicht mit Mitteln der rechtstheoretischen Analyse selbst, sondern nur unter Zuhilfenahme der nicht-analytischen Methode hermeneutischen Sinnverstehens einsichtig gemacht werden kann.

Die analytische Rechtstheorie muß demnach zur korrekten Durchführung ihrer Erkenntnisoperationen auf eine Methode zurückgreifen, welche mit den grundlegenden methodischen Prämissen ihrer selbst — namentlich dem analytischen Neutralitätspostulat und der hieraus resultierenden Fiktion der Unabhängigkeit rechtstheoretischer Erkenntnis von der konkreten Rechtswirklichkeit — unvereinbar ist. Obgleich die theoretischen Ansätze der analytischen Philosophie und der Hermeneutik sich in dem dargestellten Sinne wechselseitig ausschließen, ist die analytisch konzipierte Rechtstheorie auf ein vorgängiges hermeneutisches Verstehen rechtlicher Sinngehalte angewiesen; ohne ein hermeneutisches Erfassen der spezifisch rechtlichen Qualität bestimmter umgangssprachlicher Aussagen wäre eine analytisch-rechtstheoretische Strukturanalyse weder möglich noch gültig. So widersinnig es zunächst erscheinen mag: das mit der analytischen Verfahrensweise unverträgliche Verfahren hermeneutischen Sinnverstehens ist eine notwendige Bedingung der Möglichkeit und Gültigkeit analytisch-rechtstheoretischer Erkenntnis[66]. Die Paradoxie dieser unserer Einsicht resultiert daraus, daß der analytisch orientierte Rechtstheoretiker bei der Bestimmung des Gegenstandes analytisch-rechtstheoretischer Unter-

---

[65] Auch hier gilt, daß die Verständigung bei eindeutigen und im öffentlichen Bewußtsein fest verankerten Sachrichtigkeitsüberzeugungen im Wege der Verständigung des Rechtstheoretikers mit sich selbst erfolgen kann, vgl. hierzu bereits oben zu 2.2112 Fußnote 56.

[66] Mit der Kennzeichnung des hermeneutischen Verstehens rechtlicher Sinngehalte als einer Bedingung der Möglichkeit und Gültigkeit rechtstheoretischer Erkenntnis ist klargestellt, daß die Hermeneutik nicht im Sinne eines allenfalls heuristisch relevanten Einfühlens im Vorfeld der Wissenschaft verbleibt, sondern an der Wissenschaftlichkeit der Rechtstheorie partizipiert, vgl. hierzu Apel, Szientistik, S. 104 ff., 127 Fußnote 78, 129; Kunz, Rechtstheorie, S. 22; vgl. auch Hruschka, Das Verstehen, S. 2: „Weder der herkömmliche Rechtspositivismus, der ohnehin nur zum Teil den wissenschaftstheoretischen Forderungen des ‚philosophischen' Positivismus nachkommt, noch der Neo-Rechtspositivismus können das Phänomen des Verstehens von Rechtstexten leugnen. Ihre Theoreme setzen im Gegenteil das Vorhandensein wirksamer und das heißt auch: verstandener Rechtstexte bereits voraus. Liegt es deshalb allein an ihrer verkürzten Perspektive, daß diese Theorien das Verstehen von Rechtstexten als solches gar nicht in den Blick bekommen, so ist ihr Beispiel nicht gerade nachahmenswert."

2.21 Methodische Folgewirkungen

suchung hermeneutisch verfahren und insofern den methodischen Postulaten der analytischen Rechtstheorie zwangsläufig zuwiderhandeln muß. In jener Notwendigkeit, zur Ermittlung des analytischen Gegenstandsbereichs sich über die analytischen Postulate hinwegsetzen zu müssen, besteht der *erste fundamentale Widerspruch* der analytisch-rechtstheoretischen Verfahrensweise.

Der *zweite grundlegende Widerspruch* der Verfahrensweise analytischer Rechtstheorie ergibt sich daraus, daß die analytische Rechtstheorie rechtliche Aussagen mit Hilfe des wertneutralen Verfahrens empirischer Deskription durch bloße Beschreibung zu bestimmen glaubt und infolgedessen ihre Verwiesenheit auf die normierende Methode hermeneutischen Sinnverstehens nicht anerkennt. Unsere Argumentation hat gezeigt, daß eine derartige nach analytischen Maßstäben neutrale Beschreibung rechtlicher Aussagen unmöglich ist; rechtliche Aussagen lassen sich nicht wie ein empirisches Faktum neutral beschreiben, die Erschließung ihres spezifisch rechtlichen Sinngehalts erfordert eine wertende Stellungnahme zur Sachrichtigkeit des mit der Aussage Intendierten und mündet in einen Interpretationsvorschlag, der als Gegenstand kollektiver Beurteilung akzeptiert oder verworfen werden kann. Die Erkenntnis einer rechtlichen Aussage setzt daher kritische Beurteilungsstandards für die Sachrichtigkeit der Aussage voraus und enthält insoweit normative Bezüge. Dies erhellt, daß die analytische Rechtstheorie ihrem eigenen methodischen Postulat der Wertneutralität notwendig untreu werden und selbst normativ urteilen muß, wenn sie eine bestimmte Art von Aussagen als rechtliche Aussagen „auswählt" und ihrer Analyse zugrundelegt[67]; denn jene „Auswahl" reflektiert ihre eigenen Wertungen darüber, was sie selbst für rechtlich hält — und dies kennzeichnet ihre Normativität[68].

Aus analytischer Sicht wird hiergegen eingewandt, die analytische Rechtstheorie sei nur insoweit normativ, als sie sich wie jede Theorie zur Erklärung der von ihr zu behandelnden Probleme anbiete[69]; die analytische Rechtstheorie empfehle nicht die von ihr untersuchten Aus-

---

[67] Jene Problematik der notwendigen Verletzung des analytischen Neutralitätspostulats durch eine analytische Meta-Theorie wird vorwiegend für die analytisch konzipierte Meta-Ethik erörtert, vgl. insbes. Albert, Ethik und Meta-Ethik, insbes. S. 501 ff.; Lenk, Der ordinary language approach, insbes. S. 189 ff. Vgl. auch die diesbezüglichen Ausführungen Lenks zur Soziologie: Lenk, Werturteilsfreiheit, S. 145 ff. Daß dieser Problemzusammenhang in der Regel im ethischen Bereich behandelt wird, steht seiner sinngemäßen Übertragung auf den rechtstheoretischen Bereich nicht entgegen, vgl. Schmidt, Die Neutralität, S. 97.
[68] Vgl. Lenk, Der ordinary language approach, S. 189 f.; ähnlich: Sprigge, Definition, S. 126; Frankena, The concept, S. 149 ff.
[69] Vgl. Wilcox, Blackstone, S. 91.

sagen als rechtliche Aussagen, sie empfehle nur sich selbst, bzw.: da dies in der gleichen Sprachebene nicht möglich sei, empfehle eine präskriptive Meta-Rechtstheorie ihrerseits die analytische Rechtstheorie[70]. Abgesehen davon, daß jene Konstruktion zu einem regressus ad infinitum führt — die Meta-Rechtstheorie muß ja wiederum durch eine Meta-Meta-Rechtstheorie empfohlen werden und so weiter — verkennt dieser Einwand die Variabilität und Flexibilität der Umgangssprache, in der rechtliche Aussagen getätigt und verstanden werden. Aus dem variablen und flexiblen Charakter der Sprache folgt, daß die analytische Rechtstheorie keinen ein für allemal feststehenden Gegenstand zum Thema hat; eines ihrer Hauptanliegen muß demnach darin bestehen, überhaupt erst ihren sprachlichen Gegenstandsbereich von der Umgangssprache im allgemeinen abzugrenzen, sei es, daß sie rechtliche Aussagen aus dem mitunter ungenauen Alltagssprachgebrauch heraussondiert, sei es, daß sie sich darüber bewußt wird, ob eine formal korrekt getätigte, inhaltlich aber als ungerecht empfundene Aussage als legitimer Gegenstand der rechtstheoretischen Analyse gelten kann. In jedem Falle muß die Rechtstheorie Kriterien vorlegen, mit Hilfe derer sie angibt, ob bestimmte Sprachgefüge als rechtliche Aussagen und damit als geeignete Objekte rechtstheoretischer Untersuchung anzusehen sind. Jene Kriterien implizieren eine wertende Entscheidung, sie sind normativ, nicht wertneutral; auch wo es scheinbar zunächst nur um die Klärung eines komplexen Umgangssprachgebrauchs geht, muß der Rechtstheoretiker entscheiden, ob er eine „mehrdeutige" Aussage als rechtlich interpretiert, er muß dabei die Konsequenzen einer solchen Interpretation im Hinblick auf ihre praktische Brauchbarkeit und soziale Verantwortbarkeit in Rechnung stellen und insoweit normierend verfahren[71]. Die analytische Rechtstheorie „empfiehlt" daher nicht unmittelbar rechtliche Aussagen — das heißt, sie empfiehlt nicht, den mit ihnen verbundenen rechtlichen Imperativen zu folgen, die einzelnen rechtlich gebotenen Handlungen zu tun — aber sie empfiehlt durch ein Bestimmungskriterium, bestimmte Aussagen als rechtliche Aussagen anzusehen. Die analytische Rechtstheorie schreibt direkt keine rechtlich gebotenen Verhaltensweisen vor, aber sie schreibt vor, was als recht-

---

[70] Schmidt, Die Neutralität, S. 98.
[71] Vgl. Lenk, Der ordinary language approach, S. 191 sowie Gellner, Words and things, S. 154: „Philosophic accounts are not so much accounts of how language games are played, as, on the contrary, of how they should be played or of how they can conceivably be played. (Hence actual games played are not conclusive; and, in any case, what game is really played is not a matter that can be seen in the ‚use of words', but only interpreted from it with the help of considerations of what game *could* be played!) This beeing so, the accounts then provided do favour some moves and condemn others. Theories of ethics are not neutral with regard to values, and theories of science are not neutral with regard to diverse scientific hypotheses."

liche Verhaltensweise gelten soll, indem sie bestimmt, welche Aussagen spezifisch rechtliche Bedeutung besitzen[72]. Damit führt sich der konsequent durchgeführte analytische Standpunkt im Bereiche der Rechtstheorie selbst ad absurdum[73]; obgleich die analytische Rechtstheorie sich dem analytischen Neutralitätsprogramm verpflichtet, verfährt sie selbst nach analytischen Maßstäben nicht wertneutral, sie gibt vielmehr lediglich einen interpretativ-normierenden Argumentationszusammenhang für einen vorgeblich neutralen aus.

Die Widersprüchlichkeit der Erkenntnisoperationen analytischer Rechtstheorie hat also zwei Varianten: zum einen ist die analytische Rechtstheorie zur korrekten Durchführung ihrer Erkenntnisoperationen auf das mit ihr methodisch unvereinbare hermeneutische Verfahren bewertender Interpretation angewiesen und muß insofern ihren eigenen methodischen Prämissen zuwiderhandeln; zum anderen kann die analytische Rechtstheorie um ihrer methodischen Konsistenz willen diese Verwiesenheit auf eine interpretierend-normierende Verfahrensweise nicht anerkennen und besteht auf der Fiktion der Möglichkeit wertneutraler rechtstheoretischer Erkenntnis, wenngleich sie dieses für sie grundlegende analytische Neutralitätspostulat notwendig verletzten muß.

---

[72] Vgl. zu diesem Gedankengang Lenk, Der ordinary language approach, S. 191. Dem Einwand von Schmidt, diese möglicherweise für die analytische Meta-Ethik zutreffende Argumentation sei auf keinen Fall auf die analytische Rechtstheorie übertragbar, da diese ihre Objektsprache nicht durch Rekurs auf die Richtigkeit juridischer Urteile, sondern nur mittels deren Positivität abgrenze — so: Schmidt, Die Neutralität, S. 98 — kann nach alledem nicht beigepflichtet werden. Zum einen wollen die zitierten Kritiker der analytischen Meta-Ethik ihre Kritik nicht auf den ethischen Bereich beschränkt wissen, sondern beziehen ausdrücklich *jede* dem analytischen Neutralitätspostulat verpflichtete Meta-Theorie — und insofern auch die analytische Rechtstheorie — in ihre Kritik ein, vgl. Albert, Ethik und Meta-Ethik, S. 506; Lenk, Der ordinary language approach, S. 193 ff. sowie das Zitat von Gellner in der vorangehenden Fußnote. Zum anderen ist eine Bestimmung der rechtlichen Qualität von Aussagen allein aufgrund ihrer ‚Positivität' nicht möglich, vgl. dazu oben zu 2.2111.

[73] Vgl. Albert, Ethik und Meta-Ethik, S. 502 sowie Gellner, Words and things, S. 156 f.: „Any language is a way of categorising, classifying some field, some manifold. As such, it cannot but favour some practises, some aims, within that field, to the detriment of others. It cannot be neutral. The same goes for the languages in which we describe other language games. To describe a use of an expression, or a language game, is to describe it in a world and to have a picture of that world. Moreover, uses and games, like other human activities, have their opportunity cost and must be assessed. Hence philosophic *accounts* cannot be neutral either. ‚Neutrality' is a notion which has application within a system of concepts or rules, and not when such systems themselves are under consideration. And note that language games, like any other thing in the world, can only be described by further sets of concepts, which in turn are not absolute and neutral. There is no knowledge-by-direct-acqaintance in this field any more than in other. There is only manuation masquerading neutrality."

2.22 Forschungspraktische Folgewirkungen

Die praktische Handhabung sozialwissenschaftlicher Theorien vollzieht sich nicht in einem gesellschaftlichen Vakuum, sondern im Rahmen der Gesellschaft, das heißt aber: im Rahmen des zuvor von ihnen untersuchten Gegenstandes. Insofern beziehen sich sozialwissenschaftliche Theorien bei ihrer Anwendung auf ihren Gegenstand zurück; sie besitzen die Eigentümlichkeit, daß sie bei ihrer forschungspraktischen Umsetzung auf ihren Gegenstand einwirken. Jede sozialwissenschaftliche Untersuchung ist mithin zugleich eine gesellschaftsbezogene Deutung der Sozialwirklichkeit, die einen begrenzten Ausschnitt der Realität unter einem bestimmten Blickwinkel anvisiert und selektiv wiedergibt[74]; je nachdem, aus welcher theoretischen Perspektive welche Problembereiche forschungspraktisch behandelt oder vernachlässigt werden, rücken bestimmte soziale Problembereiche in bestimmter Weise ins Blickfeld der Öffentlichkeit, werden neue Einstellungen zu diesen Problembereichen gebildet, verfestigte Einstellungen in Frage gestellt oder bestätigt. Die sozialwissenschaftliche Forschungspraxis formt somit das Bild von der Gesellschaft mit, wie es im öffentlichen Bewußtsein verankert ist; sie beeinflußt das gesellschaftliche Bewußtsein und nimmt mittelbar im Wege einer gesellschaftlichen Bewußtseinsbildung auf den untersuchten Gegenstand, die Gesellschaft, selbst Einfluß.

Wie bei sozialwissenschaftlichen Theorien generell hat auch die praktische Handhabung einer Rechtstheorie zwangsläufig Rückwirkungen auf die Rechtswirklichkeit, in der die Theorie angewandt wird. Mit der Anwendung einer bestimmten Konzeption von Rechtstheorie ist daher immer zugleich — bewußt oder unbewußt, gewollt oder ungewollt — eine bestimmte Einflußnahme der Theorie auf die Rechtswirklichkeit verbunden. Infolgedessen kann unsere Untersuchung nicht schon mit dem Nachweis der Lückenhaftigkeit und Widersprüchlichkeit der Erkenntnisoperationen analytischer Rechtstheorie ihr Ende finden; dieses auf rein methodischer Ebene gefundene Ergebnis ist vielmehr zu ergänzen durch die Untersuchung der forschungspraktischen Folgewirkungen, die sich aus jener methodischen Inkonsistenz der analytischen Rechtstheorie ergeben. Wie zu zeigen sein wird, resultiert aus der methodischen Inkonsistenz der analytischen Rechtstheorie zwingend ein ganz bestimmter Praxisbezug der Theorie: die analytische Rechtstheorie übernimmt infolge ihrer methodischen Lückenhaftigkeit und Widersprüchlichkeit forschungspraktisch eine instrumentelle und eine rechtfertigende Funktion.

---

[74] Vgl. Kreckel, Soziologische Erkenntnis, S. 60.

2.221 Der Anschein rechtstheoretischer Neutralität und die instrumentelle Funktion analytischer Rechtstheorie

Zum Nachweis der instrumentellen Funktion analytischer Rechtstheorie ist es angezeigt, unsere Ausführungen zu den forschungspraktischen Implikationen der analytischen Rechtstheorie in bezug auf das System rechtswissenschaftlicher Grundlagenwissenschaften[75] im Lichte der nunmehr gewonnenen Erkenntnisse noch einmal zu überdenken.

Unsere früheren Überlegungen haben ergeben, daß sich die analytische Methode und ihre Ergebnisse von nicht-analytischen Verfahrensweisen und Ergebnissen durch die Fähigkeit unterscheiden, mit Mitteln der Rechtsinformatik technisch verwertet zu werden. Durch Speicherung und Verarbeitung rechtlicher „Daten" in Computern kann die analytische Methode angewandt und das mit Hilfe der empirisch-analytischen Erkenntnisschemata erlangbare Wissen über das Recht praktisch verfügbar gemacht werden; in dieser Möglichkeit der technologischen Verwertung ist die forschungspraktische Überlegenheit der analytischen Verfahrensweise über nicht-analytische Verfahrensweisen begründet[76]. Die Einsicht in den von der analytischen Rechtstheorie aufrechterhaltenen Schein neutraler rechtstheoretischer Erkenntnis erlaubt nunmehr eine präzisere Begründung dafür, warum die analytische Methode zu einer Anwendung drängt, die nur nach Art der Technik denkbar ist.

Zentrales Desiderat unserer Methodenkritik der analytischen Rechtstheorie ist, daß die Rechtstheorie ihren Gegenstand nicht wie eine unabhängig vorgegebene und darum neutral analysierbare Objektivität betrachten kann; da in den rechtstheoretischen Gegenstandsbereich Regelungsvorschläge und Sachrichtigkeitsvorstellungen konkreter Subjekte eingehen, läßt sich jener nur in Anknüpfung an das eigene Vorverständnis sachrichtiger Regelungen durch Teilnahme an dem sozialen Verständigungsprozeß über Rechtsinhalte bestimmen. Dieser intersubjektive Charakter der rechtstheoretischen Gegenstandskonstitution hat zur Folge, daß sich rechtstheoretische Erkenntnis nicht ohne weiteres den Maximen technischer Verwertbarkeit fügt, setzt doch rechtstheoretische Erkenntnisfindung notwendig einen Akt zwischenmenschlicher Verständigung über die Sachrichtigkeit des auszuwählenden Gegenstandes voraus; jener Akt ist prinzipiell intersubjektiv und normierend, er beruht auf einer kollektiven Entscheidung eigenverantwortlicher Subjekte — und entzieht sich damit von vornherein technologischen Operationalisierungsversuchen. Das bedeutet freilich nicht, daß nach

---
[75] Vgl. dazu oben zu 1.2422.
[76] Vgl. dazu oben zu 1.2422.

2.2 Folgewirkungen der Verformung des Rechts

der hier vertretenen Auffassung das Recht der technisch verwertbaren analytischen Verfahrensweise überhaupt nicht zugänglich ist, wohl aber, daß die analytische Betrachtungsweise des Rechts ebenso wie ihre technische Anwendung mit Mitteln der Rechtsinformatik notwendig eine vorgängige kollektive Verständigung darüber erfordert, ob die untersuchten bzw. gespeicherten Phänomene spezifisch rechtlicher Art sind und ob damit ihre technische Verwertung im Rahmen der Rechtsdatenverarbeitung legitim ist.

Hier wird nun deutlich, daß die von der analytischen Rechtstheorie vertretene These der Möglichkeit wertneutraler rechtstheoretischer Erkenntnis sich nicht in der Statuierung eines methodologischen Prinzips von bloß theoretischer Relevanz erschöpft, sondern darüber hinaus gesellschaftlich-praktische Auswirkungen zeitigt. Das theoretische Neutralitätspostulat verfolgt forschungspraktisch den Zweck, die Dimension diskursiver Meinungsbildung über Rechtsinhalte aus dem rechtstheoretischen Problemfeld auszuklammern, sie als unwissenschaftlich zu deklarieren und damit in den Bereich des Irrationalen zu verbannen. Durch dieses Übergehen der praktischen Verständigung über das jeweils Sachrichtige übernimmt die analytische Rechtstheorie selbst eine bestimmte praktische Funktion: sie wird instrumentell, das heißt, ihre Methoden und Ergebnisse werden nunmehr dem technischen Instrumentarium der Rechtsinformatik unmittelbar und scheinbar problemlos zugänglich; ebensowenig wie es bei Akzeptierung der Neutralitätsthese einer vorgängigen Erörterung der Sachrichtigkeit des gewählten rechtstheoretischen Gegenstandes bedarf, ist eine diskursive Rechtfertigung der jeweiligen technischen Verwertung rechtstheoretischer Erkenntnis erforderlich. Die Aufrechterhaltung der rechtstheoretischen Neutralitätsfiktion beruht daher auf der Strategie, Rechtstheorie und Rechtsinformatik gegenüber den gesellschaftlichen Voraussetzungen und Konsequenzen ihrer Tätigkeit blind zu machen und damit eine universelle Anwendbarkeit und beliebige Verfügbarkeit jener Disziplinen zu gewährleisten, ohne daß es der oftmals mühsamen und „ineffektiven" Verständigung über die Angemessenheit und Verantwortbarkeit ihres jeweiligen Tuns bedarf. Die Ausblendung des Interesses an Verständigung darüber, wie konkrete Konfliktsituationen sachrichtig geregelt und eine gerechte Gesellschaft hier und jetzt beschaffen sein müßte, führt daher nicht zu einer interessefreien rechtstheoretischen Erkenntnis, sondern im Gegenteil nur zu einer solchen, die sich hoffnungslos den mit ihrer technischen Umsetzung jeweils verfolgten, von ihr aber nicht kontrollierbaren Zwecken ausliefert und sich damit ausschließlich an dem technischen Interesse an instrumenteller Bewährung ihrer Methoden und Ergebnisse orientiert[77].

---

[77] Vgl. Habermas, Dogmatismus, S. 241: „Weil in der Methodologie der

2.22 Forschungspraktische Folgewirkungen

Dieses instrumentelle Verhältnis der analytischen Rechtstheorie zur gesellschaftlichen Praxis ist keineswegs zufällig, sondern entspricht dem Entwicklungsstand und den hieraus resultierenden spezifischen Bedürfnissen unserer heutigen Gesellschaft. Meines Erachtens sind für den rein instrumentellen Praxisbezug der analytischen Rechtstheorie wesentlich zwei sich gegenseitig ergänzende Entwicklungstendenzen der modernen Gesellschaft bestimmend: zum einen die Tendenz einer zunehmenden Verrechtlichung gesellschaftlicher Verhältnisse, zum anderen die Tendenz einer schrittweisen Verdrängung kulturell überlieferter, metaphysisch begründeter Herrschaftslegitimationen durch eine wissenschaftlich-technokratische Rechtfertigung staatlicher Herrschaft.

Das heutige Staatsverständnis ist nicht mehr dasjenige des liberalen Staats, der sich der Einflußnahme auf gesellschaftliche Verhältnisse möglichst enthält, vielmehr dasjenige des Sozialstaats, der zunehmend in sozioökonomische Prozesse eingreift, ja weithin selbst gesellschaftlich-ökonomische Funktionen übernimmt. Dieser Funktionswandel vom liberalen „Nachtwächterstaat" zum intervenierenden Sozialstaat macht eine administrative Regulierung und Verrechtlichung von zuvor informell geregelten Bereichen des politischen und gesellschaftlichen Verkehrs erforderlich[78]. Der Trend der Amplifikation des formalrechtlichen Regelsystems erweitert die Kompetenzen rechtlicher Instanzen und begründet die Notwendigkeit, die hieraus resultierende Orientierungsunsicherheit der staatlichen Bürokratie zu beseitigen durch eine automationsgerechte Speicherung und Aufarbeitung des sonst unüberschaubaren Materials. Die moderne Bürokratie bedarf insofern wissenschaftlicher Verfahrensweisen, die trotz des immer komplexer werdenden rechtlichen Regelungsbereichs und der damit verbundenen Erweiterung staatlicher Zuständigkeiten eine optimale Überschaubarkeit des Rechtssystems gewährleisten. Eine normierende Verständigung über die Sachrichtigkeit des formalrechtlichen Regelungsbereichs bzw. einzelner Bestandteile desselben wäre zur Befriedigung jenes technologischen Bedürfnisses nicht geeignet, sondern wegen der Unstabilität der Ergebnisse einer derartigen Verständigung im Gegenteil eher hinderlich. Indem die analytische Rechtstheorie sich über die Notwendigkeit einer

---

Erfahrungswissenschaften ein alle übrigen Interessen ausschließendes technisches Erkenntnisinteresse ebenso stillschweigend wie zuverlässig begründet ist, können unter dem Titel der Wertfreiheit alle anderen Bezüge zur Lebenspraxis abgeblendet werden. Die Ökonomie der zweckrationalen Mittelwahl ... ist der einzig zugelassene ‚Wert', und auch er wird nicht explizit als Wert vertreten, weil er mit Rationalität schlechthin zusammenzufallen scheint."

[78] Habermas, Legitimationsprobleme, S. 112; vgl. auch Luhmann, Positivität, S. 186 f.; Negt, Thesen, S. 1.

derartigen Verständigung hinwegsetzt, kommt sie mithin dem technologischen Bedürfnis der modernen Bürokratie entgegen und bietet ihre theoretischen Mittel als geeignete Instrumente zur Systematisierung, und das heißt: zur Vereinfachung und Veranschaulichung der komplexen Menge der zur Wahrnehmung staatlicher Aufgaben relevanten rechtlichen Informationen an; solchermaßen übernimmt die analytische Rechtstheorie objektiv eine instrumentelle Hilfsfunktion für die staatlichen Instanzen[79].

Neben dieser Fähigkeit der analytischen Rechtstheorie, dem Bedürfnis der Staatsorgane nach Überschaubarkeit ihrer rechtlichen Regelungskompetenzen zu entsprechen, wird der instrumentelle Praxisbezug der analytischen Rechtstheorie durch eine Veränderung der Legitimation staatlicher Herrschaft in der modernen Gesellschaft bestärkt, ja eigentlich überhaupt erst als ein *rein* instrumenteller Bezug möglich. Bis etwa zur Schwelle unseres Jahrhunderts wurde in den Hochkulturen der Moderne staatliche Gewalt durch ein kulturell überliefertes und im Gemeinbewußtsein fest verankertes zentrales Weltbild legitimiert; jenes Weltbild bildete sich durch die allgemeine kritiklose Übernahme einer bestimmten metaphysischen Deutung der gesellschaftlichen Wirklichkeit[80]. In der Folgezeit[81] ist ein Prozeß der schrittweisen Auflösung dieser überkommenen Form der Herrschaftslegitimation festzustellen[82]. Im Zuge der wissenschaftlichen und industriellen Entwicklung wird der Glaube an die fraglose Geltung metaphysischer Überlieferungen nach und nach abgelöst durch den Glauben an die Unaufhaltsamkeit des wissenschaftlich-technischen Fortschritts und die positiven gesellschaftlichen Auswirkungen dieses Entwicklungsprozesses[83]. Hierdurch verlieren einerseits die dominierenden Bestandteile

---

[79] Unsere frühere, vom analytischen Selbstverständnis her erarbeitete These, die analytische Rechtstheorie sei eine Hilfswissenschaft der Jurisprudenz — vgl. dazu oben zu 1.241 — kennzeichnet diese Funktion nur unzureichend.

[80] Vgl. Habermas, Technik und Wissenschaft, S. 68 f.

[81] Auf die Korrektheit der Zeitbestimmung möchte ich mich nicht unbedingt festlegen. Man könnte etwa auch mit guten Gründen annehmen, die hier angesprochene Zäsur sei eigentlich erst vollends mit dem Ende des Zweiten Weltkrieges eingetreten.

[82] Vgl. Luhmann, Positivität, S. 200 f.; vgl. auch Touraine, Die postindustrielle Gesellschaft, S. 9; Bell, The end of ideology.

[83] Dieser euphorische Glaube an die gesellschaftlich emanzipatorischen Folgen der wissenschaftlich-technischen Entwicklung kommt nicht zuletzt in den Publikationen jener Zeit zum Ausdruck; erinnert sei hier nur für den Bereich der Philosophie an die Schriften Comtes sowie für den Bereich der Strafrechtswissenschaft an diejenigen v. Liszts. Jener Glaube findet sich interessanterweise auch bei Engels und Lenin und verleitet diese zu der folgenschweren Prognose, der kapitalistische Produktionsprozeß steuere aufgrund der ihm eigentümlichen Gesetzmäßigkeit zwangsläufig auf einen Krisenpunkt zu, welcher gleichbedeutend mit dem Erreichen der Voraus-

2.22 Forschungspraktische Folgewirkungen

der kulturellen Überlieferung den Charakter allgemein verbindlicher Weltbilder, sie werden in einem Pluralismus verinnerlichter und privatisierter Glaubenseinstellungen relativiert und büßen infolgedessen ihre herrschaftslegitimierende Funktion ein[84]. Andererseits verheißt die an den wissenschaftlich-technischen Fortschritt geknüpfte Steigerung der Produktivkräfte eine Erhöhung der kollektiven Arbeitsproduktivität und eine Erweiterung der Bequemlichkeiten im privaten Lebensbereich[85]; diese Steigerung von Sozialprodukt und privatem Komfort nach Kräften zu fördern wird nunmehr zur dominierenden, wenn nicht gar einzigen Aufgabe staatlicher Gewalt[86].

Jene Ausrichtung staatlicher Maßnahmen an der Optimierung der Errungenschaften von Wissenschaft und Technik führt nicht nur zu einem neuen Verständnis der Staatsfunktionen, sie bewirkt darüber hinaus eine Übernahme des wissenschaftlich-technischen Begriffs der Rationalität als Legitimationsgrundlage staatlichen Handelns selbst[87]. Konnte sich staatliches Handeln vordem auf die unangefochtene Geltung eines bestimmten Weltbildes berufen, so muß es sich angesichts der Pluralität gegensätzlicher politischer Überzeugungen jetzt an dem allen gemeinsamen Ziel der Förderung der gesellschaftlichen Entwicklung nach Maßgabe des wissenschaftlich-technischen Fortschritts orientieren. Die Ausrichtung an jenem Ziel ist dem politischen Meinungsstreit entzogen und daher für jeden gleichermaßen akzeptabel und verbindlich; die Einlösung dieser Aufgabe impliziert insofern keine politischen, sondern nur technische Probleme[88]. Eine im Hinblick auf Effektivität ihrer Leistungen und Ökonomie ihrer Mittelverwendung durchgängig organisierte Bürokratie, in der die Aufgabenbereiche ihrer Subeinheiten exakt getrennt und aufeinander abgestimmt sind, weitest-

---

setzungen einer erfolgreichen sozialistischen Revolution sei; diese Prognose trug wesentlich zu der autoritären und dogmatistischen Entartung des Marx'schen Gedankenguts im offiziellen Marxismus-Leninismus bei. Zu der Frage, inwiefern die Annahme der Zwangsläufigkeit der industriellen und gesellschaftlichen Entwicklung bereits latenten Grundzügen des Marx'schen Denkens selbst entspricht, vgl. Habermas, Erkenntnis und Interesse, S. 36 ff.; Wellmer, Kritische Gesellschaftstheorie, S. 128 f.; ders., Kritische und analytische Theorie, S. 226; Böhler, Zur Metakritik, S. 13, 93, 200 ff.

[84] Habermas, Legitimationsprobleme, S. 112 f.
[85] Vgl. Marcuse, Das Ende; Richta, La civilisation, S. 17 f.
[86] Vgl. Luhmann, Positivität, S. 200 f.; Touraine, Die postindustrielle Gesellschaft, S. 9; Offe, Strukturprobleme, S. 110; Schelsky, Der Mensch, S. 455.
[87] Zum formalen Rationalitätsbegriff und seiner Bedeutung für die Rechtfertigung staatlicher Herrschaft vgl. Weber, Wirtschaft und Gesellschaft, S. 124 ff.; Marcuse, Industrialisierung und Kapitalismus, S. 119 ff.; Habermas, Technik und Wissenschaft, S. 48 ff.; ders., Dogmatismus, S. 245 ff.; Schelsky, Der Mensch, S. 452 ff.; Janco / Furjot, Informatique et capitalisme, S. 108 ff., 116 ff.; Winckelmann, Legitimität, S. 62 ff.
[88] Vgl. Janco / Furjot, Informatique et capitalisme, S. 116; Habermas, Dogmatismus, S. 232 ff.; Schelsky, Der Mensch, S. 452 ff.

gehende Regelungsbefugnisse mit schematisierten Reaktionsmöglichkeiten, kurz: eine bürokratische, den Maximen der technologischen Rationalität entsprechende Staatsorganisation ist Garant einer stetigen und effizienten Förderung des wissenschaftlich-technischen Fortschritts; dergestalt präsentiert sich der bürokratisch strukturierte Staatsapparat als die notwendige, rationale — und mithin einzig legitime Organisationsform der technisierten Gesellschaft[89].

In dem Maße, wie die Förderung der technologischen Entwicklung zur beherrschenden Aufgabe staatlicher Gewalt wird *und* die Erfüllung dieser Aufgabe durch ein nach technischen Maßstäben reibungsloses Funktionieren der bürokratisch organisierten Staatsapparatur gewährleistet ist, entzieht sich staatliches Handeln einer grundsätzlichen Infragestellung: der Staat tut ja nichts weiter, als das wünschenswerte und vernünftige Ziel der Erweiterung des wissenschaftlich-technischen Fortschritts mit Mitteln eben dieses Fortschritts zu fördern. Die Unangreifbarkeit dieser modernen Form der Rechtfertigung staatlichen Handelns resultiert mithin aus der Universalität des Staatszwecks und der Identität von Zweck und Mittel der Staatsfunktionen. Dienten früher die technischen Mittel der Staatsorgane zur Verwirklichung eines metaphysisch begründeten Weltbildes, so hat staatliches Handeln nunmehr den Vorzug, daß seine Zweckbestimmung — die Förderung der wissenschaftlich-technologischen Entwicklung — universell akzeptabel scheint und die zu ihrer Einlösung erforderlichen Mittel durch den Staatszweck selbst schon impliziert sind.

Wegen dieser Unangreifbarkeit braucht staatliches Handeln jetzt offenbar nicht mehr im eigentlichen Sinne legitimiert zu werden; eine staatliche Maßnahme scheint sich bereits durch ihre Funktionseffizienz zu rechtfertigen, nicht erst durch die Berufung auf institutionalisierte, allgemein geteilte Wertvorstellungen[90]. Die Überzeugung von der Sachrichtigkeit der getroffenen Entscheidung erscheint überflüssig, sie wird durch die Gewißheit des formal korrekten Zustandekommens der Entscheidung im Rahmen eines formalisierten Rechtssystems ersetzt.

---

[89] Vgl. Weber, Wirtschaft und Gesellschaft, S. 128: „Die rein bureaukratische, also: die bureaukratisch-monokratische aktenmäßige Verwaltung ist nach allen Erfahrungen die an Präzision, Stetigkeit, Straffheit und Verläßlichkeit, also: Berechenbarkeit für den Herrn wie für den Interessenten, Intensität und Extensität der Leistung, formal universeller Anwendbarkeit auf alle Aufgaben, rein technisch zum Höchstmaß der Leistung vervollkommenbare, in all diesen Bedeutungen: formal rationalste, Form der Herrschaftsausübung."

[90] Vgl. Luhmann, Positivität, S. 189: „In dem Maße, wie eine solche ‚Legitimation durch Verfahren' gelingt, legitimiert das politische System sich und das von ihm geschaffene Recht selbst: durch eigene Einrichtungen und Veranstaltungen. Seine Legitimität wird von gesellschaftlich durchgehend institutionalisierten Wertvorstellungen unabhängiger."

Auf diese Weise schrumpft der Legitimierungszwang staatlichen Handelns zum Begründungszwang der Systemkonformität der jeweiligen Entscheidung; es genügt die Berufung auf die Tatsache, daß der Staat das Monopol der Rechtsschöpfung und -anwendung nach einem System gesatzter Regeln organisiert hat und die getroffene Entscheidung in das System formal korrekt eingeordnet werden kann[91].

An dieser Stelle zeigt sich eine verblüffende Entsprechung zwischen den methodischen Postulaten der analytischen Rechtstheorie und dem Selbstverständnis des modernen Staates, dem die Rechtstheorie ihre Ergebnisse zur Verfügung stellt. Gleichermaßen wie die analytische Rechtstheorie sich um die Ausblendung jedweder Sachrichtigkeitserwägungen aus dem rechtstheoretischen Problemhorizont bemüht, tendiert der moderne Staat dazu, die Problematik der Rechtfertigung staatlicher Maßnahmen von der gesellschaftlichen Meinungsbildung über die Sachrichtigkeit der Maßnahmen abzulösen. Glaubt sich die analytische Rechtstheorie von der Rechtswirklichkeit und der sich hierin vollziehenden Verständigung über Rechtsinhalte methodisch unabhängig, so vollzieht sich die Legitimation staatlichen Handelns in der modernen Gesellschaft tatsächlich unabhängig von inhaltlichen, an Gerechtigkeitsvorstellungen orientierten Geltungsbegründungen; der theoretischen Annahme der Wertneutralität analytisch-rechtstheoretischer Verfahrensweise korrespondiert in der gesellschaftlichen Praxis mithin eine wertneutrale Herrschaftslegitimation.

Diese Übereinstimmung des rechtstheoretischen Neutralitätspostulats mit der neutralen Form der Rechtfertigung staatlichen Handelns erlaubt eine gesellschaftliche Erklärung dafür, warum die analytische Rechtstheorie so und nicht anders konzipiert ist. Die analytische Rechtstheorie versteht sich als wertneutral, nicht etwa nur weil sie nach Auffassung ihrer Vertreter so am konsistentesten begründet werden kann, sondern zugleich weil der moderne Staatsapparat, dem sie zu dienen bestimmt ist, seine Befugnisse selbst von einer neutralen, formal rationalen Herrschaftsbegründung herzuleiten sucht. Dies erhellt, daß die Neutralitätsthese der analytischen Rechtstheorie keine theoretische Annahme ist, die durch eine andere triftige Grundannahme ohne weiteres ersetzt werden könnte. Als theoretischer Ausdruck einer praktischen Entwicklungstendenz des modernen Rechtsstaats ist die Neutralitätsfiktion für die analytische Rechtstheorie unabdingbar; nur wenn die Rechtstheorie sich als wertneutral begreift, kann sie den staatlichen Instanzen zuverlässig die Dienste leisten, deren ein auf einem neutralen, formalen Rationalitätsbegriff fundiertes Staatswesen bedarf.

---

[91] Vgl. Habermas, Legitimationsprobleme, S. 134 f.

2.2 Folgewirkungen der Verformung des Rechts

Haben wir in den vorangehenden Kapiteln der analytischen Rechtstheorie aufgrund ihrer vorgeblichen Neutralität eine innere Lückenhaftigkeit und Widersprüchlichkeit nachgewiesen, so sehen wir nunmehr, daß die analytische Rechtstheorie trotz oder vielmehr gerade wegen ihrer inneren Inkonsistenz zur Wahrnehmung bedeutsamer gesellschaftlicher Funktionen berufen ist. Die vorgeschützte Neutralität ihrer Erkenntnisoperationen macht die analytische Rechtstheorie zu einem problemlosen Instrument der staatlichen Bürokratie; mehr noch: die technokratische, wertneutrale Form der Rechtfertigung staatlicher Gewalt in der modernen Gesellschaft erheischt geradezu eine Theorie, die dieser Form der Herrschaftslegitimation entspricht. Die analytische Rechtstheorie kann ihre technisch-instrumentelle Funktion demnach gerade deshalb so außerordentlich erfolgreich wahrnehmen, weil sie selbst eine Funktion der technologischen Herrschaftslegitimation in der modernen Gesellschaft ist.

Die Fähigkeit der analytischen Rechtstheorie, infolge ihrer vorgeblich wertneutralen Konzeption bedeutsame gesellschaftliche Aufgaben wahrzunehmen, zwingt freilich nicht, unsere Kritik an der Neutralitätsthese in irgendeiner Weise einzuschränken oder abzuändern; im Gegenteil: mit der Einsicht in die gesellschaftliche Funktionalität der sich wertneutral ausgebenden analytischen Rechtstheorie ist angedeutet, daß die zuvor auf methodischer Ebene vorgebrachten Bedenken gegen eine „neutral" konzipierte Rechtstheorie in analoger Weise vorzubringen sind gegen die Entwicklungstendenz des modernen Staates, sich mit Hilfe des technologischen Rationalitätsbegriffs wertneutral zu legitimieren. Ein Staatswesen kann nicht durch bloßes reibungsloses Funktionieren seiner Staatsorgane wertneutral Legitimität erzeugen, vielmehr steht der Funktionskreis staatlichen Handelns selbst unter einem normativen Legitimierungszwang[92]. Um eine formal legale Herrschaft als legitim auszuweisen, müssen Gründe dafür angegeben werden können, daß das formale Verfahren unter bestimmten institutionellen Randbedingungen materiale Gerechtigkeitsansprüche erfüllt[93]. Der Geltungsanspruch staatlichen Handelns ist mithin von der intersubjektiven Begründbarkeit seiner Sachrichtigkeit abhängig; damit eine formal korrekt zustandegekommene Maßnahme rechtens ist, muß sie in einer Weise normativ gerechtfertigt werden können, die geeignet ist, intersubjektiven Konsens über ihre Geltung zu erzeugen[94].

---

[92] Mit dieser These, die im Rahmen der vorliegenden Arbeit nicht in extenso belegt werden kann, wird ausdrücklich eine Gegenposition zur Systemtheorie Luhmanns bezogen. Zur Auseinandersetzung mit diesem Aspekt der Luhmann'schen Systemtheorie vgl. insbes. Habermas, Theorie der Gesellschaft, S. 142 ff., 239 ff.; Esser, Vorverständnis, S. 202 ff.

[93] Vgl. Habermas, Legitimationsprobleme, S. 135, 137.

[94] Vgl. hierzu Würtenberger, Die Legitimität, S. 301 f.; Eckhold-Schmidt, Legitimation, S. 20 f., 91 ff., sowie Habermas, Legitimationsprobleme, S. 139:

2.22 Forschungspraktische Folgewirkungen

Der Vorwurf der inneren Widersprüchlichkeit der wertneutral konzipierten Rechtstheorie kann daher mit Fug auf den technokratischen Staat ausgedehnt werden, der sich wertneutral zu konstituieren glaubt. Wie die vorgeblich neutrale Rechtstheorie bei der Bestimmung ihres Gegenstandsbereichs wertend verfahren muß, ist der technokratische Staat auf eine normative Rechtfertigung seines Handelns angewiesen. Hier wie dort dient die scheinbare Neutralität zur Verdeckung der inhaltlichen Normativität: gleichermaßen wie die analytische Neutralitätsfiktion objektiv — nicht der subjektiven Absicht nach — dazu verwandt wird, um die wertende Komponente rechtstheoretischer Erkenntnis zu verbergen, wird mit der technologischen, scheinbar neutralen Herrschaftslegitimation objektiv die Strategie verfolgt, die Notwendigkeit einer normativen Rechtfertigung staatlichen Handelns zu verschleiern, ja diese schlechthin als überflüssig erscheinen zu lassen. Durch die vorgeblich neutrale Ableitung der Staatsgewalt von dem technologischen Rationalitätsbegriff wird der normative Inhalt staatlichen Handelns nicht mehr kenntlich: die Berufung auf technische Imperative verdeckt die Legitimationsbedürftigkeit vor dem Forum einer demokratisch konstituierten Öffentlichkeit, an die Stelle der Rechtfertigung staatlicher Maßnahmen unter Hinweis auf die ihnen zugrundeliegende demokratische Willensbildung tritt der Verweis auf bürokratische Sachzwänge[95].

„Denn der naive Geltungsanspruch von Handlungsnormen verweist (mindestens implizit) in jedem Fall auf diskursive Begründbarkeit. Wenn bindende Entscheidungen legitim sind, d. h. wenn sie unabhängig von konkret ausgeübtem Zwang und manifest angedrohter Sanktion gefällt und gleichwohl regelmäßig, auch gegen das Interesse der Betroffenen, durchgesetzt werden können, dann müssen sie als die Erfüllung anerkannter Normen gelten dürfen. Diese gewaltlose normative Geltung beruht auf der Unterstellung, daß man gegebenenfalls die Norm rechtfertigen und gegen Kritik verteidigen kann."

[95] Die Bedenklichkeit dieser Entwicklungstendenz kommt bei Schelsky klar zum Ausdruck: „Der Sachzwang der technischen Mittel, die unter der Maxime einer optimalen Funktions- und Leistungsfähigkeit bedient sein wollen, enthebt von diesen Sinnfragen nach dem Wesen des Staates. Die moderne Technik bedarf keiner Legitimität; mit ihr ‚herrscht' man, weil sie funktioniert und solange sie optimal funktioniert. Sie bedarf auch keiner anderen Entscheidungen als der nach technischen Prinzipien ... Gegenüber dem Staat als einem universalen technischen Körper wird die klassische Auffassung der Demokratie als eines Gemeinwesens, dessen Politik vom Willen des Volkes abhängt, immer mehr zu einer Illusion. Der ‚technische Staat' entzieht, ohne antidemokratisch zu sein, der Demokratie ihre Substanz. Technisch-wissenschaftliche Entscheidungen können keiner demokratischen Willensbildung unterliegen, sie werden auf diese Weise nur ineffektiv. Wenn die politischen Entscheidungen der Staatsführungen nach wissenschaftlich kontrollierten Sachgesetzlichkeiten fallen, dann ist die Regierung ein Organ der Verwaltung von Sachnotwendigkeiten, das Parlament ein Kontrollorgan für sachliche Richtigkeit geworden. Das Volk im Sinne des Ursprungs der politischen Herrschaftsgewalt wird dann zu einem Objekt der Staatstechniken selbst." So: Schelsky, Der Mensch, S. 456, 459.

2.222 Der Anschein rechtstheoretischer Neutralität und die rechtfertigende Funktion analytischer Rechtstheorie

Die forschungspraktische Auswirkung der analytischen Rechtstheorie erschöpft sich nicht darin, der staatlichen Bürokratie als willfähriges Instrument zur Lösung von Strukturproblemen des Rechtssatzsystems zu dienen; durch ihre Tätigkeit — so läßt sich der Inhalt dieses Kapitels vorgreifend zusammenfassen — legitimiert die analytische Rechtstheorie darüber hinaus die bürokratische Staatsgewalt, in deren Dienst sie sich stellt, gleichgültig, ob die Staatsgewalt als verbindlich anerkannt oder aber als dermaßen verwerflich angesehen wird, daß von einem *Rechts*staat keine Rede mehr sein kann, ja selbst Widerstand gegen das staatliche Unrecht angebracht ist. Diese These von der blind legitimierenden Funktion analytischer Rechtstheorie wird von deren Anhängern aufs Heftigste bestritten[96]. Die analytische Rechtstheorie, so wird argumentiert, sei gegenüber den inhaltlichen Implikationen ihres Untersuchungsgegenstandes indifferent; da sie nicht für eine bestimmte Interpretation der sachrichtigen Regelung sozialer Konflikte Partei nehme, sei sie nicht nur methodisch, sondern zugleich forschungspraktisch neutral[97]. Die Aufdeckung des Zusammenhanges zwischen dem theoretischen Neutralitätspostulat und dem instrumentellen Praxisbezug der analytischen Rechtstheorie eröffnet uns hingegen die Möglichkeit des Nachweises, daß die analytische Rechtstheorie entgegen ihres Selbstverständnisses objektiv zu einer Rechtfertigung staatlicher Herrschaft gleich welchen Inhalts beiträgt.

Die von der analytischen Rechtstheorie in Anspruch genommene Neutralität ist in Wahrheit eine Entscheidung für einen rein instrumentellen, von jeglicher inhaltlichen Stellungnahme zu den normativen Gehalten ihres Untersuchungsgegenstandes losgelösten Praxisbezug. Nun ist aber, wie wir gesehen haben, eine rechtswissenschaftliche Theorie zur Ausgrenzung ihres spezifisch rechtlichen Gegenstandsbereiches notwendig auf eine wertbeziehende Einstellung zum Recht angewiesen. Um zu zeigen, wie das Bemühen um einen Verzicht auf eine derartige normative Orientierung die analytische Rechtstheorie zu einer unreflektierten Rechtfertigung des jeweils von ihr untersuchten Objekts zwingt, wollen wir die Begründung unserer These der Unentbehrlichkeit der Einnahme eines wertenden Standpunktes noch einmal von einem allgemeineren Gesichtspunkt her[98] vereinfacht zusammenfassen.

---

[96] Vgl. etwa Hoerster, Grundthesen, S. 124 f.
[97] So etwa: Schmidt, Die Neutralität, S. 96.
[98] Abstrahiert soll an dieser Stelle werden von dem spezifisch sprachtheo-

Das Recht ist ein spezifisch gesellschaftliches und geschichtliches Phänomen. Es bildet sich auf Grund von konventionellen normativen Festsetzungen darüber, wie gesellschaftliche Konflikte sachrichtig geregelt werden sollen. Jene Festsetzungen werden in bestimmten geschichtlichen Situationen in bezug auf bestimmte gesellschaftliche Formationen getroffen; insofern hat das Recht keine statische, in sich fertige Existenz, sondern ist Ausdruck der konkreten, sich ständig verändernden Sozialwirklichkeit und unterliegt als solcher deren Entwicklungsbedingungen. Freilich ist das Recht nicht nur *Teil* der jeweiligen konkreten Sozialwirklichkeit; es trägt auch an die Sozialwirklichkeit einen *normativen Maßstab* heran, indem es beansprucht, jene Wirklichkeit in einer Weise verbindlich zu regeln, die allgemein als sachrichtig empfunden wird. In dieser verbindlichen Regelung der konkreten Sozialwirklichkeit mit Sachrichtigkeitsanspruch besteht die spezifische Funktion des Rechts. Durch die so bestimmte Funktion ist dem Recht ein prinzipiell problematischer Status zugewiesen: wegen des mit ihm notwendig verbundenen Sachrichtigkeitsanspruches kann Recht nicht einfach als Grund seiner selbst gesetzt und akzeptiert werden, vielmehr muß im Wege diskursiver Begründung und argumentativer Überzeugung jeweils Rechenschaft abgelegt werden können über die Sachrichtigkeit der als rechtsverbindlich gewollten Regelung. Ein Rechtsetzungsakt appelliert solchermaßen an die Überzeugung all jener, deren Rechtsbeziehungen er zu regeln sucht; er fordert auf zu einer normierenden Verständigung über die Sachrichtigkeit seines Regelungsgehalts mit dem Ziele einer auf intersubjektiver Überzeugung basierenden Anerkennung der in ihm zum Ausdruck kommenden Wertvorstellungen. Insofern ist das Recht methodologisch ein eigentümlicher Gegenstand: es existiert nicht als eine objektiv vorfindliche Größe, sondern konstituiert sich erst in der Möglichkeit, die in ihm enthaltenen Regelungen durch intersubjektive Überzeugungsbildung als sachrichtig auszuweisen; die Existenzweise des Rechts ist somit die Möglichkeit der Herstellung praktischer Intersubjektivität über Normen, nicht die bloße Faktizität einer erzwingbaren Sollensordnung[99].

Mit der so bestimmten Funktion des Rechts ist der Weg gewiesen, den die theoretische Beschäftigung mit dem Recht zu beschreiten hat. Die Disziplin, die eine Theorie des Rechts zu sein beansprucht, kann ihre Erkenntnisschemata dem Recht nicht einfach applizieren, sondern muß sich zuvor der Geeignetheit ihrer theoretischen Mittel zur Erfassung der Eigentümlichkeiten ihres realen Gegenstandes versichern; täte sie

---

retischen Zugang zur Neutralitätsproblematik, ein Problemzugang, der früher angesichts des Anspruchs der analytischen Rechtstheorie, die Sprachlichkeit des Rechts zu untersuchen, unabdingbar war.

[99] Vgl. Ellscheid, Zur Forschungsidee, S. 16.

dies nicht, liefe sie Gefahr, ihren spezifischen Gegenstand zu verfehlen und damit alles andere zu sein, nur eben keine Theorie des Rechts. Demgemäß muß die Theorie das Recht sowohl als Teil der jeweiligen konkreten Sozialwirklichkeit als auch als Regelungsfaktor der Sozialwirklichkeit begreifen, welcher auf eine intersubjektive Begründung seiner Sachrichtigkeit angewiesen ist. Um zu verhindern, daß sie das Recht zu einem ungesellschaftlichen und überzeitlichen Phänomen verzerrt, muß die Theorie daher zum einen eine Methode verwenden, die ihren Gegenstand aus seinen jeweiligen konkreten Entstehungszusammenhängen erschließt. Die Theorie muß zum anderen das von ihrem Gegenstand Recht in Anspruch genommene allgemeine Prinzip der Sachrichtigkeit von Konfliktlösungen in Rechnung stellen. Sie muß das Recht als ein Herrschaftssystem begreifen, das seine Bestimmung darin findet, daß es für sich beansprucht, Herrschaft nach Maßstäben auszuüben, die im Wege einer rational motivierten Überzeugungsbildung als gerecht erwiesen werden können. Insofern das Recht auf eine argumentative Begründung angelegt ist und an eine freiwillige Anerkennung der in ihm enthaltenen Festsetzungen appelliert, kann die Rechtstheorie nicht einfach unterstellen, daß das, was sich faktisch unter dem Titel „Recht" jeweils durchsetzt, tatsächlich ein geeigneter Gegenstand rechtswissenschaftlicher Theorie ist. Anderenfalls verdinglichte sie das Recht, das in seiner spezifischen Funktion die Möglichkeit der Herstellung praktischer Intersubjektivität über Normen meint, zu einer faktischen Gegebenheit; da sie ihren Gegenstand auf ein empirisches Faktum reduzierte, wäre sie bloße Theorie der faktisch sich durchsetzenden Gewalt, keinesfalls aber eine Theorie des Rechts, welches auf eine Bestätigung seiner Werthaftigkeit durch Anerkennung der Sachrichtigkeit seiner Regelungen angewiesen ist. Um einer unverfälschten Erfassung ihres realen Gegenstandes willen muß die Rechtstheorie daher das Recht, wie es ihr augenblicklich erscheint, als eine Summe normierender Festsetzungen erfassen, deren situationsbezogene Sachrichtigkeit ihrem Anspruche nach begründungsbedürftig und begründungsfähig ist. Dies kann sie nur, sofern sie ihr Objekt nicht als fraglose Gegebenheit akzeptiert, sondern die in ihm zum Ausdruck kommenden normierenden Festsetzungen im Hinblick auf ihre Sachrichtigkeit problematisiert, sie hypothetisch in Frage stellt und so ihre intersubjektive Verbindlichkeit bzw. Revisionsbedürftigkeit erweist[100]. Zur Ermittlung ihres Gegenstandsbereichs muß die Rechtstheorie sich daher exakt der gleichen Verfahrensweise normierender Interpretation situationsbezogener Sachrichtigkeitsaussagen bedienen, welche bereits ihrem Gegenstande eigentümlich ist; nur eine solche normierend-inter-

---

[100] Wie diese Sachrichtigkeitsüberprüfung methodisch vonstatten geht, ist an früherer Stelle erörtert worden, vgl. dazu oben zu 2.212.

pretative Methode erlaubt eine korrekte Ausgrenzung des rechtstheoretischen Gegenstandsbereichs, weil nur sie der Struktur des rechtstheoretischen Gegenstandes selbst entnommen ist und so das Recht aus seiner eigenen Funktionalität heraus angemessen analysiert. Aus dieser der Funktion ihres Gegenstandes entlehnten Methode folgt, daß das Recht der Theorie nicht wie ein fertiges und unbesehen hinzunehmendes Faktum vorgegeben ist, vielmehr bildet sich der rechtstheoretische Gegenstandsbereich erst im Zuge eines Prozesses fortschreitender Vergewisserung darüber, ob die in die rechtstheoretische Untersuchung einzubeziehenden Aussagen *als Recht* allgemeine Anerkennung erfahren können[101].

Diese durch die spezifische Funktion des Rechts zwingend vorgezeichneten Leitlinien rechtstheoretischer Erkenntnis lassen sich nicht verwirklichen, wenn man Rechtstheorie als eine nach dem Muster der analytischen Philosophie geformte Disziplin begreift. Das analytische Modell der Rechtstheorie verpflichtet das erkennende Subjekt auf eine neutrale, indifferente Einstellung gegenüber dem Sachrichtigkeitsanspruch seines Untersuchungsgegenstandes. Da aber rechtliche von willkürhafter Herrschaftsausübung nur durch interpretative Verständigung über die Einlösung des für das Recht konstitutiven Sachrichtigkeitsanspruches unterschieden werden kann, bedeutet der Verzicht der analytischen Rechtstheorie auf eine Teilnahme an jenem Verständigungsprozeß nichts weniger als einen Verzicht auf die Möglichkeit einer angemessenen Bestimmung ihres Untersuchungsgegenstandes und damit letztlich einer Erkenntnis des Rechts überhaupt.

Nun will freilich die analytische Rechtstheorie, beim Wort genommen, eine Theorie des Rechts sein. Wie kann sie das aber, wenn sie infolge ihrer Neutralität über keinerlei Kriterien verfügt, die konstitutiven Eigentümlichkeiten des von ihr intendierten Gegenstandsbereichs zu erkennen? — Für die forschungspraktische Bedeutung dieser Fragestellung[102] ist unsere Einsicht grundlegend, daß die analytische Rechtstheorie nur scheinbar neutral verfährt, indem sie einen in Wahrheit interpretativ-normierenden Argumentationszusammenhang für einen vorgeblich neutralen ausgibt[103]. Wenn dem so ist, bedeutet die „Neutralität" der analytischen Rechtstheorie keinen Verzicht auf eine interpretativ-normierende Bestimmung des rechtstheoretischen Untersuchungsgegenstandes überhaupt; sie bedeutet vielmehr lediglich, daß die analytische Rechtstheorie wegen der von ihr reklamierten Neutralität

---

[101] Zur methodischen Einlösung dieser Postulate durch die normierend-interpretative Methode hermeneutischen Sinnverstehens vgl. oben zu 2.2112.
[102] Die methodischen Aporien, in die diese Fragestellung führt, haben wir an früherer Stelle erörtert, vgl. dazu oben zu 2.211, 2.212.
[103] Vgl. dazu oben zu 2.212.

sich des normierenden Charakters der Wahl ihres Gegenstandsbereichs nicht bewußt werden kann und sich darum ihren Untersuchungsgegenstand als einen durch normierende Interpretation erzeugten *vorgeben* lassen muß, ohne seinen Erzeugungsprozeß problematisieren zu können. Indem die analytische Rechtstheorie sich einer bewertenden Interpretation ihres Untersuchungsgegenstandes enthält, erreicht sie demnach nichts weiter, als daß ihr der Gegenstand als ein bereits bewerteter untergeschoben wird, welchen sie in seiner vorgegebenen Bewertetheit unbesehen zur Grundlage ihrer eigenen Tätigkeit machen muß.

Damit impliziert das analytische Neutralitätsprogramm forschungspraktisch eine Konsequenz, die mit den methodischen Prämissen dieses Programms unvereinbar ist. Eine nach analytischen Maßstäben korrekte Ermittlung des Untersuchungsgegenstandes ist nur möglich, wenn der Theorie die Weise der Vorgabe ihres Gegenstandes nicht autoritativ vorgeschrieben wird, sondern die Theorie den Zugang zu ihrem Gegenstand in freier Reflexion selbst findet; nur wenn die Theorie in der Wahl der Auffassungs- und Deutungsweisen ihres Gegenstandes autonom ist, kann sie ihren Gegenstandsbereich unvoreingenommen — wenn man so will: „objektiv" und „neutral" erschließen[104]. Indem die analytische Rechtstheorie das erkennende Subjekt auf eine teilnahmslose Einstellung gegenüber den normativen Deutungen dessen, was als Recht und damit als geeignetes Objekt ihrer Analyse gelten soll, verpflichtet, begibt sie sich der Möglichkeit einer eigenständigen Erschließung ihres Untersuchungsgegenstandes. Die geforderte Neutralität verbietet eine wertende Stellungnahme zur Sachrichtigkeit der als „Recht" bestimmten Aussagen, eine Stellungnahme, die jene Vorbestimmungen des rechtstheoretischen Untersuchungsgegenstandes problematisieren müßte und hiervon unter Umständen abweichen könnte. Da somit die Theorie die vorgängigen Deutungen ihres Untersuchungsgegenstandes unbesehen übernehmen muß, ist ihr die Deutungsweise ihres Gegenstandes vorgegeben. Die scheinbare Neutralität der analytischen Rechtstheorie erschöpft sich daher forschungspraktisch in einer *Neutralisierung* der subjektiven Komponente rechtstheoretischer Erkenntnis, welche eine wissenschaftlich autonome Weise der Erschließung ihres Gegenstandsbereiches erst ermöglichen würde. Indem die analytische Neutralitätsthese solchermaßen dem Rechtstheoretiker eine Enthaltsamkeit gegenüber dem eigenen Vorverständnis rechtlicher Aussagen abverlangt, zwingt sie ihn notgedrungen zu einer voraussetzungslosen Akzeptierung der faktisch vorhandenen Bewertungen dessen, was als Recht zu gelten hat. Der Versuch, rechtliche Aussagen nach Maßgabe des analytischen Wissenschaftsbegriffs neutral zu erfassen, setzt sich

---

[104] Vgl. Ellscheid, Zur Forschungsidee, S. 6.

2.22 Forschungspraktische Folgewirkungen

daher dem Vorwurf der unwissenschaftlichen Voreingenommenheit zugunsten derjenigen Bestimmungen des Rechtlichen aus, die sich in der Gesellschaft gegenüber anderen möglichen Bestimmungen faktisch durchgesetzt haben. Das analytische Neutralitätspostulat immunisiert den Rechtstheoretiker somit forschungspraktisch nur gegen eine bestimmte wertende Parteinahme: diejenige für eine wissenschaftlich autonome Erschließung seines Untersuchungsgegenstandes; die Parteinahme für eine unreflektierte Akzeptierung der jeweils in der Gesellschaft vorfindlichen Deutungen seines Gegenstandes ist mit dem analytischen Neutralitätspostulat hingegen bereits impliziert[105].

Das Unvermögen der analytischen Rechtstheorie, die Weise der Vorgabe ihres Gegenstandes eigenständig zu bestimmen, führt dergestalt dazu, daß ihr das Objekt in verzerrter Form vorgegeben wird. Gegenstandsbereich der analytischen Rechtstheorie ist nicht dasjenige, was sich im Wege einer intersubjektiv nachvollziehbaren Überzeugungsbildung als Recht erweisen läßt, sondern dasjenige, was sich in der Gesellschaft jeweils faktisch unter der Etikette „Recht" durchgesetzt hat; ob diese als „Recht" definierten Festsetzungen tatsächlich intersubjektiv als Recht begründet werden können oder ob sie bloßer Ausdruck einer aufgezwungenen und durch hegemoniale Machtausübung aufrechterhaltenen Etikettierung sind, bleibt der Theorie prinzipiell verborgen. Solchermaßen ist der Untersuchungsgegenstand der analytischen Rechtstheorie überhaupt nicht das Recht, sondern die in der Gesellschaft aus welchen Gründen auch immer als „Recht" etikettierten und in ihrer Geltung gewaltsam erzwungenen Festsetzungen. Der

---

[105] Vgl. hierzu Friedmann, Legal theory, S. 289: „The analytical lawyer takes the law as a given matter, created by the state, whose authority he does not question. On this material he works, by means of a system of rules of legal logic, conceived as complete and self-contained. In order to be able to work on this assumption, he must attempt to prove to his own satisfaction that legal ideology can be excluded from the lawyer's province. Therefore the legal system is made watertight against all ideological intrusions, and all legal problems are couched in terms of legal logic." Vgl. ferner Parain-Vial, Logique Juridique, S. 175 sowie Beyer, Das Reinheitspostulat, S. 32, 52: „Recht wird mit den *gesamtgesellschaftlichen* Anschauungen gezeugt und bleibt in diesen. Seine Form erhält es ebenso wie seinen Inhalt *innerhalb* dieser. Dies gilt auch für die Rechtslehre, die sich nie von den konkreten Rechtsordnungen abheben und *über* sie in einer Weise hinausheben kann, daß sie etwa konträr oder neutral zu diesen auftritt. Theorie bleibt mit Praxis vermittelt, auch die ‚Reine' Theorie mit der ‚Reinen' Praxis ... Reine Gedanken abstrahieren vom Denkobjekt, soweit dieses nicht das Denken selbst ist. Also können ‚reine' Rechtsgedanken nicht von dem abstrahieren, was Recht ist, denn auch der Rechts*gedanke*, auf den sich ‚reine Rechtslehre' alsdann beschränken müßte, enthält: Recht. Vielleicht *ist* er sogar Recht. Da nun aber der ‚reine' Rechtsgedanke nicht vom Recht abstrahieren kann, aber — um seines Reinheitspostulats willen — von irgendetwas abstrahieren muß, bleibt nur das kuriose Ergebnis, daß er eben *vom Denken* zu abstrahieren gezwungen bleibt. Der Wissenschaftscharakter von Recht verflüchtigt sich zum Macht-Standpunkt."

so bestimmte Gegenstandsbereich der analytischen Theorie unterscheidet sich von dem von einer *Rechts*theorie zu thematisierenden Gegenstand fundamental, er ist etwas qualitativ Andersartiges als Recht. Die Etikette — oder genauer: *die Begriffshülse* — „Recht" haftet ihm nur an, weil sich staatliche Herrschaft, sei sie Recht oder eklatantes Unrecht, in der Moderne in der Rechtsform zu vollziehen pflegt. Er ist freilich nichts weiter als das factum brutum staatlicher Machtausübung und entbehrt jeglicher Werthaftigkeit, die gerade das Spezifikum einer Sollensordnung wie die des Rechts ausmacht. Da das Recht überhaupt nur im Hinblick auf seine Werthaftigkeit — dem mit ihm implizierten Sachrichtigkeitsanspruch — bestimmt werden kann, umfaßt der gegenüber dieser Werthaftigkeit indifferente, die bloße Faktizität staatlicher Macht registrierende Objektbereich nicht Recht, das möglicherweise sachrichtig oder auch unrichtig ist, ihm fehlt vielmehr ab ovo der Rechtscharakter[106]. Die analytische Rechtstheorie, die an das bloße faktische Vorhandensein auf reiner Macht basierender Festsetzungen anknüpft und sie zum Gegenstand der Analyse macht, ist daher in Wahrheit keine Theorie des Rechts, sondern eine Theorie der sich als Recht ausgebenden, aber nicht rechtfertigungsbedürftigen Faktizität der Herrschaft. Die analytische Rechtstheorie verfehlt somit ihren eigentlichen Gegenstand: sie will bei der Bestimmung ihres Formalobjekts im Gegensatz zu rechtspositivistischen Theorien auf den normativen Gehalt des Rechts mit abstellen und erstrebt insofern eine Analyse des

---

[106] Radbruch argumentiert in anderem Zusammenhang ähnlich, vgl. Radbruch, Gesetzliches Unrecht, S. 352 f. Die aus analytischer Sicht diesbezüglich gegen Radbruch vorgebrachten Argumente — vgl. Hoerster, Grundthesen, S. 126 f. — gehen fehl. Wenn man — wie hier — mit Radbruch ein „ethisches Minimum in den *Begriff* des Rechts" inkorporiert, gerät man nach Hoerster in Schwierigkeiten, diese Begriffsbestimmung überhaupt konsistent durchzuhalten. „Denn um die Unsittlichkeit von etwas zu demonstrieren, muß man zunächst in der Lage sein, es (wertungsfrei) überhaupt zu charakterisieren. Der Begriff des ‚Rechts', dessen der analytische Rechtstheoretiker sich zu dieser Charakterisierung ohne weiteres bedienen kann, steht dem Anhänger Radbruchs nicht mehr zur Verfügung; er hat ihn zweckentfremdet. In dem Bedürfnis, die Wichtigkeit der moralischen Wertung des Rechts zu betonen, begeht er den Fehler, sich der üblichen sprachlichen Mittel zur Artikulierung seines Anliegens gerade zu berauben", so Hoerster, Grundthesen, S. 126. Hoerster verkennt meines Erachtens, daß es dem Anhänger der Radbruch'schen These keineswegs an einem Begriff mangelt, um das als ungerecht (man beachte den Begriffswandel bei Hoerster zu ‚unsittlich'!) bestimmte Phänomen zu charakterisieren, im Gegenteil: mit Radbruch läßt es sich definitorisch korrekt als staatliche Macht bestimmen, deren faktische Geltung gewaltsam erzwungen wird. Definiert man dieses Phänomen hingegen mit der analytischen Rechtstheorie als Recht, so begeht man die Unkorrektheit, dem bloßen Faktum staatlicher Machtausübung ein rechtliches Sollen zuzuschreiben, mithin ein Faktum zum Wert zu machen und seine rechtliche Werthaftigkeit aus der bloßen Existenz des Faktums abzuleiten. Zu den Konsequenzen dieser Unkorrektheit vgl. die folgenden Ausführungen.

2.22 Forschungspraktische Folgewirkungen

wertbezogenen Gegenstandes Recht[107]; in Wirklichkeit untersucht sie aber die als solche wertlose Faktizität der sich als Recht etikettierenden Zwangsgewalt[108].

Das analytische Neutralitätsprogramm zwingt die Rechtstheorie indessen nicht nur dazu, anstatt des von ihr intendierten Gegenstandsbereiches Recht die unter dem Titel des Rechts sich durchsetzende Faktizität der Herrschaft zu untersuchen; es erweckt zugleich den Anschein, als könne der zur bloßen Faktizität staatlicher Zwangsherrschaft verzerrte Gegenstand unparteiisch und objektiv als das Recht als solches bestimmt werden.

Aus dem Bemühen um eine analytisch neutrale rechtstheoretische Erkenntnis resultiert die Forderung, der Rechtstheoretiker müsse bei der Ausgrenzung seines Gegenstandsbereiches auf jegliche zwangsläufig subjektiv gefärbte und darum angeblich wissenschaftlich nicht überprüfbare Stellungnahme zu den Sachrichtigkeitsgehalten des Rechts verzichten. Jene Forderung gründet auf der Hypothese, der Verzicht auf eine derartige subjektive Stellungnahme sei notwendige und hinreichende Bedingung für eine objektive Bestimmung des rechtstheoretischen Gegenstandsbereichs; sofern der Forscher im Erkenntnisakt sich nur einer eigenen Interpretation von Sachrichtigkeitsgehalten enthalte, sei eine unvoreingenommene und wertfreie Analyse des Rechts gewährleistet[109]. Unsere Argumentation hat indessen gezeigt, daß der Verzicht auf eine derartige eigenständige normative Orientierung, welcher eine nach analytischen Maßstäben objektive Ermittlung des Rechts gewährleisten soll, in Wahrheit bewirkt, daß die Theorie überhaupt nicht das Recht, sondern die sich als Recht ausgebende Faktizität der Herrschaft zum Gegenstande nehmen muß. Die Hypothese, das analytische Neutralitätsprogramm ermögliche eine objektive Analyse des Rechts, verstellt daher den Blick dafür, daß der analytisch-rechtstheoretische Gegenstandsbereich überhaupt nicht das Recht, sondern ein Aliud umfaßt. Das analytische Neutralitätsprogramm hat somit forschungspraktisch eine zwieschlächtige Wirkung: einerseits

---

[107] Vgl. dazu oben zu 1.1.

[108] Insofern unterscheidet sich die analytische Rechtstheorie in der Tat — wenn auch in ganz anderer Weise als beabsichtigt — von positivistischen Rechtstheorien etwa im Sinne des Rechtspositivismus Kelsens. Die analytische Rechtstheorie nimmt nicht die Positivität des Rechts zum Gegenstande, sondern die Faktizität der sich als Recht etikettierenden Herrschaftsgewalt. Dieser Gegenstandsbereich ist in einem gewissen Sinne weiter, in einem anderen Sinne enger als die Positivität des Rechts: er ist enger, insofern er nicht solche positivierten Normen umfaßt, die faktisch außer Kraft gesetzt sind; er ist weiter, insofern er sich auf Vorformen der Positivierung etwa im Gesetzgebungsverfahren erstreckt, deren Geltung faktisch antizipiert wird.

[109] Vgl. dazu oben zu 1.233 und passim.

zwingt es die Rechtstheorie, die reine Faktizität inhaltlich beliebiger Äußerungen einer beliebigen staatlichen Zwangsgewalt — und damit etwas qualitativ Anderes als das in seiner Wertbezogenheit intersubjektiv anerkennungsbedürftige Recht — zu untersuchen; andererseits liefert das Neutralitätsprogramm zugleich eine Sichtweise, die diese Verzerrung des rechtstheoretischen Gegenstandes nicht zu Bewußtsein kommen läßt und den Eindruck erweckt, als ermögliche es eine unvoreingenommene und wertfreie Analyse des Rechts.

Spätestens hier wird nunmehr der ideologische Charakter der analytisch-rechtstheoretischen Verfahrensweise deutlich. Die analytische Rechtstheorie gibt vor, das Recht mit Hilfe des analytischen Neutralitätsprogrammes unvoreingenommen und eindeutig bestimmen zu können; was sie aber angeblich wertfrei als Recht zu ermitteln vorgibt, ist nicht das sich erst durch die Möglichkeit intersubjektiver Anerkennung bildende Recht, sondern die nicht anerkennungsbedürftige Existenz einer als „Recht" deklarierten Zwangsordnung. Obgleich die analytische Rechtstheorie demnach in Wirklichkeit eine bloße faktisch existente Zwangsordnung untersucht, deren möglicher rechtlicher Charakter erst erwiesen werden müßte, erscheint diese Zwangsordnung im rechtstheoretischen Erkenntnisakt unversehens als Recht. Damit verleiht die analytische Rechtstheorie im Zuge ihres Erkenntnisverfahrens einer beliebigen staatlichen Zwangsordnung die Qualität des Rechts. Die Ideologie, welche die analytisch konzipierte Rechtstheorie in sich birgt, ist also eine rechtfertigende: sie suggeriert, ein beliebiger Ausdruck staatlicher Herrschaftsgewalt sei bereits als solcher Recht und trägt damit dazu bei, jedwede staatliche Herrschaftsausübung mit dem Schein der Rechtlichkeit zu versehen. Hinter dem Anschein einer wertneutralen wissenschaftlichen Analyse verbirgt sich demnach eine unwissenschaftliche — weil unreflektiert bleibende — Rechtfertigungsideologie, die dem bloßen Faktum staatlicher Zwangsgewalt eine ihm nicht gebührende Werthaftigkeit unterstellt.

Die für die analytische Rechtstheorie grundlegende These der Möglichkeit einer wertfreien Bestimmung des Rechts erweist sich somit nicht nur als methodisch unhaltbar[110], sondern darüber hinaus als eine Ideologie, welche staatliche Herrschaft ohne Ansehung ihres Inhalts in einen Rechtszustand umdeutet und damit ideologisch überhöht. Wie immer illegitim die untersuchte Zwangsherrschaft sein mag, die analytische Rechtstheorie versieht sie mit dem positiven Stigma des Rechts und verleiht damit der staatlichen Herrschaft a priori eine Qualität, die ihr nur möglicherweise — im Falle der Nachweisbarkeit ihrer Rechtlichkeit — zukommt. Man wende nicht ein, die analytische Rechts-

---

[110] Vgl. dazu oben zu 2.1.

2.22 Forschungspraktische Folgewirkungen 117

theorie spreche der Staatsgewalt doch keinen Rechtscharakter zu, sie greife vielmehr nur passiv auf, was staatliche Instanzen als „Recht" etikettierten; insofern die Theorie nur die Existenz solcher Etikettierungen konstatiere, erschöpfe sich ihr Beitrag in der bloßen Rezeption vorgegebener Bezeichnungen. Unsere Überlegungen haben ergeben, daß man das Recht nicht rein rezeptiv durch bloßes Aufgreifen von Bezeichnungen ermitteln kann; der Erkenntnisvorgang, durch welchen eine sprachliche Bezeichnung als Recht bestimmt wird, besteht vielmehr immer in einem kreativen Akt der normierenden Stellungnahme. Der Rechtstheoretiker, der sich einen in Sprachform gekleideten Hoheitsakt zum Gegenstande nimmt, gibt damit unwiderlegbar zu verstehen, daß dieser Hoheitsakt seines Erachtens ein geeignetes Objekt nicht irgendeiner Theorie, sondern spezifisch der *Rechts*theorie — und folglich: Recht — ist. Indem der Forscher einen von staatlichen Instanzen als Recht ausgewiesenen Hoheitsakt der rechtstheoretischen Analyse zugrundelegt, wertet er ihn mithin seinerseits als Recht. Die bloße Etikette des Rechts wird daher durch die rechtstheoretische Analyse nicht nur aufgegriffen, sie erfährt eine *inhaltliche* Bestätigung, insofern sie im Zuge eines wissenschaftlichen Erkenntnisverfahrens tatsächlich als Recht bewertet wird.

Die hierin beschlossene rechtfertigende Funktion stellt die analytische Grundannahme der wertneutralen Erkennbarkeit des wertbezogenen Gegenstandes Recht exakt auf den Kopf. Die analytisch konzipierte Rechtstheorie beansprucht, den *wertbezogenen* Gegenstand Recht *wertneutral* zu untersuchen. In Wahrheit verfährt sie aber gerade umgekehrt: sie thematisiert die als solche *wertlose* Faktizität der sich der Rechtsform bedienenden Herrschaftsgewalt und *bewertet* diese im Zuge ihrer Untersuchung als Recht. Ihr Gegenstand ist mithin nicht das wertbezogene Recht, sondern das wertlose Faktum staatlicher Zwangsgewalt, ihre Methode beinhaltet keine wertneutrale Analyse, sondern eine bewertende Bedeutungszuschreibung. Wenn dergestalt der rechtstheoretische Gegenstandsbereich in die bloße Faktizität staatlicher Zwangsgewalt umgedeutet, das heißt im wörtlichen Sinne „entwertet" wird, erfährt das factum brutum einer noch so verwerflichen Gewaltherrschaft im rechtstheoretischen Erkenntnisakt zwangsläufig eine „Aufwertung", indem es von der Theorie als Recht behandelt und dargestellt wird.

Aber damit nicht genug: die analytische Rechtstheorie schreibt nicht nur der in der bloßen Rechtsform auftretenden staatlichen Zwangsgewalt inhaltlich eine Rechtsqualität zu, die analytisch-rechtstheoretische Verfahrensweise begründet darüber hinaus den Schein, als sei der jeweils von ihr untersuchte Ausdruck von Herrschaftsgewalt ausgerechnet der *rational konzipierbare* Teilbereich des Rechts, bei dem eine

2.2 Folgewirkungen der Verformung des Rechts

emotionslose, rein vernunftgemäße Betrachtungsweise anzusetzen habe. Indem die analytische Rechtstheorie Äußerungen staatlicher Zwangsgewalt im Hinblick auf ihre formallogische Konsistenz und Widerspruchslosigkeit analysiert, prüft sie, ob diese Äußerungen sich in ein formallogisch durchgängig strukturiertes System einordnen lassen bzw. wie sie ohne jedwede inhaltliche Änderung durch bloße Änderung ihrer formallogischen Zuordnung in ein solches System eingeordnet werden können. Damit sucht die analytische Rechtstheorie zu zeigen, daß ihr Gegenstand den Anforderungen der analytisch bestimmten Rationalität genügt oder daß er doch zumindest durch Vermeidung formallogischer Unverträglichkeiten rational konzipiert werden kann. Der objektive Zweck eines derartigen Unterfangens besteht darin, die widerspruchsfreie Verknüpfung der analysierten Sätze — und damit die formale Rationalität, die dem untersuchten Objektbereich als einem in sich geschlossenen, logisch geordneten System innewohnt — zu rekonstruieren. Die analytische Rechtstheorie verwendet also nicht nur den formalen analytischen Rationalitätsbegriff zur Entwicklung ihrer Untersuchungsmethode; indem sie ihre Methode auf Äußerungen staatlicher Zwangsgewalt appliziert, unterstellt sie dieser Zwangsgewalt zugleich selbst eine inhärente formale Rationalität, welche es mit Hilfe der analytischen Verfahrensweise zu entdecken gilt. Die staatliche Zwangsgewalt partizipiert solchermaßen an der formalen Rationalität, mit welcher sie betrachtet wird; sofern ihre Äußerungen nur der theoretischen Analyse standhalten oder — im Falle ihrer formallogischen Widersprüchlichkeit — den Ergebnissen der Analyse angepaßt werden, erscheint die Zwangsgewalt, wie immer verwerflich sie sein mag, als rational[111]. Die Überhöhung, die die staatliche Zwangsgewalt durch die rechtstheoretische Untersuchung erfährt, ist also eine zweifache: die Zwangsgewalt wird als genuin rechtlich *und* zugleich als rational dargestellt, ein beliebiger staatlicher Zwang erscheint damit als Ausdruck des vernunftmäßig konzipierten Rechts, ja sozusagen als Desiderat der Rationalität des Rechts überhaupt.

Damit schließt sich der Kreis, der die rechtfertigende Funktion der analytischen Rechtstheorie vollends erhellt. Wurde im vorangehenden Kapitel auf das in modernen Gesellschaftsformationen vorhandene Bemühen hingewiesen, staatliche Herrschaft ausschließlich mit Hilfe eines von Wissenschaft und Technik hergeleiteten Begriffs der Rationalität zu legitimieren[112], so wird nunmehr zwischen dieser Art der Herrschaftslegitimation und der analytisch-rechtstheoretischen Tätigkeit ein

---

[111] Klenner bezeichnet diese Implikation der logischen Strukturanalyse von Rechtssätzen als eine „Beweihräucherung des positiven Rechts in der Form seiner Logifizierung", vgl. Klenner, Hegel, S. 166.

[112] Vgl. dazu oben zu 2.221.

Funktionszusammenhang offenbar: die bürokratische, auf formallogische Widerspruchsfreiheit und Effizienz ihrer Anordnungen bedachte Staatsherrschaft beruft sich zu ihrer Selbstrechtfertigung auf eine formale wissenschaftliche Rationalität, wohingegen die Wissenschaft — lies: die analytische Rechtstheorie — die Rationalität der bürokratischen Staatsherrschaft bestätigt. Der formale Rationalitätsbegriff, an dem staatliches Handeln sich eigentlich legitimieren sollte, wird so von vornherein von der Wissenschaft in den *Begriff* des bürokratisch organisierten Staates inkorporiert. Der objektive Zweck, der mit dieser groß angelegten Strategie verfolgt wird, ist eindeutig: er zielt auf einen Verzicht des herkömmlichen normativen Legitimierungszwanges staatlichen Handelns durch den Nachweis, daß die bürokratischen Maximen entsprechende staatliche Machtausübung — mag sie noch so verwerflich sein — bereits als solche rechtlich, rational und deshalb letztlich legitim ist.

2.3 Eine ideengeschichtliche Analogie:

Die Marx'sche Hegelkritik

Wir sind zu dem Befund gelangt, daß sich hinter dem Anschein einer wertneutralen wissenschaftlichen Analyse des Rechts in Wahrheit eine unwissenschaftliche Bewertung inhaltlich beliebiger Zwangsherrschaft als Recht verbirgt. Dieser eigentümliche Mechanismus, der einerseits in das bloße Faktum staatlichen Zwanges eine ihm nicht gebührende rechtliche Werthaftigkeit hineinprojiziert, andererseits aber die darin beschlossene blinde Legitimierung einer wie immer pervertierten Zwangsgewalt als wissenschaftlich objektiven Erkenntnisvorgang ausgibt, ist für die analytische Rechtstheorie charakteristisch, wenn auch nicht spezifisch. Wie die Ideengeschichte der Rechtsphilosophie zeigt, wurde ein derartiger Mechanismus bereits früher exemplarisch aufgedeckt und kritisiert: in der Auseinandersetzung von Marx mit dem rechtsphilosophischen Werk Hegels. Wenn daher abschließend auf die Marxsche Hegelkritik eingegangen wird, so geschieht dies zur Bestätigung der Stichhaltigkeit unserer Argumentation im Wege einer ideengeschichtlich aufschlußreichen Analogie, und nicht etwa, um unsere Gedankenführung im Nachhinein einer von Marx geprägten philosophischen Strömung zuzuordnen. Abgesehen davon, daß eine derartige pauschale Zuordnung immer äußerst problematisch ist, läßt sich die Auseinandersetzung des jungen Marx mit Hegel schwerlich mit dem Marxschen Spätwerk und dem hierdurch beeinflußten wissenschaftlichen Marxismus in Einklang bringen; obgleich von Marx stammend, ist die Hegel-Kritik nicht „marxistisch" — jedenfalls nicht, wenn man mit diesem Attribut mehr als nur eine Vorstellung verbindet, die der frühen, liberal-demokratischen Entwicklungsphase des Marxschen Denkens entspricht[1].

Methodischer Ausgangspunkt der Marx'schen Auseinandersetzung mit dem rechtsphilosophischen Werk Hegels ist die für Hegel grundlegende Unterscheidung zwischen der ideellen Sphäre des abstrakten Geistes und der materiellen Sphäre der konkreten Empirie[2]. Das gesellschaftliche Wesen Mensch ist für Hegel beiden Sphären zugehörig; es ist zugleich Materie wie auch Geist. Allerdings räumt Hegel der ideell-geistigen Sphäre eindeutig eine Vorrangstellung ein: er begreift diese als den produktiven Bereich des Menschseins schlechthin und das ihr zugehörige Bewußtsein als die einzig wahrhaft menschliche Qualität, wohingegen die materiell-empirische Sphäre für Hegel nichts weiter ist als eine von der eigentlichen Qualität des Menschseins entleerte empirische Erscheinung. Da der Mensch gleichwohl auch ein materielles, empirisches Wesen ist, dies aber gerade nicht sein eigentlich menschliches Wesen ausmacht, entäußert er sich in der materiell-empirischen Sphäre seinem Bewußtsein und entfremdet sich damit seinem eigentlichen Selbst. Diese Entfremdung aufzuheben, ist nach Hegel Aufgabe der philosophischen Erkenntnis[3]. Jene Aufhebung der Entfremdung geht für Hegel vonstatten mit der philosophischen Aneignung der empirischen Gegenständlichkeit des Menschen durch den Geist, „eine *Aneignung*, die im *Bewußtsein*, im *reinen Denken*, i. e. in der *Abstraktion* vor sich geht, die Aneignung ... als *Gedanken* und *Gedankenbewegungen*"[4]. Wenn indessen die Aufhebung der Entfremdung sich durch die geistige Aneignung der entfremdeten Gegenständlichkeit vollzieht, so dient die geistige Aneignung bei Hegel nicht nur der Aufhebung der Entfremdung, sondern zugleich der Aufhebung der empirischen Gegenständlichkeit des Menschen — womit sich die Ausgangsthese Hegels bestätigt, nach der dem Geist als dem alleinigen Maßstab des Menschseins ein absolutes Primat vor der empirischen Erscheinung gebührt[5]. Indem Hegel solchermaßen der Abstraktion des

---

[1] Dies erklärt, warum der hier in Rede stehende Aspekt der Hegel-Kritik von marxistischen Denkern lange Zeit unbeachtet blieb und erst in den fünfziger Jahren von Galvano Della Volpe wiederentdeckt wurde; vgl. das nunmehr in deutscher Übersetzung vorliegende Werk Della Volpe, Für eine materialistische Methodologie.

[2] Zur Kritik dieser Hegel'schen Unterscheidung aus neomarxistischer Sicht vgl. Horkheimer, Zur Kritik, S. 158 ff.

[3] Zum Begriff der Entfremdung und seiner methodischen Bedeutung für die Philosophie Hegels vgl. Lukács, Der junge Hegel, S. 659 ff.; Rossi, Marx, S. 471 ff., 533 ff.; Hyppolite, Etudes, S. 82 ff.; Popitz, Der entfremdete Mensch, S. 105 ff., 111 ff.

[4] Marx, Ökonomisch-philosophische Manuskripte, S. 573.

[5] Vgl. Marx, Ökonomisch-philosophische Manuskripte, S. 575: „Es gilt daher den *Gegenstand des Bewußtseins* zu überwinden. Die *Gegenständlichkeit* als solche gilt für ein *entfremdetes*, dem *menschlichen Wesen*, dem

2.3 Eine ideengeschichtliche Analogie

Geistes eine konkrete, der Materie vorgeordnete und sie aufhebende Existenz zuschreibt, verfährt er apriorisch idealistisch[6].

Es wäre eine unzulässige Verkürzung, wollte man die Kritik Marxens ausschließlich als eine Kritik jenes apriorischen Idealismus der Hegelschen Philosophie verstehen und seinen eigenen kritischen Standpunkt als „materialistische" Alternative zur idealistischen Philosophie Hegels begreifen; die Quintessenz der Marxschen Kritik ergibt sich nicht bereits aus einer einfachen Verkehrung der Vorzeichen der idealistischen Philosophie Hegels[7], sie läßt sich vielmehr nur verständlich machen, wenn man auf die methodische Inkonsistenz abstellt, die der apriorisch idealistischen Verfahrensweise Hegels zukommt.

Soll der Geist sich die materiell-empirische Sphäre des Lebens aneignen, so muß er die gesellschaftliche Lebenswirklichkeit, die diese Sphäre ausmacht, mit Mitteln des Geistes vergegenwärtigen. Mit dieser geistigen Vergegenwärtigung der gesellschaftlichen Lebenswirklichkeit gerät die Gedankenführung Hegels in eine Aporie: die Aporie nämlich, daß eine Aneignung der gesellschaftlichen Lebenswirklichkeit auf diese Weise überhaupt nicht möglich ist. Was der Geist sich aneignet, ist nicht die konkrete gesellschaftliche Realität, an der der Mensch als reales, sinnliches Wesen teilhat, sondern dasjenige, was erst im geistigen Aneignungsprozeß mit den Mitteln des Geistes als solche bestimmt wird[8]. Die konkrete gesellschaftliche Realität wird somit bei Hegel zu einem bloßen vergeistigten Objekt; sie läßt sich nicht positiv erfassen als materiale, sinnlich erfahrene und erlebte Tatsächlichkeit, sondern nur von ihrem Gegenpart, der Idee, her negativ bestimmen als Gegenstand und Gegenteil des Geistes, das heißt als geistlose bloße Empirie[9].

Selbstbewußtsein nicht entsprechendes Verhältnis des Menschen. Die *Wiederaneignung* des als fremd, unter der Bestimmung der Entfremdung erzeugten gegenständlichen Wesens des Menschen, hat also nicht nur die Bedeutung, die *Entfremdung*, sondern die *Gegenständlichkeit* aufzuheben, d. h. also, der Mensch gilt als ein *nicht-gegenständliches, spiritualistisches* Wesen."

[6] Gegenstand der Marx'schen Hegelkritik ist also nicht der Idealismus schlechthin, sondern nur der apriorische Idealismus, der der „Stoffbestimmtheit der Idee" (Radbruch) nicht Rechnung trägt. Zur apriorischen Bestimmung des Idealismus bei Hegel vgl. auch Hegel, Wissenschaft der Logik, S. 181.

[7] In der marxistischen Tradition sind derartige Versuche, die Hegel'sche Dialektik „vom Kopf auf die Füße zu stellen" des öfteren mit einander widersprechenden Ergebnissen unternommen worden, vgl. etwa Engels, Ludwig Feuerbach, S. 21; ders., Brief an Bloch, S. 463 sowie Lukács, Der junge Hegel, S. 662, 684 mit weiteren Nachweisen.

[8] Vgl. hierzu Marx, Ökonomisch-philosophische Manuskripte, S. 573 ff.; zum Begriff der konkreten gesellschaftlichen Realität bei Marx vgl. Pfafferott, Karl Marx, S. 25 ff.

[9] Vgl. Marx, Ökonomisch-philosophische Manuskripte, S. 580: „Der Gegenstand ist daher ein Negatives, ein sich selbst Aufhebendes, eine *Nichtigkeit*.

(Forts. S. 122)

2.3 Eine ideengeschichtliche Analogie

Der Geist bezieht sich bei Hegel daher auf die idealistisch vergeistigte Form der sozialen Welt, nicht auf die reale Lebenswelt als solche; die Idee hat es nicht mit der Materie als einem realen Gegenstand, sondern mit einer bloß ideell vorgestellten und daher imaginären Gegenständlichkeit zu tun[10]. Die Thematisierung der gesellschaftlichen Wirklichkeit erfolgt demnach bei Hegel nicht in einer dieser Wirklichkeit adäquaten Weise, sie setzt vielmehr prinzipiell eine Idealisierung jener Wirklichkeit zu einem imaginären Produkt des Geistes voraus. Wegen dieser Idealisierung der Sozialwirklichkeit zieht sich das Verhältnis der Idee zu ihrem Gegenstande in ein simples Verhältnis von Idee zu Idee zusammen, in einen reinen „inneren Monolog des Denkens"[11]. Wie die analytische Rechtstheorie geht demnach auch die Rechtsphilosophie Hegels von einer idealistisch-abstrakten Gegenstandsbestimmung aus, indem sie ihren Gegenstand aus der geistigen Anschauung als eine vergeistigte, imaginäre Form der Realität konstruiert. In diesem Sinne entwickelt Hegel „sein Denken nicht aus dem Gegenstand, sondern den Gegenstand nach einem ... in der abstrakten Sphäre der Logik mit sich fertig gewordnen Denken"[12].

Aus dieser idealistisch-abstrakten Gegenstandsbestimmung ergibt sich für Marx ein a-kritischer, mystifizierender Praxisbezug der Rechtsphilosophie Hegels. Da Hegel die Lebenswirklichkeit von vornherein idealistisch konzipiert, kann seine Analyse nicht bei der konkreten Wirklichkeit ansetzen, sondern nur bei der abstrakten Vorstellung von der Wirklichkeit. Indem Hegel dergestalt eine abstrakte Vorstellung von der gesellschaftlichen Realität zum Ausgang seiner Untersuchung

---

Diese Nichtigkeit desselben hat für das Bewußtsein nicht nur eine negative, sondern eine *positive* Bedeutung, denn jene *Nichtigkeit* des Gegenstandes ist eben die *Selbstbestätigung* der Ungegenständlichkeit, der *Abstraktion*, seiner selbst."

[10] Vgl. hierzu Adorno, Zur Metakritik, S. 147: „Sinnliches ist nicht unmittelbar für Unsinnliches da, sondern nur durch den Begriff, der die Sinnlichkeit nicht ‚ist', sondern sie meint und damit aufhebt."

[11] Colletti, Marxismus als Soziologie, S. 5. Vgl. in diesem Zusammenhang auch Marx, Kritik des Hegelschen Staatsrechts, S. 207 f.: „Es wird also die empirische Wirklichkeit aufgenommen, wie sie ist; sie wird auch als vernünftig ausgesprochen, aber sie ist nicht vernünftig wegen ihrer eigenen Vernunft, sondern weil die empirische Tatsache in ihrer empirischen Existenz eine andere Bedeutung hat als sich selbst. Die Tatsache, von der ausgegangen wird, wird nicht als solche, sondern als mystisches Resultat gefaßt."

[12] Marx, Kritik des Hegelschen Staatsrechts, S. 213. Diese idealistisch-abstrakte Gegenstandsbestimmung ergibt sich zwangsläufig aus einer der philosophischen theoria-Tradition entstammenden Erkenntnishaltung, vgl. dazu oben zu 2.1. Aus einer solchen Erkenntnishaltung ist für Marx nur eine „theoretische Kritik" möglich; diese ist für ihn nur ein scheinbarer Kritizismus, ja das Gegenteil einer kritischen Methode, vgl. Marx, Ökonomisch-philosophische Manuskripte, S. 581 sowie seine polemischen Bemerkungen in dem Brief an Feuerbach, insbes. S. 427.

2.3 Eine ideengeschichtliche Analogie

nimmt[13], rekonstruiert er die konkrete Sozialwirklichkeit mit idealistischen, das heißt mit überzeitlichen und gesellschaftsunspezifischen Kategorien. Diese Kategorien scheinen abstrakt und inhaltsleer, ihre Gültigkeit scheint sich einzig nach ihrer formal-begrifflichen Konsistenz zu bemessen; in Wahrheit nehmen die Kategorien aber auf eine je spezifische Sozialwirklichkeit bezug, die sie in idealistisch verklärter Form reproduzieren. Die Idee, welche bei Hegel formal und abstrakt bestimmt ist als die absolute Negation der Empirie, nimmt also in Wahrheit bloße Empirie in sich auf und reproduziert diese in der abstrakten Form der Begrifflichkeit[14]; die Idee ist bei Hegel prinzipienwidrig mit konkreten empirischen Inhalten aufgefüllt, die sich uneingestandenermaßen hinter der abstrakten Form verbergen[15]. Hierin ist für Marx „das ganze Mysterium der Rechtsphilosophie niedergelegt und der Hegelschen Philosophie überhaupt"[16]:

„Die gewöhnliche Empirie hat nicht ihren eigenen Geist, sondern einen fremden zum Gesetz, wohingegen die wirkliche Idee nicht eine aus ihr selbst entwickelte Wirklichkeit, sondern die gewöhnliche Empirie zum Dasein hat ... Das Wirkliche wird zum Phänomen, aber die Idee hat keinen anderen Inhalt als dieses Phänomen[17]."

Die Sozialwirklichkeit erfährt demnach im Zuge des Hegel'schen Erkenntnisverfahrens eine eigentümliche Transformation. Aufgenommen wird sie so wie sie ist: als bloße Empirie, das heißt in ihrer reinen Faktizität; wiedergegeben wird sie in idealistisch-abstrakten Kategorien. Das Hegel'sche Erkenntnisverfahren reproduziert mithin die empirische Faktizität in abstrakt-begrifflicher Form. Jene Reproduktion stellt die je besondere Sozialwirklichkeit nicht als das dar, was sie ist, nämlich eine Fülle historisch überkommener und lebenspraktisch fortzuentwickelnder gesellschaftlicher Beziehungen; da die Reproduktion mit Hilfe idealistischer Kategorien erfolgt, wird den zufällig vor-

---

[13] Zur Verwechslung von Ausgang und Resultat des Erkenntnisverfahrens durch Hegel vgl. Marx, Zur Kritik der politischen Ökonomie, Einleitung, S. 257.
[14] Vgl. Marx, Ökonomisch-philosophische Manuskripte, S. 585: „Aber was ist nun die absolute Idee. Sie hebt sich selbst wieder auf, wenn sie nicht von vorn den ganzen Abstraktionsakt durchmachen und sich damit begnügen will, eine Totalität von Abstraktionen oder die sich erfassende Abstraktion zu sein. Aber die sich als Abstraktion erfassende Abstraktion weiß sich als nichts; sie muß sich, die Abstraktion, aufgeben, und so kömmt sie bei einem Wesen an, welches grade ihr Gegenteil ist, bei der *Natur*."
[15] Della Volpe spricht in diesem Zusammenhang davon, daß in der abstrakten Form der Idee empirische Inhalte „unverdaut" enthalten sind, vgl. Della Volpe, Für eine materialistische Methodologie, S. 39; vgl. hierzu auch Cerroni, Marx, S. 115.
[16] Marx, Kritik des Hegelschen Staatsrechts, S. 208.
[17] Marx, Kritik des Hegelschen Staatsrechts, S. 206, 208.

findlichen gesellschaftlichen Verhältnissen im Zuge der Untersuchung eine ihnen nicht gebührende ideelle Qualität verliehen, sie werden ihrem konkreten Entstehungs- und Veränderungszusammenhang entzogen und so mystifiziert als notwendige und unabänderliche Erscheinungsformen der abstrakten Idee. Im Hegel'schen Erkenntnisverfahren werden die gesellschaftlichen Verhältnisse demnach nicht nur *kritiklos* akzeptiert, wie sie faktisch vorgefunden wurden; ihnen wird darüber hinaus *in a-kritischer Weise* eine ihnen nicht gebührende ideelle Werthaftigkeit beigemessen. Da die faktisch existenten gesellschaftlichen Verhältnisse bei Hegel an der Werthaftigkeit der Idee teilhaben, gibt Hegel die Faktizität als Wert aus und leitet die Werthaftigkeit, das heißt: die Legitimität, des Faktums aus seiner bloßen Existenz ab. Das genuin A-Kritische jenes Verfahrens besteht für Marx darin, daß es soziale Verhältnisse objektiv zu analysieren scheint, in Wahrheit diese aber in einer Weise abbildet, die es prinzipiell unmöglich macht, die Legitimität des Soseins jener Verhältnisse in Zweifel zu ziehen.

Jene a-kritische Funktion kommt bei Hegel exemplarisch in der Ambivalenz der Beziehung des Staates zur bürgerlichen Gesellschaft zum Ausdruck. Hegel nimmt die abstrakte Idee der bürgerlichen Gesellschaft im allgemeinen — nicht etwa die konkrete Struktur seiner zeitgenössischen Gesellschaft — zum Ausgang seiner Untersuchung. Diese idealistisch-abstrakte Gegenstandsbestimmung erlaubt ihm die Entwicklung eines ideellen Begriffs des Staates und das Aufstellen der These, daß die strikte Unterscheidung zwischen dem Begriff des Staates und demjenigen der bürgerlichen Gesellschaft methodisch unerläßlich sei[18]. Hinter dem ideellen Begriff des Staates verbirgt sich indessen nichts anderes als das preußische Staatswesen in idealisierter Form. Hegel vermittelt eine exakte Darstellung des preußischen Staates und seiner Gesellschaftsstruktur, aber diese Darstellung ist nicht der bewußt gewählte Ausgangspunkt, sondern das uneingestandene Resultat seiner Analyse. Als uneingestandenes Ergebnis partizipiert der preußische Staat an dem Nimbus der abstrakten Begrifflichkeit der Idee des Staates, als deren besondere Erscheinungsform er sich darstellt[19].

---

[18] Vgl. Popitz, Der entfremdete Mensch, S. 75.
[19] Vgl. Marx, Kritik des Hegelschen Staatsrechts, S. 213: „Der Wahrheit nach hat Hegel nichts getan, als die ‚politische Verfassung' in die allgemeine abstrakte Idee des ‚Organismus' aufgelöst, aber dem Schein und seiner eignen Meinung nach hat er aus der ‚allgemeinen Idee' das Bestimmte entwickelt. Er hat zu einem Produkt, einem Prädikat der Idee gemacht, was ihr Subjekt ist ... Es handelt sich nicht darum ‚die bestimmte Idee der politischen Verfassung zu entwickeln, sondern es handelt sich darum, der politischen Verfassung ein Verhältnis zur abstrakten Idee zu geben, sie als ein Glied ihrer Lebensgeschichte (der Idee) zu rangieren, eine offenbare Mystifikation."

2.3 Eine ideengeschichtliche Analogie

Solchermaßen erscheint das preußische Gemeinwesen nicht mehr als eine in ihrer politischen und ökonomischen Ausgestaltung durchaus fragwürdige Entwicklungsstufe der konstitutionellen Monarchie, es wird vielmehr seiner geschichtlichen Gewordenheit entkleidet und als logische Konsequenz der Idee des Staates verklärt. „Hegel ist nicht zu tadeln", schreibt Marx, „weil er das Wesen des modernen Staates schildert, wie es ist, sondern weil er das, was ist, für das *Wesen des Staats* ausgibt"[20]. Insofern deklariert Hegel das Wirkliche als vernünftig, indem er der faktisch vorfindbaren staatlichen Zwangsgewalt von vornherein eine innere Vernunft und Legitimität bescheinigt; seine Rechtsphilosophie ist nichts weiter als der apologetische „Versuch, den Staat als ein in sich Vernünftiges zu begreifen und darzustellen"[21].

---

[20] Marx, Kritik des Hegelschen Staatsrechts, S. 266. Adorno bezeichnet diesen mystifizierenden Aspekt der Hegel'schen Philosophie als „Defizierung dessen, was ist", vgl. Adorno, Negative Dialektik, S. 296.
[21] Hegel, Grundlinien, Vorrede, S. 26.

Literaturverzeichnis

Adorno, Theodor W.: Zur Metakritik der Erkenntnistheorie. Studien über Husserl und die phänomenologischen Antinomien, Frankfurt/Main 1972.
Zitiert: Adorno, Zur Metakritik.
— Negative Dialektik. Jargon der Eigentlichkeit; Theodor W. Adorno, Gesammelte Schriften Band 6. Frankfurt/Main 1973.

Albert, Hans: Ethik und Meta-Ethik. Das Dilemma der analytischen Moralphilosophie, in: Werturteilsstreit. Hrsgg. v. Hans Albert und Ernst Topitsch, Darmstadt 1971, S. 472 - 517.
— Zum Normenproblem in den Sozialwissenschaften, in: Soziale Welt, Jahrgang VIII (1957), S. 5 - 9.
Zitiert: Albert, Zum Normenproblem.

Alchourrón, Carlos E. / *Bulygin*, Eugenio: Normative Systems. Library of Exact Philosophy, Vol. 5, Wien, New York 1971.

Amato, Nicolò: Logica Simbolica e Diritto, Pubblicazioni Della Facoltà di Giurisprudenza Della Università di Pisa, 27, Milano 1969.
Zitiert: Amato, Logica simbolica.

Antiseri, Dario: Dopo Wittgenstein — Dove va la Filosofia Analitica, Itinerari Critici, 7, Roma 1967.
Zitiert: Antiseri, Dopo Wittgenstein.

Apel, Karl-Otto: Einführung zu: Charles Sanders Peirce, Schriften I. Zur Entstehung des Pragmatismus: Der philosophische Hintergrund der Entstehung des Pragmatismus bei Charles Sanders Peirce, Frankfurt/Main 1967, S. 13 - 153.
— Einführung zu: Charles Sanders Peirce, Schriften II. Vom Pragmatismus zum Pragmatizismus: Peirces Denkweg vom Pragmatismus zum Pragmatizismus, Frankfurt/Main 1970, S. 11 - 211.
— Die Entfaltung der „sprachanalytischen" Philosophie und das Problem der „Geisteswissenschaften", in: Karl-Otto Apel, Transformation der Philosophie Band II: Das Apriori der Kommunikationsgemeinschaft, Frankfurt/Main 1973, S. 28 - 95.
Zitiert: Apel, Die Entfaltung.
— Die Kommunikationsgemeinschaft als transzendentale Voraussetzung der Sozialwissenschaften, in: Karl-Otto Apel, Transformation der Philosophie Band II: Das Apriori der Kommunikationsgemeinschaft, Frankfurt/Main 1973, S. 220 - 263.
Zitiert: Apel, Die Kommunikationsgemeinschaft.
— Sprache und Wahrheit in der gegenwärtigen Situation der Philosophie. Zur Semiotik von Ch. Morris, in: Karl-Otto Apel, Transformation der Philosophie Band I: Sprachanalytik, Semiotik, Hermeneutik, Frankfurt/Main 1973, S. 138 - 166.
Zitiert: Apel, Sprache und Wahrheit.

Literaturverzeichnis

Apel, Karl-Otto: Szientistik, Hermeneutik, Ideologiekritik. Entwurf einer Wissenschaftslehre in erkenntnisanthropologischer Sicht, in: Karl-Otto Apel, Transformation der Philosophie Band II: Das Apriori der Kommunikationsgemeinschaft, Frankfurt/Main 1973, S. 96 - 127.
Zitiert: Apel, Szientistik.

Austin, John: Lectures on Jurisprudence or the Philosophy of Positive Law, Fifth Edition, London 1885.
Zitiert: Austin, Lectures.

— The Province of Jurisprudence Determined and the Uses of the Study of Jurisprudence, ed. by Herbert L. A. Hart, London 1954.
Zitiert: Austin, The province.

Austin, John Langshaw: Zur Theorie der Sprechakte, Übersetzung ins Deutsche, Stuttgart 1972.
Zitiert: Austin, Zur Theorie.

Ayer, Alfred Jules: Sprache, Wahrheit und Logik, Übersetzung ins Deutsche, Stuttgart 1970.
Zitiert: Ayer, Sprache.

Baratta, Alessandro: Gedanken zu einer dialektischen Lehre von der Natur der Sache, in: Rechtstheorie. Ansätze zu einem kritischen Rechtsverständnis. Hrsgg. v. Arthur Kaufmann, Karlsruhe 1971, S. 111 - 118.
Zitiert: Baratta, Gedanken.

— Natur der Sache und Naturrecht, Übersetzung ins Deutsche, in: Die ontologische Begründung des Rechts. Wege der Forschung Band XXII. Hrsgg. v. Arthur Kaufmann, Darmstadt 1965, S. 104 - 163.
Zitiert: Baratta, Natur der Sache.

— Richerche su Essere e Dover Essere Nell' Esperienza Normativa e Nella Szienza Del Diritto, Università Degli Studi di Camerino, Annali Della Facoltà Giuridica, Vol. XXXIII (1967), Milano 1968.
Zitiert: Baratta, Richerche.

Bell, Daniel: The End of Ideology. On the Exhaustion of Political Ideas in the Fifties, New York 1960.

Bentham, Jeremy: An Introduction to the Principles of Morals and Legislation, in: The Works of Jeremy Bentham. Ed. by John Bowring, Vol. 1, New York 1962, S. 1 - 154.
Zitiert: Bentham, An introduction.

— Of Laws in General, in: Collected Works of Jeremy Bentham: Principles of Legislation. Ed. by Herbert L. A. Hart, London 1970.
Zitiert: Bentham, Of laws.

Berger, Hartwig: Erfahrung und Gesellschaftsform. Methodologische Probleme wissenschaftlicher Beobachtung, Stuttgart, Berlin, Köln, Mainz 1972.
Zitiert: Berger, Erfahrung.

Beth, Evert W.: The Foundations of Mathematics. A Study in the Philosophy of Science, Second Revised Edition, Amsterdam 1968.
Zitiert: Beth, The foundations.

Beyer, Wilhelm Raimund: Das Reinheitspostulat in der Rechtsphilosophie. Gedankenreinheit bei Hegel und Engels. Beihefte zur Zeitschrift Demokratie und Recht, 2, Köln 1973.
Zitiert: Beyer, Das Reinheitspostulat.

Blokhintsev, D. I.: The Philosophy of Quantum Mechanics, Dordrecht 1968.
Zitiert: Blokhintsev, The philosophy.

Boasson, Ch.: The Use of Logic in Legal Reasoning, Mededelingen der Koninklijke Nederlandse Akademie van Wetenschappen, Afd. Letterkunde Niewe Reeks — Deel 29 — No. 3, Amsterdam 1966.
Zitiert: Boasson, The use of logic.

Bobbio, Norberto: Giusnaturalismo e Positivismo Giuridico, Diritto e Cultura Moderna, 1, Milano 1965.
Zitiert: Bobbio, Giusnaturalismo.

Böhler, Dietrich: Metakritik der Marxschen Ideologiekritik. Prolegomenon zu einer reflektierten Ideologiekritik und „Theorie-Praxis-Vermittlung", Frankfurt/Main 1971.
Zitiert: Böhler, Zur Metakritik.

— Paradigmawechsel in analytischer Wissenschaftstheorie? Wissenschaftsgeschichtliche und wissenschaftstheoretische Aufgaben der Philosophie, in: Zeitschrift für allgemeine Wissenschaftstheorie Band III (1972), S. 219 - 242.
Zitiert: Böhler, Paradigmawechsel.

— Rechtstheorie als kritische Reflexion, in: Rechtstheorie. Beiträge zur Grundlagendiskussion. Hrsgg. v. Günther Jahr und Werner Maihofer, Frankfurt/Main 1971, S. 62 - 120.
Zitiert: Böhler, Rechtstheorie.

von Bormann, Klaus: Der praktische Ursprung der Kritik. Die Metamorphosen der Kritik in Theorie, Praxis und wissenschaftlicher Technik von der antiken praktischen Philosophie bis zur neuzeitlichen Wissenschaft der Praxis, Stuttgart 1974.
Zitiert: Bormann, Der praktische Ursprung.

Canaris, Claus-Wilhelm: Systemdenken und Systembegriff in der Jurisprudenz entwickelt am Beispiel des deutschen Privatrechts, Schriften zur Rechtstheorie, Heft 14, Berlin 1969.
Zitiert: Canaris, Systemdenken.

Carnap, Rudolf: Einführung in die symbolische Logik mit besonderer Berücksichtigung ihrer Anwendungen, 3. unveränd. Auflage, Wien 1968.
Zitiert: Carnap, Einführung.

— Introduction to Semantics and Formalisation of Logic, Cambridge/Massachusetts 1968.
Zitiert: Carnap, Introduction.

— Die physikalische Sprache als Universalsprache der Wissenschaft, in: Erkenntnis. Zweiter Band 1931, zugleich Annalen der Philosophie Band X, S. 432 - 465.
Zitiert: Carnap, Die physikalische Sprache.

— Überwindung der Metaphysik durch logische Analyse der Sprache, in: Erkenntnis. Zweiter Band 1931, zugleich Annalen der Philosophie Band X, S. 219 - 241.
Zitiert: Carnap, Überwindung.

Cerroni, Umberto: Marx und das moderne Recht. Texte zur politischen Theorie und Praxis, Band 6520, Übersetzung ins Deutsche, Frankfurt/Main 1974.
Zitiert: Cerroni, Marx.

de Cervera, Alejo: Concerning the Effort to Define the Law, in: Archiv für Rechts- und Sozialphilosophie Band LXI (1975), S. 43 - 56.
Zitiert: Cervera, Concerning the effort.

Colletti, Lucio: Marxismus als Soziologie, Übersetzung ins Deutsche, Internat. Marxistische Diskussion Band 31, Berlin 1973.
Zitiert: Colletti, Marxismus.

Costa, Pietro: Semantica e Storia Del Pensiero Giuridico, in: Quaderni Fiorentini per la Storia Del Pensiero Giuridico Moderno Vol. 1 (1972), S. 45 - 87.
Zitiert: Costa, Semantica.

Criticism: Criticism and the Growth of Knowledge, Proceedings of the International Colloqium in the Philosophy of Science, London 1965, Vol. 4, Ed. by Imre Latakos and Alan Musgrave, Cambridge 1970.
Zitiert: Criticism.

David, Aurel: La Cybernétique et le Droit, in: La Logique Juridique. Travaux du IIe Colloque de Philosophie du Droit Comparée, Toulouse, Septembre 1967, Collection Philosophie Comparée du Droit et de l'Etat II, Paris 1967, S. 147 - 162.
Zitiert: David, La cybernétique.

Della Volpe, Galvano: Für eine materialistische Methodologie, Übersetzung ins Deutsche, Internat. Marxistische Diskussion Band 43, Berlin 1973.

Dilthey, Wilhelm: Der Aufbau der geschichtlichen Welt in den Geisteswissenschaften, Wilhelm Dilthey, Gesammelte Schriften Band VII, Leipzig, Berlin 1927.
Zitiert: Dilthey, Der Aufbau.

Dreier, Ralf: Was ist und wozu Allgemeine Rechtstheorie?, Recht und Staat Band 444/445, Tübingen 1975.

Eckhold-Schmidt, Fridel: Legitimation durch Begründung. Eine erkenntniskritische Analyse der Drittwirkungskontroverse, Schriften zur Rechtstheorie, Heft 36, Berlin 1974.
Zitiert: Eckhold-Schmidt, Legitimation.

Eckmann, Horst: Rechtspositivismus und sprachanalytische Philosophie. Der Begriff des Rechts in der Rechtstheorie H. L. A. Harts, Schriften zur Rechtstheorie Band 15, Berlin 1969.
Zitiert: Eckmann, Rechtspositivismus.

Ellscheid, Günter: Zur Forschungsidee der Rechtstheorie, in: Rechtstheorie. Ansätze zu einem kritischen Rechtsverständnis. Hrsgg. v. Arthur Kaufmann, Karlsruhe 1971, S. 5 - 18.
Zitiert: Ellscheid, Zur Forschungsidee.

Engels, Friedrich: Brief an Joseph Bloch in Königsberg vom 21. 9. 1890, in: Karl Marx / Friedrich Engels, Werke. Hrsgg. v. Institut für Marxismus-Leninismus beim ZK der SED Band 21, Berlin 1962, S. 259 - 307.
Zitiert: Engels, Brief an Bloch.

— Herrn Eugen Dührings Umwälzung der Wissenschaft („Anti-Dühring"), in: Karl Marx / Friedrich Engels, Werke. Hrsgg. v. Institut für Marxismus-Leninismus beim ZK der SED Band 20, Berlin 1962, S. 1 - 303.
Zitiert: Engels, Anti-Dühring.

Engels, Friedrich: Ludwig Feuerbach und der Ausgang der klassischen deutschen Philosophie, in: Karl Marx / Friedrich Engels, Werke. Hrsgg. v. Institut für Marxismus-Leninismus beim ZK der SED Band 21, Berlin 1962, S. 259 - 307.
Zitiert: Engels, Ludwig Feuerbach.

Esser, Josef: Das Bewußtwerden wissenschaftlichen Arbeitens im Recht, Nachwort zu: Roland Dubischar, Grundbegriffe des Rechts. Eine Einführung in die Rechtstheorie, Stuttgart, Berlin, Köln, Mainz 1968, S. 95 - 102.
Zitiert: Esser, Das Bewußtwerden.

— Vorverständnis und Methodenwahl in der Rechtsfindung. Rationalitätsgarantien der richterlichen Entscheidungspraxis, Studien und Texte zur Theorie und Methodologie des Rechts, Band 7, hrsgg. v. Josef Esser, Frankfurt/Main 1970.
Zitiert: Esser, Vorverständnis.

Ferrajoli, Luigi: Teoria Assiomatizzata Del Diritto. Parte Generale, Pubblicazioni Dell'Istituto di Filosofia Del Diritto Dell' Università di Roma, Ser. 3, 3.
Zitiert: Ferrajoli, Teoria assiomatizzata.

Fiedler, Frank: „Einheitswissenschaft" oder Einheit der Wissenschaft?, Berlin 1971.
Zitiert: Fiedler, Einheitswissenschaft.

Frankena, W. K.: The Concept of Morality, in: The Definition of Morality. Ed. by G. Wallace, A. D. M. Walker, London 1970, S. 146 - 173.
Zitiert: Frankena, The concept.

Friedmann, W.: Legal Theory, Fifth Edition, London 1967.

Gadamer, Hans-Georg: Wahrheit und Methode. Grundzüge einer philosophischen Hermeneutik, 3. erweiterte Auflage, Tübingen 1972.

Gasché, Rodolphe: Die hybride Wissenschaft. Zur Mutation des Wissenschaftsbegriffs bei Emile Durkheim und im Strukturalismus von Claude Lévi-Strauss, Stuttgart 1973.

Gehlen, Arnold: Der Begriff Technik in entwicklungsgeschichtlicher Sicht, in: Der Begriff Technik. Vorträge von E. Fink, A. Gehlen, W. Helberg und P. Wilpert. Mitteilungen des Ausschusses Philosophie und Technik im Verein Deutscher Ingenieure, Düsseldorf 1962, S. 6 - 9.
Zitiert: Gehlen, Der Begriff Technik.

— Probleme einer soziologischen Handlungslehre, in: Arnold Gehlen, Studien zur Anthropologie und Soziologie, 2. durchgesehene u. veränderte Auflage, Neuwied, Berlin 1971, S. 196 - 231.
Zitiert: Gehlen, Probleme.

Gellner, Ernest: Words and Things. A Critical Account of Linguistic Philosophy and a Study in Ideology. With an Introduction by B. Russell, London 1959.

Goffman, Erving: Interaktionsrituale. Über Verhalten in direkter Kommunikation, Übersetzung ins Deutsche, Frankfurt/Main 1973.

Guradze, Heinz: Normative Rechtswissenschaften, in: Soziale Welt, Jahrgang VIII (1957), S. 1 - 4.

Habermas, Jürgen: Dogmatismus, Vernunft und Entscheidung — Zu Theorie und Praxis in der verwissenschaftlichten Zivilisation, in: Jürgen Habermas, Theorie und Praxis. Sozialphilosophische Studien, Politica. Abhandlungen und Texte zur politischen Wissenschaft Band 11, 2. Auflage, Neuwied, Berlin 1967, S. 231 - 257.
Zitiert: Habermas, Dogmatismus.

— Erkenntnis und Interesse. Mit einem neuen Nachwort, Frankfurt/Main 1973.

— Legitimationsprobleme im Spätkapitalismus, Frankfurt/Main 1973.
Zitiert: Habermas, Legitimationsprobleme.

— Ein Literaturbericht (1967): Zur Logik der Sozialwissenschaften, in: Jürgen Habermas, Zur Logik der Sozialwissenschaften. Materialien, Frankfurt/Main 1970, S. 71 - 310.

— Nachtrag zu einer Kontroverse (1963): Analytische Wissenschaftstheorie und Dialektik, in: Jürgen Habermas, Zur Logik der Sozialwissenschaften. Materialien, Frankfurt/Main 1970, S. 9 - 38.
Zitiert: Habermas, Nachtrag.

— Eine Polemik (1964): Gegen einen positivistisch halbierten Rationalismus, in: Jürgen Habermas, Zur Logik der Sozialwissenschaften. Materialien, Frankfurt/Main 1970, S. 39 - 70.

— Technik und Wissenschaft als „Ideologie", 4. Auflage, Frankfurt/Main 1970.
Zitiert: Habermas, Technik und Wissenschaft.

— Theorie der Gesellschaft oder Sozialtechnologie? Eine Auseinandersetzung mit Niklas Luhmann, in: Jürgen Habermas / Niklas Luhmann, Theorie der Gesellschaft oder Sozialtechnologie — Was leistet die Systemforschung?, Frankfurt/Main 1971, S. 142 - 290.
Zitiert: Habermas, Theorie der Gesellschaft.

— Der Universalitätsanspruch der Hermeneutik, in: Hermeneutik und Ideologiekritik. Mit Beiträgen von Karl-Otto Apel, Claus von Bormann, Rüdiger Bubner, Hans-Georg Gadamer, Hans Joachim Giegel, Jürgen Habermas, Frankfurt/Main 1971, S. 120 - 159.
Zitiert: Habermas, Der Universalitätsanspruch.

— Wahrheitstheorien, in: Wirklichkeit und Reflexion, Walter Schulz zum 60. Geburtstag, hrsgg. v. Helmut Fahrenbach, Pfullingen 1973, S. 211 - 265.

Hagen, Johann Josef: Soziologie und Jurisprudenz. Zur Dialektik von Gesellschaft und Recht, München 1973.
Zitiert: Hagen, Soziologie.

Hare, R. M.: Freiheit und Vernunft, Übersetzung ins Deutsche, Düsseldorf 1973.

Hart, Herbert L. A.: Der Begriff des Rechts, Übersetzung ins Deutsche, Frankfurt/Main 1973.
Zitiert: Hart, Der Begriff.

— Der Positivismus und die Trennung von Recht und Moral, in: Herbert L. A. Hart, Recht und Moral. Drei Aufsätze, Übersetzung ins Deutsche, hrsgg. v. Norbert Hoerster, Göttingen 1971, S. 14 - 57.
Zitiert: Hart, Der Positivismus.

Hart, Herbert L. A.: Recht und Moral. Drei Aufsätze, Übersetzung ins Deutsche, hrsgg. v. Norbert Hoerster, Göttingen 1971.

Hassemer, Winfried: Tatbestand und Typus. Untersuchungen zur strafrechtlichen Hermeneutik, Schriftenreihe Annales Universitatis Saraviensis, Heft 33, Köln 1968.

Hegel, Georg Wilhelm Friedrich: Grundlinien der Philosophie des Rechts oder Naturrecht und Staatswissenschaft im Grundrisse, Georg Wilhelm Friedrich Hegel, Werke Band 7, Frankfurt/Main 1970.
Zitiert: Hegel, Grundlinien.

— Wissenschaft der Logik. Erster Teil: Die objektive Logik. Erstes Buch. Georg Wilhelm Friedrich Hegel, Werke Band 5, Frankfurt/Main 1969.

Heisenberg, Werner: Das Naturbild der heutigen Physik, Hamburg 1955.
Zitiert: Heisenberg, Das Naturbild.

— Physik und Philosophie, Stuttgart 1959.

Hempel, Carl G.: Grundzüge der Begriffsbildung in der empirischen Wissenschaft, Übersetzung ins Deutsche, Wissenschaftstheorie der Wirtschafts- und Sozialwissenschaften Band 5, Düsseldorf 1974.
Zitiert: Hempel, Grundzüge.

Henkel, Heinrich: Einführung in die Rechtsphilosophie. Grundlagen des Rechts, München, Berlin 1964.
Zitiert: Henkel, Rechtsphilosophie.

Hobbes, Thomas: Leviathan oder Stoff, Form und Gewalt eines bürgerlichen und kirchlichen Staates, Übersetzung ins Deutsche, Politica. Abhandlungen und Texte zur politischen Wissenschaft Band 22, Neuwied, Berlin 1966.
Zitiert: Hobbes, Leviathan.

Hoerster, Norbert: Grundthesen analytischer Rechtstheorie, in: Jahrbuch für Rechtssoziologie und Rechtstheorie Band 2: Rechtstheorie als Grundlagenwissenschaft der Rechtswissenschaft, hrsgg. v. Hans Albert, Niklas Luhmann, Werner Maihofer und Ota Weinberger, Düsseldorf 1972, S. 115 - 132.
Zitiert: Hoerster, Grundthesen.

Hohfeld, Wesley N.: Fundamental Legal Conceptions as Applied in Judicial Reasoning, New Haven, London 1964.
Zitiert: Hohfeld, Fundamental legal conceptions.

Horkheimer, Max: Traditionelle und kritische Theorie. Vier Aufsätze, Frankfurt/Main, Hamburg 1970.

— Zur Kritik der instrumentellen Vernunft. Aus den Vorträgen und Aufzeichnungen seit Kriegsende, Übersetzung ins Deutsche, hrsgg. v. Alfred Schmidt, Frankfurt/Main 1967.
Zitiert: Horkheimer, Zur Kritik.

Horn, Dieter: Rechtssprache und Kommunikation. Grundlegung einer semantischen Kommunikationstheorie, Berlin 1966.

Hruschka, Joachim: Das Verstehen von Rechtstexten. Zur hermeneutischen Transpositivität des positiven Rechts, Münchner Universitätsschriften. Reihe der Juristischen Fakultät Band 22, München 1972.
Zitiert: Hruschka, Das Verstehen.

Hubbeling, Hubertus Gezinus: Bemerkungen über die Grundlagen der Moral aus der Sicht der deontischen Logik und der analytischen Philosophie, in: Grundlagen der Moral. Loccumer Kolloqien 3. Dokumente des Kolloqiums vom Mai 1972, hrsgg. v. Uwe Gerber, Loccum 1974, S. 29 - 48.
Zitiert: Hubbeling, Bemerkungen.

Husserl, Edmund: Formale und transzendentale Logik. Versuch einer Kritik der logischen Vernunft, Jahrbuch für Philosophie und phänomenologische Forschung Band 10, Halle 1929.

— Logische Untersuchungen, Zweiter Band, I. Teil: Untersuchungen zur Phänomenologie und Theorie der Erkenntnis, 3. unveränderte Auflage, Halle 1922.

Husserl, Gerhart: Recht und Welt, in: Festschrift für Edmund Husserl, Halle 1929, S. 111 - 158.

Hyppolite, Jean: Etudes sur Marx et Hegel, Bibliothèque Philosophique, Paris 1955.
Zitiert: Hyppolite, Etudes.

Jahr, Günther: Zum Verhältnis von Rechtstheorie und Rechtsdogmatik, in: Rechtstheorie. Beiträge zur Grundlagendiskussion, hrsgg. v. Günther Jahr und Werner Maihofer, Frankfurt/Main 1971, S. 303 - 311.
Zitiert: Jahr, Zum Verhältnis.

Janco, Manuel / *Furjot*, Daniel: Informatique et capitalisme (Economie et Socialisme, 18.), Paris 1972.

Kalinowski, Georges: Introduction à la logique juridique. Elements de sémiotique juridique, logique des normes et logique juridique (Bibliothèque de Philosophie du Droit Vol. III), Paris 1965.
Zitiert: Kalinowski, Introduction.

Katz, Jerrold J.: Linguistic Philosophy. The Underlying Reality of Language and its Philosophical Import (Essays in Philosophy), London 1971.

Kaufmann, Arthur: Analogie und „Natur der Sache". Zugleich ein Beitrag zur Lehre vom Typus. Vortrag gehalten vor der Juristischen Studiengesellschaft in Karlsruhe am 22. 4. 1964, Juristische Studiengesellschaft Karlsruhe. Schriftenreihe Heft 65/66, Karlsruhe 1965.
Zitiert: Kaufmann, Analogie.

— Die Geschichtlichkeit des Rechts im Licht der Hermeneutik, in: Rechtstheorie. Ansätze zu einem kritischen Rechtsverständnis. Hrsgg. v. Arthur Kaufmann, Karlsruhe 1971, S. 81 - 102.
Zitiert: Kaufmann, Die Geschichtlichkeit.

— Gesetz und Recht, Festvortrag gehalten am 8. 11. 1961 anläßlich der feierlichen Eröffnung des Rektoratsjahres 1961/62, Saarbrücker Universitätsreden 4, Saarbrücken 1961.

— Die „ipsa res iusta" — Gedanken zu einer hermeneutischen Rechtsontologie, in: Festschrift für Karl Larenz zum 70. Geburtstag, hrsgg. v. Gotthard Paulus, Uwe Diederichsen, Claus-Wilhelm Canaris, München 1973, S. 27 - 40.

— Wozu Rechtsphilosophie heute?, Frankfurt/Main 1971.
Zitiert: Kaufmann, Wozu Rechtsphilosophie.

Kaufmann, Arthur / *Hassemer,* Winfried: Grundprobleme der zeitgenössischen Rechtsphilosophie und Rechtstheorie. Ein Leitfaden, Frankfurt/Main 1971.
Zitiert: Kaufmann / Hassemer, Grundprobleme.

Kelsen, Hans: Reine Rechtslehre. Mit einem Anhang: Das Problem der Gerechtigkeit, 2., vollständig neu bearbeitete u. erweiterte Auflage, Wien 1960.
— Was ist juristischer Positivismus?, in: Juristenzeitung Band 20 (1965), S. 465 - 469.

Klenner, Hermann: Hegel: Rechtswissenschaft — Mathematik ohne Vernunft?, in: Hegel-Jahrbuch 1971, hrsgg. v. Wilhelm R. Beyer im Auftrage der Hegel-Gesellschaft, Meisenheim am Glan 1972, S. 164 - 169.
Zitiert: Klenner, Hegel.
— Rechtsleere — Verurteilung der Reinen Rechtslehre (Zur Kritik der bürgerlichen Ideologie. 14.), Frankfurt/Main 1972.
Zitiert: Klenner, Rechtsleere.

Klüver, Jürgen / *Priester,* Jens-Michael / *Schmidt,* Jürgen / *Wolf,* Friedrich O.: Einleitung: Rechtstheorie — Wissenschaftstheorie des Rechts, in: Rechtstheorie. Beiträge zur Grundlagendiskussion, hrsgg. v. Günther Jahr und Werner Maihofer, Frankfurt/Main 1971, S. 1 - 10.
Zitiert: Klüver u. a., Einleitung.

Klug, Ulrich: Juristische Logik, 3., erweiterte u. veränderte Auflage, Berlin, Heidelberg, New York 1966.

Kolakowski, Leszek: Die Philosophie des Positivismus, Übersetzung ins Deutsche, München 1971.
Zitiert: Kolakowski, Die Philosophie.

Kraft, Viktor: Die Grundlagen der Erkenntnis und der Moral (Erfahrung und Denken. 28.), Berlin 1968.
Zitiert: Kraft, Die Grundlagen.

Kreckel, Reinhard: Soziologische Erkenntnis und Geschichte. Über Möglichkeit und Grenzen einer empirisch-analytischen Orientierung in den Humanwissenschaften, Beiträge zur soziologischen Forschung 6, Opladen 1972.
Zitiert: Kreckel, Soziologische Erkenntnis.

Kriele, Martin: Rechtspflicht und die positivistische Trennung von Recht und Moral, in: Österreichische Zeitschrift für Öffentliches Recht Band XVI (Neue Folge) (1966), S. 413 - 429.
Zitiert: Kriele, Rechtspflicht.

Kuhn, Thomas S.: Die Struktur wissenschaftlicher Revolutionen, Übersetzung ins Deutsche, Frankfurt/Main 1973.
Zitiert: Kuhn, Die Struktur.

Kunz, Karl-Ludwig: Der ‚labeling approach' — Ein Paradigmawechsel in der modernen Kriminalsoziologie, in: Archiv für Rechts- und Sozialphilosophie Band LXI (1975), S. 413 - 428.
Zitiert: Kunz, Der labeling approach.

Kunz, Karl-Ludwig: Rechtstheorie — regionale allgemeine Wissenschaftstheorie oder Erkenntnistheorie des Rechts?, in: Rechtstheorie. Ansätze zu einem kritischen Rechtsverständnis, hrsgg. v. Arthur Kaufmann, Karlsruhe 1971, S. 19 - 26.
Zitiert: Kunz, Rechtstheorie.

Lachmayer, Friedrich / *Reisinger*, Leo: Potentielles und positives Recht, in: Archiv für Rechts- und Sozialphilosophie Band LX (1974), S. 25 - 52.

Larenz, Karl: Methodenlehre der Rechtswissenschaft, 3., völlig neu bearbeitete Auflage, Berlin, Heidelberg, New York 1975.
Zitiert: Larenz, Methodenlehre.

Leicht, Robert: Von der Hermeneutik — Rezeption zur Sinnkritik in der Rechtstheorie, in: Rechtstheorie. Ansätze zu einem kritischen Rechtsverständnis, hrsgg. v. Arthur Kaufmann, Karlsruhe 1971, S. 71 - 80.
Zitiert: Leicht, Von der Hermeneutik-Rezeption.

Lenk, Hans: Metalogik und Sprachanalyse. Studien zur analytischen Philosophie, Freiburg 1973.
Zitiert: Lenk, Metalogik.

— Der ‚Ordinary Language Approach' und die Neutralitätsthese der Metaethik. Zum Problem der sprachanalytischen Deutung der Ethik, in: Das Problem der Sprache. 8. deutscher Kongreß für Philosophie, Heidelberg 1966, hrsgg. v. Hans-Georg Gadamer, München 1967, S. 183 - 206.
Zitiert: Lenk, Der ordinary language approach.

— Werturteilsfreiheit als Fiktion, in: Soziologie zwischen Theorie und Empirie. Soziologische Grundprobleme (Sammlung Dialog 39), hrsgg. v. Willy Hochkeppel, München 1970, S. 145 - 154.
Zitiert: Lenk, Werturteilsfreiheit.

Lipps, Hans: Untersuchungen zu einer hermeneutischen Logik (Philosophische Abhandlungen Band VII), 2. Auflage, Frankfurt/Main 1959.
Zitiert: Lipps, Untersuchungen.

Lorca-Navarrete, José F.: Das Ethische und das Logische in der Rechtsanwendung, in: Le Raisonnement Juridique — Legal Reasoning — Die Juridische Argumentation. Akten des Weltkongresses für Rechts- und Sozialphilosophie Bruxelles 30. 8. - 3. 9. 1971, hrsgg. v. Hubert Hubien, Bruxelles 1971, S. 523 - 526.
Zitiert: Lorca-Navarrete, Das Ethische und das Logische.

Luhmann, Niklas: Legitimation durch Verfahren (Soziologische Texte Band 66), Neuwied, Berlin 1969.
Zitiert: Luhmann, Legitimation.

— Positivität des Rechts als Voraussetzung einer modernen Gesellschaft, in: Jahrbuch für Rechtssoziologie und Rechtstheorie Band I: Die Funktion des Rechts in der modernen Gesellschaft, hrsgg. v. Rüdiger Lautmann, Werner Maihofer, Helmut Schelsky, Bielefeld 1970, S. 175 - 202.
Zitiert: Luhmann, Positivität.

— Recht und Automation in der öffentlichen Verwaltung. Eine verwaltungswissenschaftliche Untersuchung (Schriftenreihe der Hochschule Speyer Band 29), Berlin 1966.
Zitiert: Luhmann, Recht und Automation.

— Rechtssoziologie, Band 1 und 2, Reinbek bei Hamburg 1972.

Luhmann, Niklas: Rechtstheorie im interdisziplinären Zusammenhang, in: Anales de la Catedra Francisco Suarez No. 12 (1972), S. 201 - 253.
Zitiert: Luhmann, Rechtstheorie.

— Sinn als Grundbegriff der Soziologie, in: Jürgen Habermas / Niklas Luhmann, Theorie der Gesellschaft oder Sozialtechnologie — Was leistet die Systemforschung?, Frankfurt/Main 1971, S. 25 - 100.
Zitiert: Luhmann, Sinn als Grundbegriff.

Lukács, Georg: Der Junge Hegel. Über die Beziehungen von Dialektik und Ökonomie, Georg Lukács, Werke Band 8, 3. Auflage, Neuwied, Berlin 1967.

Lumia, Giuseppe: Empirismo logico e Positivismo giuridico, Milano 1963.
Zitiert: Lumia, Empirismo logico.

Maihofer, Werner: Rechtstheorie als Basisdisziplin der Jurisprudenz, in: Jahrbuch für Rechtssoziologie und Rechtstheorie Band II: Rechtstheorie als Grundlagenwissenschaft der Rechtswissenschaft, hrsgg. v. Hans Albert, Niklas Luhmann, Werner Maihofer und Ota Weinberger, Düsseldorf 1972, S. 51 - 78.
Zitiert: Maihofer, Rechtstheorie.

Marcuse, Herbert: Das Ende der Utopie, Berlin 1967.
Zitiert: Marcuse, Das Ende.

— Industrialisierung und Kapitalismus im Werk Max Webers, in: Herbert Marcuse, Kultur und Gesellschaft 2, Frankfurt/Main 1970, S. 107 - 129.
Zitiert: Marcuse, Industrialisierung und Kapitalismus.

Marx, Karl: Brief an Ludwig Feuerbach in Bruckberg vom 11. 8. 1844, in: Karl Marx / Friedrich Engels, Werke. Hrsgg. v. Institut für Marxismus-Leninismus beim ZK der SED Band 27, Berlin 1963, S. 425 - 428.
Zitiert: Marx, Brief an Feuerbach.

— Aus der Kritik der Hegelschen Rechtsphilosophie. Kritik des Hegelschen Staatsrechts (§§ 261 - 313), in: Karl Marx / Friedrich Engels, Werke. Hrsgg. v. Institut für Marxismus-Leninismus beim ZK der SED Band 1, Berlin 1958, S. 201 - 333.
Zitiert: Marx, Kritik des Hegelschen Staatsrechts.

— Zur Kritik der politischen Ökonomie, in: Karl Marx / Friedrich Engels, Werke. Hrsgg. v. Institut für Marxismus-Leninismus beim ZK der SED Band 13, Berlin 1961, S. 3 - 160.

— Ökonomisch-philosophische Manuskripte aus dem Jahre 1844, in: Karl Marx / Friedrich Engels, Werke. Hrsgg. v. Institut für Marxismus-Leninismus beim ZK der SED Ergänzungsband: Schriften, Manuskripte, Briefe bis 1844. Erster Teil, Berlin 1968, S. 465 - 588.
Zitiert: Marx, Ökonomisch-philosophische Manuskripte.

— Thesen über Feuerbach, in: Karl Marx / Friedrich Engels, Werke. Hrsgg. v. Institut für Marxismus-Leninismus beim ZK der SED Band 3, Berlin 1958, S. 5 - 7.

Menne, Albert: Einige Aspekte zum Thema „Sprache und Logik", in: Archiv für Rechts- und Sozialphilosophie Band XLVIII (1962), S. 507 - 523.
Zitiert: Menne, Einige Aspekte.

Morris, Charles W.: Foundations of the Theory of Signs, in: International Encyclopedia of Unified Science Vol. I, Nos. 1 - 10, Chikago/Illinois 1962, S. 77 - 137.
Zitiert: Morris, Foundations.

Negt, Oskar: Thesen zur marxistischen Rechtstheorie, in: Kritische Justiz 6. Jahrgang (1973), S. 1 - 19.
Zitiert: Negt, Thesen.

Nelson, Leonard: Die Rechtswissenschaft ohne Recht. Kritische Betrachtungen über die Grundlagen des Staats- und Völkerrechts, insbesondere über die Lehre von der Souveränität, 2. Auflage, Göttingen, Hamburg 1949.

Neurath, Otto: Protokollsätze, in: Erkenntnis Dritter Band (1932/33), zugleich Annalen der Philosophie Band XI, S. 204 - 214.

Nordenstam, Tore: Empiricism and the Analytic-Synthetic Distinction (Scandinavian University Books, Filosofiske Problemer Nr. 40), Oslo, Bergen, Tromsö 1972.
Zitiert: Nordenstam, Empiricism.

Offe, Claus: Strukturprobleme des kapitalistischen Staates. Aufsätze zur Politischen Soziologie, Frankfurt/Main 1972.
Zitiert: Offe, Strukturprobleme.

Olivecrona, Karl: Law as Fact, Second Edition, London 1971.

Pap, Arthur: Analytische Erkenntnistheorie. Kritische Übersicht über die neueste Entwicklung in USA und England, Wien 1955.
— Elements of Analytic Philosophy (Nachdruck der Ausgabe von 1949), New York 1972.
Zitiert: Pap, Elements.

Paradies, Fritz: Die Ohnmacht der Rechtsphilosophie und die Notwendigkeit einer analytischen Rechtswissenschaft, Amsterdam 1958.
Zitiert: Paradies, Die Ohnmacht.

Parain-Vial: Logique juridique et Fondement du Droit, in: La Logique Juridique. Travaux du IIe colloque de Philosophie du Droit Comparée, Toulouse, Septembre 1967, Collection Philosophie Comparée du Droit et de l'Etat II, Paris 1967, S. 163 - 182.
Zitiert: Parain-Vial, Logique juridique.

Pattaro, Enrico: Der italienische Rechtspositivismus von der Wiedergeburt bis zur Krise, in: Rechtstheorie. Zeitschrift für Logik, Methodenlehre, Kybernetik und Soziologie des Rechts 5. Band (1974), S. 67 - 93.
Zitiert: Pattaro, Der italienische Rechtspositivismus.

Paul, Wolf: Kritische Rechtsdogmatik und Dogmatikkritik, in: Rechtstheorie. Ansätze zu einem kritischen Rechtsverständnis, hrsgg. v. Arthur Kaufmann, Karlsruhe 1971, S. 53 - 70.
Zitiert: Paul, Kritische Rechtsdogmatik.

Pfafferott, Gerhard: Karl Marx und das Problem der Wirklichkeit. Eine Studie zum Methodenpluralismus seines Werkes, Wuppertal, Ratingen, Kastellaun 1975.
Zitiert: Pfafferott, Karl Marx.

Popitz, Heinrich: Der entfremdete Mensch. Zeitkritik und Geschichtsphilosophie des jungen Marx (Philosophische Forschungen, N. F. Band 2), Basel 1953.

Popper, Karl R.: Conjectures and Refutations. The Growth of Scientific Knowledge, 2., revised Edition, London 1965.
Zitiert: Popper, Conjectures.

— Das Elend des Historizismus, Übersetzung ins Deutsche (Die Einheit der Gesellschaftswissenschaften Band 3), 2., unveränderte Auflage, Tübingen 1969.
Zitiert: Popper, Das Elend.

— Logik der Forschung (Die Einheit der Gesellschaftswissenschaften Band 4), 4., verbesserte Auflage, Tübingen 1971.
Zitiert: Popper, Logik.

— Die offene Gesellschaft und ihre Feinde Band II: Falsche Propheten. Hegel, Marx und die Folgen, Übersetzung ins Deutsche, Bern 1958.
Zitiert: Popper, Die offene Gesellschaft.

Priester, Jens-Michael: Rechtstheorie als analytische Wissenschaftstheorie, in: Rechtstheorie. Beiträge zur Grundlagendiskussion, hrsgg. v. Günther Jahr und Werner Maihofer, Frankfurt/Main 1971, S. 13 - 61.
Zitiert: Priester, Rechtstheorie.

Quine, Willard Van Orman: From a Logical Point of View. Logico-philosophical Essays, Second Edition, revised, Cambridge/Massachusetts 1964.
Zitiert: Quine, From a logical point.

— Grundzüge der Logik, Übersetzung ins Deutsche, Frankufrt/Main 1969.
Zitiert: Quine, Grundzüge.

— Two Dogmas of Empiricism, in: Challenges to Empiricism, Edited by Harold Morick, Belmont/California 1972, S. 46 - 70.
Zitiert: Quine, Two dogmas.

— Word and Object, Cambridge/Massachusetts 1967.

Radbruch, Gustav: Gesetzliches Unrecht und übergesetzliches Recht, in: Gustav Radbruch, Rechtsphilosophie. Anhang: Rechtsphilosophische Aufsätze von Gustav Radbruch, 6. Auflage, Stuttgart 1963, S. 347 - 357.
Zitiert: Radbruch, Gesetzliches Unrecht.

Radnitzky, Gerard: Contemporary Schools of Metascience Vol. I: Anglo-Saxon Schools of Metascience, Göteborg 1968.
Zitiert: Radnitzky, Contemporary schools.

Rechtstheorie: Rechtstheorie. Ansätze zu einem kritischen Rechtsverständnis, hrsgg. v. Arthur Kaufmann, Karlsruhe 1971.
Zitiert: Rechtstheorie. Ansätze.

— Rechtstheorie. Beiträge zur Grundlagendiskussion, hrsgg. v. Günther Jahr und Werner Maihofer, Frankfurt/Main 1971.
Zitiert: Rechtstheorie. Beiträge.

— Rechtstheorie als Grundlagenwissenschaft der Rechtswissenschaft, Jahrbuch für Rechtssoziologie und Rechtstheorie Band II, hrsgg. v. Hans Albert, Niklas Luhmann, Werner Maihofer und Ota Weinberger, Düsseldorf 1972.
Zitiert: Rechtstheorie als Grundlagenwissenschaft.

Reynolds, Noel B.: A Formal Model for Judicial Discretion, in: Le Raisonnement Juridique — Legal Reasoning — Die juridische Argumentation. Akten des Weltkongresses für Rechts- und Sozialphilosophie Bruxelles 30. 8. - 3. 9. 1971, hrsgg. v. Hubert Hubien, Bruxelles 1971, S. 355 - 362.
Zitiert: Reynolds, A formal model.

Richta, Radovan: La Civilisation au Carrefour, Paris 1969.
Zitiert: Richta, La civilisation.

Rossi, Mario: Marx e la Dialettica Hegeliana Vol. II: La Genesi Del Materialismo Storico, Nuova Biblioteca di Cultura 49, Roma 1963.
Zitiert: Rossi, Marx.

Rossi-Landi, Ferruccio: Sprache als Arbeit und als Markt, Übersetzung ins Deutsche, München 1972.
Zitiert: Rossi-Landi, Sprache als Arbeit.

Ryle, Gilbert: Systematically Misleading Expressions, in: Gilbert Ryle, Collected Papers, Vol. II: Collected Essays 1929 - 1968, New York 1971, S. 39 - 62.

Scarpelli, Uberto: Filosofia analitica, Norme e Valori, Saggi di cultura contemporanea 17, Milano 1962.
Zitiert: Scarpelli, Filosofia analitica.

— Il Problema Della Definizione e il Concetto Del Diritto, Milano 1955.
Zitiert: Scarpelli, Il problema.

Schaff, Adam: Über die Eigenart des sprachlichen Zeichens, in: Adam Schaff, Sprache und Erkenntnis und Essays über die Philosophie der Sprache, Übersetzung ins Deutsche, Reinbek bei Hamburg 1974, S. 190 - 204.
Zitiert: Schaff, Über die Eigenart.

Schelsky, Helmut: Der Mensch in der wissenschaftlichen Zivilisation, in: Helmut Schelsky, Auf der Suche nach Wirklichkeit. Gesammelte Aufsätze, Düsseldorf, Köln 1965, S. 439 - 480.
Zitiert: Schelsky, Der Mensch.

— Die sozialen Folgen der Automatisierung, in: Helmut Schelsky, Auf der Suche nach Wirklichkeit. Gesammelte Aufsätze, Düsseldorf, Köln 1965, S. 105 - 130.
Zitiert: Schelsky, Die sozialen Folgen.

Schild, Wolfgang: Reine und politische Rechtslehre. Zu Hermann Klenners Kelsen-Verurteilung, in: Der Staat. Zeitschrift für Staatslehre, Öffentliches Recht und Verfassungsgeschichte, 14. Band (1975), S. 69 - 92.

Schlick, Moritz: Allgemeine Erkenntnislehre (Naturwissenschaftliche Monographien und Lehrbücher Band 1), Berlin 1918.

— Gesammelte Aufsätze, 1926 - 1936, Wien 1938.

Schmidt, Jürgen: Die Neutralität der Rechtstheorie gegenüber der Rechtsphilosophie. Zwölf Thesen, in: Rechtstheorie. Zeitschrift für Logik, Methodenlehre, Kybernetik und Soziologie des Rechts Band 2 (1971), S. 95 - 99.
Zitiert: Schmidt, Die Neutralität.

Schnädelbach, Herbert: Über den Realismus. Ein Nachtrag zum Positivismusstreit in der deutschen Soziologie, in: Zeitschrift für allgemeine Wissenschaftstheorie Band III (1972), S. 88 - 112.

Schneider, Egon: Logik für Juristen. Die Grundlagen der Denklehre und der Rechtsanwendung, 2., durchgesehene Auflage, München 1972.
Zitiert: Schneider, Logik.

Schneider, Hans-Peter: Rechtstheorie ohne Recht? Zur Kritik des spekulativen Positivismus in der Jurisprudenz, in: Mensch und Recht. Festschrift für Erik Wolf zum 70. Geburtstag, Frankfurt/Main 1972, S. 108 - 136.

Schütz, Alfred: Der sinnhafte Aufbau der sozialen Welt. Eine Einleitung in die verstehende Soziologie (Nachdruck der Ausgabe Wien 1932), Frankfurt/Main 1974.
Zitiert: Schütz, Der sinnhafte Aufbau.

Schulz, Walter: Philosophie in der veränderten Welt, Pfullingen 1972.
Zitiert: Schulz, Philosophie.

Searle, John R.: Sprechakte. Ein sprachphilosophischer Essay, Übersetzung ins Deutsche, Frankfurt/Main 1971.

Simitis, Spiros: Informationskrise des Rechts und Datenverarbeitung (Recht, Justiz, Zeitgeschehen Band 7), Karlsruhe 1970.
Zitiert: Simitis, Informationskrise.

Sprigge, T. L. S.: Definition of a Moral Judgement, in: The Definition of Morality, Edited by G. Wallace, A. D. M. Walker, London 1970, S. 119 - 145.
Zitiert: Sprigge, Definition.

Stegmüller, Wolfgang: Metaphysik, Wissenschaft, Skepsis, 2. Auflage, Berlin, Heidelberg, New York 1969.
Zitiert: Stegmüller, Metaphysik.

— Probleme und Resultate der Wissenschaftstheorie und Analytischen Philosophie Band I: Wissenschaftliche Erklärung und Begründung, Berlin, Heidelberg, New York 1969.
Zitiert: Stegmüller, Probleme und Resultate.

— Das Wahrheitsproblem und die Idee der Semantik. Eine Einführung in die Theorien von A. Tarski und R. Carnap, Wien 1957.
Zitiert: Stegmüller, Das Wahrheitsproblem.

von Stephanitz, Dieter: Exakte Wissenschaft und Recht. Der Einfluß von Naturwissenschaft und Mathematik auf Rechtsdenken und Rechtswissenschaft in zweieinhalb Jahrtausenden. Ein historischer Grundriß, Münsterische Beiträge zur Rechts- und Staatswissenschaft 15, Berlin 1970.
Zitiert: Stephanitz, Exakte Wissenschaft.

Stone, Julius: Law and the Social Sciences in the Second Half Century Mineapolis 1966.
Zitiert: Stone, Law.

— Legal System and Lawyers' Reasonings, London 1964.
Zitiert: Stone, Legal system.

Tammelo, Ilmar: Outlines of Modern Legal Logic, Wiesbaden 1969.
Zitiert: Tammelo, Outlines.

Tammelo, Ilmar / *Schreiner*, Helmut: Grundzüge und Grundverfahren der Rechtslogik Band 1, Pullach bei München 1974.
Zitiert: Tammelo / Schreiner, Grundzüge.

Tarski, Alfred: Einführung in die mathematische Logik (Moderne Mathematik in elementarer Darstellung, 6), 3. Auflage, Göttingen 1969.
Zitiert: Tarski, Einführung.
— The Semantic Conception of Truth, in: Semantics and the Philosophy of Language, Edited by Leonard Linsky, Urbana/Illinois 1952, S. 13 - 47.
Zitiert: Tarski, The semantic conception.

Todd, William: Analytical Solipsism, The Hague 1968.

Toulmin, Stephen E. / *Baier,* Kurt: Beschreiben, Übersetzung ins Deutsche, in: Philosophie und normale Sprache. Texte der Ordinary-Language-Philosophie, hrsgg. v. Eike von Savigny, Freiburg, München 1969, S. 191 - 223.

Touraine, Alain: Die postindustrielle Gesellschaft, Übersetzung ins Deutsche, Frankfurt/Main 1972.

Ullmann, Stephen: Grundzüge der Semantik. Die Bedeutung in sprachwissenschaftlicher Sicht, Übersetzung ins Deutsche, 2., unveränderte Auflage, Berlin, New York 1972.
Zitiert: Ullmann, Grundzüge.

Urmson, J. O.: Philosophical Analysis. Its Development Between the Two World Wars, Oxford 1966.

Wagner, Heinz / *Haag,* Karl: Die moderne Logik in der Rechtswissenschaft (Studien und Texte zur Theorie und Methodologie des Rechts Band 5), Bad Homburg v. d. H., Berlin, Zürich 1970.
Zitiert: Wagner / Haag, Die moderne Logik.

Warnock, Geoffrey James: The Object of Morality, London 1971.
Zitiert: Warnock, The object.

Weber, Max: Wirtschaft und Gesellschaft. Grundriß der verstehenden Soziologie, 5., revidierte Auflage, besorgt von Johannes Winckelmann, Studienausgabe, Tübingen 1972.
— Wissenschaft als Beruf. Gedanken anläßlich einer Studentenversammlung 1919, die über Berufsfragen orientiert werden sollte, in: Stifterverband für die deutsche Wissenschaft — Schriftenreihe zur Förderung der Wissenschaft 7. Jahrgang (1958), Heft 3, S. 1 - 37.

Weinberger, Ota: Aufgaben und Schwierigkeiten der analytischen Rechtstheorie, in: Zeitschrift für allgemeine Wissenschaftstheorie Band IV (1973), S. 356 - 367.
Zitiert: Weinberger, Aufgaben und Schwierigkeiten.
— Die Norm als Gedanke und Realität, in: Ota Weinberger, Studien zur Normenlogik und Rechtsinformatik (EDV und Recht Band 7), Berlin 1974, S. 292 - 307.
Zitiert: Weinberger, Die Norm.

Weisser, Gerhard: Normative Sozialwissenschaft im Dienste der Gestaltung des sozialen Lebens, in: Soziale Welt Jahrgang VII (1956), S. 2 - 26.
Zitiert: Weisser, Normative Sozialwissenschaft.

Wellmer, Albrecht: Kritische und analytische Theorie, in: Marxismusstudien. Sechste Folge: Weltreligionen und Marxismus vor der wissenschaftlichtechnischen Welt, hrsgg. v. Ulrich Duchrow, Tübingen 1969, S. 187 - 239.
— Kritische Gesellschaftstheorie und Positivismus, 2. Auflage, Frankfurt/Main 1969.
Zitiert: Wellmer, Kritische Gesellschaftstheorie.

Wellmer, Albrecht: Methodologie als Erkenntnistheorie. Zur Wissenschaftslehre Karl R. Poppers, Frankfurt/Main 1972.
Zitiert: Wellmer, Methodologie.

Wilcox, J. T.: Blackstone on metaethical neutrality, in: Australasian Journal of Philosophy Vol. 41 (1963), S. 89 - 91.
Zitiert: Wilcox, Blackstone.

Winch, Peter: Die Idee der Sozialwissenschaft und ihr Verhältnis zur Philosophie, Übersetzung ins Deutsche, Frankfurt/Main 1966.
Zitiert: Winch, Die Idee.

Winckelmann, Johannes: Legitimität und Legalität in Max Webers Herrschaftssoziologie, Tübingen 1952.
Zitiert: Winckelmann, Legitimität.

Wittgenstein, Ludwig: Tractatus logico-philosophicus, in: Ludwig Wittgenstein, Schriften 1, Frankfurt/Main 1969, S. 1 - 83.
Zitiert: Wittgenstein, Tractatus.

von *Wright,* Georg Henrik: Erklären und Verstehen, Übersetzung ins Deutsche, Frankfurt/Main 1974.

— Norm and Action. A Logical Enquiry, London 1963.

Wróblewski, Jerzy: Ontology and Epistemology of Law, in: Rivista Internazionale Di Filosofia Del Diritto, IV Serie — L — 1973, S. 832 - 860.
Zitiert: Wróblewski, Ontology.

Würtenberger, Thomas jun.: Die Legitimität staatlicher Herrschaft. Eine staatsrechtlich-politische Begriffsgeschichte, Schriften zur Verfassungsgeschichte Band 20, Berlin 1973.
Zitiert: Würtenberger, Die Legitimität.

Printed by Libri Plureos GmbH
in Hamburg, Germany